国际中文教育中文水平等级标准
语法学习手册（初等）

汉考国际教育科技（北京）有限公司　编

顾　　问	刘英林
策　　划	李佩泽　郭风岚
主　　编	应晨锦　王鸿滨　金海月　李亚男
参编人员	白冰冰　付彦白　李　慧　冯传强

国际中文教育中文水平等级标准

Chinese Proficiency Grading Standards for International Chinese Language Education

语法学习手册

Grammar Learning Manual

汉考国际教育科技（北京）有限公司 | 编
Chinese Testing International Co.,Ltd.

顾问　刘英林
主编　应晨锦　王鸿滨　金海月　李亚男

初等
Elementary

北京语言大学出版社
BEIJING LANGUAGE AND CULTURE
UNIVERSITY PRESS

© 2022 北京语言大学出版社，社图号 21160

图书在版编目（CIP）数据

国际中文教育中文水平等级标准. 语法学习手册：初等 / 汉考国际教育科技（北京）有限公司编；应晨锦等主编. -- 北京：北京语言大学出版社，2022.1（2023.6重印）
 ISBN 978-7-5619-5986-2

Ⅰ.①国… Ⅱ.①汉… ②应… Ⅲ.①汉语－语法－对外汉语教学－课程标准 Ⅳ.① H195.3

中国版本图书馆 CIP 数据核字（2021）第 268080 号

国际中文教育中文水平等级标准·语法学习手册（初等）
GUOJI ZHONGWEN JIAOYU ZHONGWEN SHUIPING DENGJI BIAOZHUN·
YUFA XUEXI SHOUCE (CHUDENG)

排版制作：	北京创艺涵文化发展有限公司
责任印制：	周 燚

出版发行：	北京语言大学出版社
社　　址：	北京市海淀区学院路 15 号，100083
网　　址：	www.blcup.com
电子信箱：	service@blcup.com
电　　话：	编辑部　8610-82303647/3592/3724
	国内发行　8610-82303650/3591/3648
	海外发行　8610-82303365/3080/3668
	北语书店　8610-82303653
	网购咨询　8610-82303908
印　　刷：	北京鑫丰华彩印有限公司

版　次：	2022 年 1 月第 1 版
印　次：	2023 年 6 月第 2 次印刷
开　本：	787 毫米 × 1092 毫米　1/16
印　张：	26.5
字　数：	453 千字
定　价：	85.00 元

PRINTED IN CHINA
凡有印装质量问题，本社负责调换。售后QQ号1367565611，电话010-82303590

前　言

刘英林

编写新型《国际中文教育中文水平等级标准·语法学习手册》（以下简称《语法学习手册》），要从我们自主创新和开放创新新时代国家级《国际中文教育中文水平等级标准》(GF 0025—2021)（以下简称《等级标准》）[1]说起。

我们开拓创新《等级标准》有个长达30多年的探索、实践和研发的过程。《等级标准》发端于1988年《汉语水平等级标准和等级大纲（试行）》、1992年《汉语水平词汇与汉字等级大纲》，奠基于1996年《汉语水平等级标准与语法等级大纲》、2010年《汉语国际教育用音节汉字词汇等级划分》(GF 0015—2010)（以下简称《等级划分》），成型于2020年《汉语国际教育汉语水平等级标准全球化之路》、2021年国家级《等级标准》。《等级标准》是71年国际中文教育历史上第一个由教育部和国家语委发布的具有明显国际中文教育特色的新时代国家级标准，是面向外国中文学习者，全面描绘、评价学习者中文语言技能和水平的规范标准。《等级标准》的发布与实施是国际中文教育学科与事业进一步走向标准化、规范化、国际化的突破性创新和原创标志性成果。

《等级标准》中最具中文特色的是音节、汉字、词汇、语法"四维基准"国际化新理念、新规则。"四维基准"坚持原创性的研究，有两次重大变革和创新：一次是在词汇与汉字"二维基准"基础上，2010年率先创新性引入"音节"，形成以音节、汉字、词汇"三维基准"为特征的《等级划分》；另一次是在"三维基准"的基础上，迎难而上，以1996年《汉语水平等级标准与语法等级大纲》等成果为主要依据，集体攻关，解题创新，2021年以"附录A（规范性）语法等级大纲"（以下简称"语法等级大纲"）的形式，创新性融入"语法"，形成以音节、汉字、词汇、语法"四维基准"为特色和标志的新时代《等级标准》。从"二维基准"发展为"三维基准"，再拓展到"四维基准"，这个上升路径是国际中文教育学科和事业历时33年的一次革故鼎新式的历史性变革，是一个没有先例的新亮点、新规则，将为新时代全世界多层次及多样化教学、测试、学习和评估提供重要的引领作用。

"四维基准"中的"语法等级大纲"是怎么来的？2018年，我被国家汉办及汉考国际聘为课题组首席专家，根据我的提议，课题组先后组建了老专家顾问组和中青年

---

[1]《等级标准》原定名为《汉语国际教育汉语水平等级标准》，2020年9月送国家语委语言文字规范（标准）审定委员会审定后，正式更名为《国际中文教育中文水平等级标准》。《等级标准》于2021年7月1日起实施，2021年9月获教育部第六届全国教育科学研究优秀成果三等奖。

专家组。我们这个能干大事的老、中、青专家团队义无反顾，直奔重中之重的关键项目——自主创新新时代国际中文教育的国家标准。依据我们制定的总体规划和顶层设计，在《等级标准》中，语法等级大纲的研制是最大的难点和亮点，也是我心中期待已久的"国家任务"。

当时，我们面临的难题是：语法等级大纲能不能直接融入国家标准？如何稳妥有序地进入国家标准？1996年，我们曾经做过一次大胆尝试，以国家汉办汉语水平考试部的名义主编《汉语水平等级标准与语法等级大纲》，推出后反响很好。我们本想一鼓作气，继续前行；但世事难料，我经桂诗春先生推荐、应香港理工大学邀请、受教育部港澳台办委派，只身前往香港，主持香港理工大学"香港普通话水平考试（PSK）"的研发和实施工作，没想到一干就是13年！在此期间，PSK获得成功并于2003年通过国家语委语言文字规范（标准）审定委员会审定，2006年又得到了香港特区政府的认同，实属不易。但是另一方面，想继续修订、优化升级语法等级大纲之事却被长期搁置下来。机会总是留给有准备的人。这一次，我虽走入耄耋之年，依然下决心抓住等待20多年的机遇，将搁置已久、急需的语法等级大纲作为重要突破点，转型升级融入新时代《等级标准》，实现一生最大的心愿。

为什么不直接研发语法等级大纲，而是定名为"附录A（规范性）语法等级大纲"呢？我们老专家顾问组经过反复思考，认为基于三个原因：一是从1996年《汉语水平等级标准与语法等级大纲》到20多年后的今天，虽然教学语法研究取得了不小的进展，进入国家标准的时机逐渐成熟，但是在目前学派林立的情况下，直接融入国家标准在学界争议太多，难度较大，在短期内难以形成足够共识；二是2010年我们主编的第一个国家标准《等级划分》的最大贡献之一是在汉语国际教育事业中首先开创音节、汉字、词汇"三维基准"新规则，为后来构建"四维基准"新体系奠定了坚实的基础，这是我们当时循序渐进设计、研发《等级划分》的重要考量之一；三是2021年构建新时代《等级标准》的关键一环是创新升级语法等级大纲，并使之有机融入国家标准，创新以中文为中心，音节、汉字、词汇、语法系统完整的"四维基准"国际化新理念、新体系、新规范。对于这个非常重要而紧迫的课题，为稳妥起见，老专家顾问组经过深思熟虑，决定采取两步走的可行路径。第一步，在新时代《等级标准》中，音节表、汉字表、词汇表传承2010年《等级划分》的研究成果。《等级划分》是国家标准的正式文本，已是基本事实，没有任何问题。这次研制《等级标准》，当务之急是创制"语法等级大纲"，"附录A"表明其性质是规范性附录，虽不是国家标准的正式文本，但属于国家标准的组成部分。我们先以"附录A（规范性）"的形式稳中求进地往前走几年，这是一种灵活性策略，是解决实际问题的实用性安排。为了更慎重、更稳妥，我们专门成立了由应晨锦、王鸿滨、金海月及李亚男四位年轻专家组成的编写团队，特意召开了专家座谈会，邀请知名语法专家陆俭明、吕文华、丁崇明、郭锐、李泉和卢福波进行座谈咨询。我们请郭锐就全部例句进行了审读和修改；请杨寄洲重点就初等一、二、三级和中等四、五、六级的语法点与几套影响较大的初中等教材进行了实证比对分析研究，并就全部例句从语用层面进行了认真审读与增删。第二步，经过国内外一段时间的广泛实践，待条件成熟时，如经过10年或更长一段时间的验证后，《等级标准》修订完善时，"语法等级大纲"中的"附录A（规范性）"几个字就可顺理成章地拿掉。课题组聘请知名专家组建老专家顾问组的重要原因，就是想起到这种决策作用——定向、把关、坚守。"语法等级大纲"融入国家标准分两步走的策略就是这种关键决策之一。

《语法学习手册》的主要用途和特点如下。

主要用途：

（1）外国学习者自学中文最基本、最实用、最具针对性的语法"学习—获得—交际"一体化教材。

（2）国际中文教育专业本科生和研究生必备的学习材料。

（3）国际中文教育年轻教师和志愿者的重要参考资料。

（4）编写国际中文教材（包括本土教材）的重要参考资料。

《语法学习手册》是在国家标准《等级标准》正式发布后，由汉考国际开发研制的首部创新实践型、普适型语法学习教科书，分为初等、中等和高等三册。我提出了编写的初步构想，理所当然直接由参与构建"语法等级大纲"的应晨锦、王鸿滨、金海月及李亚男四位年轻专家通力合作主编完成。学习的目的全在于运用，《语法学习手册》是在对"语法等级大纲"深层次认知的基础上，以学生为中心，最有效、最有针对性的独特破题应用解读。

《语法学习手册》具有四个特点：

（1）以新时期"四维基准"中的"语法等级大纲"精选的语法点为基本遵循。依据"精要、好懂、管用"（张志公语）原则，精选语法点，注重同一等级音节、汉字、词汇和语法点之间的关联性及一致性，这是《语法学习手册》的一个重要特点，这一点在"语法等级大纲"出台前是难以做到的。

（2）"以语法为纲+言语交际实践"是一种新路向、新趋势。新中国第一部对外汉语教材《汉语教科书》（1958）是以语法为纲的[1]，被称为"对外汉语语法教材的奠基之作"[2]，我们要继承、发扬这个传统，并着力将语法与言语交际能力相融相通。在新时期"语法等级大纲"的引领下，让外国人学中文语法学得简单，学得容易，学得有效。

---

[1] 参见：郭锐，《〈国际中文教育中文水平等级标准·语法等级大纲〉的后续工作》，《国际汉语教学研究》2021年第1期，第14页。

[2] 参见：程棠，《对外汉语教学学科发展说略》，《汉语学习》2004年第6期，第47页。

（3）"典型例句＋典型环境对话"是一种综合思维创新模式，即"学习—获得/习得—交际"模式，给学习者提供一种整体性养成、背诵、记忆体验。英文的 acquisition 一般被翻译成"习得"，但是胡明扬先生将其译为"获得"，我们赞赏这个译法。我们倡导把精选的语法点提炼为"典型例句"，并配以"典型环境中的典型对话"，为外国学习者特别是在非中文环境下的学习者提供方便，这一点应引起足够的重视。另外，每个语法点都附有六个补充例句，这为全面掌握该语法点和差异化教学、学习提供了科学依据。

（4）传承"教学做合一"教育理念，倡导"教学用合一"新理念、新模式。我们赞同、套用陶行知先生提出的"教学做合一"（1919）教育理念和实践，引领中文语法教学中的"教学用合一"新理念，主张"在学中用，在用中学"，稳步推进"标准—教材—运用"一体化。

这四个特点，是我们继"四维基准"之后，持续对语法教学和测试进行的一种解题创新式的新探索和新认知。

以上我写的这个"前言"，与一般的"前言"或"序"不大一样。

2021 年 12 月

编写说明

《国际中文教育中文水平等级标准·语法学习手册》(以下简称《语法学习手册》)严格依据教育部和国家语委联合发布的《国际中文教育中文水平等级标准》(以下简称《等级标准》)中的"附录A(规范性)语法等级大纲"(以下简称"语法等级大纲")进行编写,是面向中文学习者的应用型学习手册。本书遵循"以学习者为中心"的教育理念,倡导语法自然习得,在内容编写及板块设计方面力求体现实用性,以达到快速提高学习者言语交际能力的目的。

《语法学习手册》分为初等、中等、高等三个分册,分别对应"语法等级大纲"初等、中等和高等的语法点。《语法学习手册》中的语法点并不与"语法等级大纲"逐条对应,而是对"语法等级大纲"中的语法点进行了拆分或合并,围绕"基本语义及用法""典型例句和对话""补充例句""结构特点""小提示"等维度对每个语法点进行详细说明。"基本语义及用法"是语法点的语义解释与用法说明,力求用最简洁的语言,说明语法点的意义、特点和用法等。这部分内容聚焦于语法点的特性及用法说明,并非系统而全面的语法知识介绍。为便于初等和中等水平学习者理解,初等和中等分册的"基本语义及用法"配有英文翻译。"典型例句和对话"将语法点与应用实践相结合,是二语习得养成观的直接体现。典型例句的编写注重典型性、常用性和多样性,每个语法点配有三个典型例句,首选"语法等级大纲"中的例句,再增补其他典型用法的例句。针对每个典型例句,均设置了典型、实用的交际场景,将典型例句放在对话中,为语法点的使用提供了直观、真实的环境。"补充例句"是对"典型例句和对话"的进一步拓展与补充。补充例句的编写注重学习者的习得规律与学习需求,力求从不同角度呈现语法点的语义、句法和语用功能。每个语法点配有六个补充例句,例句用词均在《等级标准》"词汇表"范围内,目标定位准确,符合学习者的中文水平。"结构特点"是对语法结构的简要说明,力求以符号化的公式来归纳语法点的结构形式,以降低语法学习的难度,简明易懂。编者在这部分使用的语法术语缩略形式,将以表格形式汇总附在书后,以便学习者查阅。"小提示"是对语法点的补充说明,主要是对一些形式相近的语法点或语法点的常见偏误进行相关提示,内容精练,针对性强,便于学习者了解语法学习的重点与难点。

本书在详解语法点之外,还对一些知识性、理论性较强的语法点,如语素、词类等,进行了聚类汇总,以"附录"形式简明扼要地呈现出来,以求学习者能一目了然,便于理解和掌握。另外,本书还特别设置了"索引",按语法点的首字音序排列,便于学习者快速查阅各类语法项目及语法点,也便于学习者对本书全部语法点的分布情况进行宏观把握。

编者从教学实际出发,力求编制一本既便于学习者自学,又能指导年轻教师教学的"好懂、好学、好用"的语法学习用书,希望能为国际中文语法学习与教学提供一定的参照与支持。本书尽量用最简洁、最浅显的语言对语法点进行解释说明;例句从多角度展示语法点的各种常用用法,以便学习者能够通过反复诵读,达到举一反三、自然习得的效果。此外,本书还为"典型例句和对话""补充例句"部分配备了音频,学习者可以听说结合,以达到更好的学习效果。

本书从策划到出版,得到了数位前辈时贤的指点,也得到了出版社编辑和审校人员的专业建议,在此谨一并致谢!如何将庞杂的语法知识以直观的方式体现出来,为学习者创设自然习得的典型场景,一直是编者在成书过程中着重思考、反复讨论的问题,尽管做了很多尝试与努力,但仍存在一些不足,恳请广大读者批评指正。

编者
2021 年 12 月

目 录

一级语法点

1. 方位名词（1）：上、下、里、外、前、后、左、右、东、南、西、北　3
2. 方位名词（2）：上边、下边、里边、外边、前边、后边、左边、右边、东边、南边、西边、北边　4
3. 能愿动词（1）：会　6
4. 能愿动词（2）：能　7
5. 能愿动词（3）：想　8
6. 能愿动词（4）：要　9
7. 疑问代词（1）：多　10
8. 疑问代词（2）：多少　11
9. 疑问代词（3）：几　12
10. 疑问代词（4）：哪　14
11. 疑问代词（5）：哪儿、哪里　15
12. 疑问代词（6）：哪些　16
13. 疑问代词（7）：什么　17
14. 疑问代词（8）：谁　18
15. 疑问代词（9）：怎么　19
16. 人称代词（1）：我、你、您、他、她　20
17. 人称代词（2）：我们、你们、他们、她们　21
18. 指示代词（1）：这、那　23
19. 指示代词（2）：这儿、那儿、这里、那里　24
20. 指示代词（3）：这些、那些　26
21. 指示代词（4）：别的　27
22. 指示代词（5）：有的　28
23. 程度副词（1）：很　29
24. 程度副词（2）：非常　30
25. 程度副词（3）：太　31
26. 程度副词（4）：真　33
27. 程度副词（5）：最　34
28. 范围、协同副词（1）：都[1]　35
29. 范围、协同副词（2）：一块儿、一起　37
30. 时间副词（1）：马上　38
31. 时间副词（2）：先　39
32. 时间副词（3）：有时　40
33. 时间副词（4）：在、正、正在　41
34. 频率、重复副词（1）：常、常常　42
35. 频率、重复副词（2）：再[1]　43
36. 关联副词（1）：还[1]　44
37. 关联副词（2）：也　45
38. 否定副词（1）：别　46
39. 否定副词（2）：不　48
40. 否定副词（3）：没、没有　48
41. 介词（引出时间、处所）：从[1]　50
42. 介词（引出时间、处所）：在　51
43. 介词（引出对象）：跟[1]、和[1]　52
44. 介词（引出对象）：比　53
45. 连词（连接词或短语）(1)：跟[2]、和[2]　54
46. 连词（连接词或短语）(2)：还是　55
47. 结构助词（1）：的[1]　56
48. 结构助词（2）：地　58

I

49. 动态助词：了¹   59
50. 语气助词（1）：吧¹   60
51. 语气助词（2）：了²   61
52. 语气助词（3）：吗   62
53. 语气助词（4）：呢   63
54. 定语：名词性词语、形容词性词语、数量短语作定语   64
55. 状语：副词、形容词作状语；表示时间、处所的词语作状语   65
56. 主谓句1：动词谓语句   66
57. 主谓句2：形容词谓语句   67
58. 非主谓句   69
59. 陈述句   70
60. 疑问句   71
61. 祈使句   71
62. 感叹句   73
63. "是"字句（1）：表示等同或类属   74
64. "是"字句（2）：表示说明或特征   75
65. "是"字句（3）：表示存在   76
66. "有"字句1（1）：表示领有   77
67. "有"字句1（2）：表示存在   78
68. 比较句1（1）：A比B+形容词   79
69. 比较句1（2）：A没有B+形容词   80
70. 并列复句（1）：不用关联词语   81
71. 并列复句（2）：用关联词语：一边……，一边……   82
72. 并列复句（3）：用关联词语：……，也……   83
73. 变化态：用语气助词"了²"表示   84
74. 完成态：用动态助词"了¹"表示   85
75. 进行态（1）：……在/正在+动词   86
76. 进行态（2）：……在/正/正在+动词……+呢   87
77. 进行态（3）：……呢   89
78. 钱数表示法   90
79. 时间表示法：年、月、日、星期表示法；钟点表示法   91
80. 用"吗"提问   93
81. 用"多、多少、几、哪、哪儿、哪里、哪些、什么、谁、怎么"提问   94
82. 用"还是"提问   95
83. 用正反疑问形式提问   95

二级语法点

1. 能愿动词（1）：可能   99
2. 能愿动词（2）：可以   100
3. 能愿动词：该、应该   101
4. 能愿动词：愿意   102
5. 动词重叠：AA、A一A、A了A、ABAB   104
6. 疑问代词（1）：多久   105
7. 疑问代词（2）：为什么   106
8. 疑问代词（3）：怎么样   108
9. 疑问代词（4）：怎样   109
10. 人称代词（1）：别人   110
11. 人称代词（2）：大家   111
12. 人称代词（3）：它、它们   112
13. 人称代词（4）：咱、咱们   113
14. 人称代词（5）：自己   114
15. 指示代词（1）：那么、这么   116
16. 指示代词（2）：那样、这样   117
17. 形容词重叠：AA、AABB   119

18. 程度副词（1）：多、多么	120	
19. 程度副词（2）：好	122	
20. 程度副词（3）：更	123	
21. 程度副词（4）：十分	124	
22. 程度副词（5）：特别	125	
23. 程度副词（6）：挺	126	
24. 程度副词（7）：有（一）点儿	127	
25. 范围、协同副词（1）：全	129	
26. 范围、协同副词（2）：一共	130	
27. 范围、协同副词（3）：只	131	
28. 时间副词（1）：刚、刚刚	132	
29. 时间副词（2）：还[2]	133	
30. 时间副词（3）：忽然	134	
31. 时间副词（4）：一直	135	
32. 时间副词（5）：已经	136	
33. 频率、重复副词（1）：重新	138	
34. 频率、重复副词（2）：经常	139	
35. 频率、重复副词（3）：老、老是	139	
36. 频率、重复副词（4）：又	140	
37. 关联副词：就[1]	141	
38. 方式副词：故意	142	
39. 情态副词（1）：必须	143	
40. 情态副词（2）：差不多	145	
41. 情态副词（3）：好像	146	
42. 情态副词（4）：一定	147	
43. 情态副词（5）：也许	148	
44. 语气副词（1）：才[1]	149	
45. 语气副词（2）：都[2]	150	
46. 语气副词（3）：就[2]	151	
47. 语气副词（4）：正好	152	
48. 介词（引出时间）：当	154	
49. 介词（引出方向、路径）：往	155	
50. 介词（引出方向、路径）：向[1]	156	
51. 介词（引出方向、路径）：从[2]	157	
52. 介词（引出对象）：对	158	
53. 介词（引出对象）：给	159	
54. 介词（引出对象）：离	160	
55. 介词（引出目的、原因）：为[1]	161	
56. 连词（连接词或短语）：或、或者	162	
57. 连词（连接分句或句子)(1)：但、但是	163	
58. 连词（连接分句或句子)(2)：那	164	
59. 结构助词：得	165	
60. 动态助词：过	166	
61. 动态助词：着	167	
62. 语气助词（1）：啊[1]	168	
63. 语气助词（2）：吧[2]	169	
64. 语气助词（3）：的[2]	170	
65. 其他助词（1）：的话	171	
66. 其他助词（2）：等	172	
67. 叹词：喂	173	
68. 固定短语：不一会儿	174	
69. 固定短语：什么的	175	
70. 固定短语：越来越	176	
71. 固定格式：还是……吧	177	
72. 固定格式：又……又……	179	
73. 固定格式：(在)……以前/以后/前/后	180	
74. 结果补语1：动词+错/懂/干净/好/会/清楚/完	181	
75. 趋向补语1（简单趋向补语的趋向意义用法）：动词+来/去；动词+上/下/进/出/起/过/回/开	183	
76. 状态补语1：动词+得+形容词性词语	185	
77. 数量补语1：动词+动量补语	187	
78. 数量补语2：形容词+数量补语	188	
79. 主谓句3：名词谓语句	189	

III

80. "有"字句 2（1）：表示评价、达到 190
81. "有"字句 2（2）：表示比较 191
82. 存现句 1：表示存在 191
83. 连动句 1：表示前后动作先后发生 192
84. 比较句 2（1）：A 比 B+形容词+数量补语 193
85. 比较句 2（2）：A 比 B+更/还+形容词 194
86. 比较句 2（3）：A 不如 B（+形容词） 195
87. 比较句 2（4）：A 有 B（+这么/那么）+形容词 196
88. 比较句 3（1）：A 跟/和 B 一样/相同 197
89. 比较句 3（2）：A 跟/和 B 一样+形容词 198
90. "是……的"句 1：强调时间、地点、方式、动作者等 200
91. 双宾语句（1）：主语+动词+宾语 1+宾语 2 201
92. 双宾语句（2）：主语+动词+给+宾语 1+宾语 2 202
93. 承接复句（1）：不用关联词语 204
94. 承接复句（2）：用关联词语：先……，再/然后…… 205
95. 递进复句（1）：不用关联词语 206
96. 递进复句（2）：用关联词语：……，更/还…… 208
97. 递进复句（3）：用关联词语：不但……，而且…… 209
98. 选择复句（1）：不用关联词语 210
99. 选择复句（2）：用关联词语：(是)……，还是…… 212
100. 转折复句（1）：不用关联词语 213
101. 转折复句（2）：用关联词语：虽然……，但是/可是……；……，不过…… 214
102. 假设复句（1）：不用关联词语 216
103. 假设复句（2）：用关联词语：如果……，就……；……的话，就…… 217
104. 条件复句：只要……，就…… 218
105. 因果复句（1）：不用关联词语 220
106. 因果复句（2）：用关联词语：因为……，所以…… 221
107. 紧缩复句：一……就…… 223
108. 持续态：动词+着（1）：表示状态的持续 224
109. 持续态：动词+着（2）：表示动作的持续 225
110. 经历态：用动态助词"过"表示 226
111. 序数表示法 227
112. 概数表示法 1：数词+多+量词；数词+量词+多 228
113. 用"就"表示强调 230
114. 用"好吗、可以吗、行吗、怎么样"提问 231
115. 用"什么时候、什么样、为什么、怎么样、怎样"提问 232
116. 用"呢"构成的省略式疑问句"代词/名词+呢？"提问 233
117. 用"是不是"提问 234
118. 用"吧"提问 236
119. 口语格式：该……了 237
120. 口语格式：要/快要/就要……了 238

三级语法点

1. 能愿动词：敢 　　　　　　　　　243
2. 能愿动词：需要 　　　　　　　　244
3. 动宾式离合词：帮忙、点头、放假、干杯、见面、结婚、看病、睡觉、洗澡、理发、说话 　　　　　　　　245
4. 动补式离合词：打开、看见、离开、完成 　　　　　　　　247
5. 疑问代词的非疑问用法（1）：任指用法 　　　　　　　　248
6. 疑问代词的非疑问用法（2）：不定指用法 　　　　　　　　250
7. 指示代词（1）：各、各位、各种 　251
8. 指示代词（2）：每 　　　　　　　252
9. 指示代词（3）：任何 　　　　　　254
10. 程度副词（1）：比较 　　　　　　255
11. 程度副词（2）：更加 　　　　　　256
12. 程度副词（3）：还³ 　　　　　　257
13. 程度副词（4）：相当 　　　　　　259
14. 范围、协同副词（1）：光 　　　　260
15. 范围、协同副词（2）：仅、仅仅 　261
16. 范围、协同副词（3）：就³ 　　　262
17. 范围、协同副词（4）：至少 　　　263
18. 时间副词（1）：本来 　　　　　　265
19. 时间副词（2）：才² 　　　　　　266
20. 时间副词（3）：曾经 　　　　　　267
21. 时间副词（4）：从来 　　　　　　268
22. 时间副词（5）：赶紧 　　　　　　269
23. 时间副词（6）：赶快 　　　　　　270
24. 时间副词（7）：立刻 　　　　　　271
25. 时间副词（8）：连忙 　　　　　　272
26. 时间副词（9）：始终 　　　　　　274
27. 时间副词（10）：已 　　　　　　275
28. 时间副词（11）：早已 　　　　　276
29. 频率、重复副词（1）：通常 　　　277
30. 频率、重复副词（2）：往往 　　　278
31. 频率、重复副词（3）：总 　　　　280
32. 频率、重复副词（4）：总是 　　　281
33. 关联副词：再² 　　　　　　　　282
34. 方式副词（1）：互相、相互 　　　283
35. 方式副词（2）：尽量 　　　　　　284
36. 方式副词（3）：亲自 　　　　　　286
37. 情态副词（1）：大概 　　　　　　287
38. 情态副词（2）：恐怕 　　　　　　288
39. 语气副词（1）：白 　　　　　　　289
40. 语气副词（2）：并¹ 　　　　　　290
41. 语气副词（3）：当然 　　　　　　291
42. 语气副词（4）：到底 　　　　　　292
43. 语气副词（5）：反正 　　　　　　294
44. 语气副词（6）：根本 　　　　　　295
45. 语气副词（7）：果然 　　　　　　296
46. 语气副词（8）：简直 　　　　　　297
47. 语气副词（9）：绝对 　　　　　　298
48. 语气副词（10）：难道 　　　　　299
49. 语气副词（11）：其实 　　　　　300
50. 语气副词（12）：千万 　　　　　302
51. 语气副词（13）：确实 　　　　　303
52. 语气副词（14）：只好 　　　　　304
53. 语气副词（15）：终于 　　　　　305
54. 介词（引出时间、处所）：由¹ 　　306
55. 介词（引出时间、处所）：自从 　　307
56. 介词（引出方向、路径）：朝 　　　308
57. 介词（引出对象）：为² 　　　　　310

V

58. 介词（引出对象）：向² 311
59. 介词（引出目的、原因）(1)：由于¹ 312
60. 介词（引出目的、原因）(2)：因为 313
61. 介词（引出目的、原因）：为了 314
62. 介词（引出施事、受事）：把、被、叫、让 315
63. 介词（表示排除）：除了 315
64. 介词（引出凭借、依据）：按、按照 316
65. 连词（连接分句或句子）：另外 318
66. 数量重叠：数词＋量词＋数词＋量词 319
67. 固定短语：不 A 不 B 320
68. 固定短语：看起来 322
69. 固定短语：看上去 323
70. 固定短语：有的是 324
71. 固定格式：除了……（以外），……还/也/都…… 325
72. 固定格式：从……起 327
73. 固定格式：对……来说 328
74. 固定格式：一……也/都＋不/没…… 329
75. 固定格式：越……越…… 330
76. 结果补语 2：动词＋到/住/走 331
77. 趋向补语 2（复合趋向补语的趋向意义用法）：动词＋出来/出去/过来/过去/回来/回去/进来/进去/起来/上来/上去/下来/下去 332
78. 可能补语 1：动词＋得/不＋动词/形容词；动词＋得/不＋了 334
79. 程度补语 1：形容词/心理动词＋得很/极了/死了 336
80. 数量补语 3（动词＋动量补语）：宾语和动量补语共现 337
81. 数量补语 4（动词＋时量补语）：表示动作持续的时间 339
82. 数量补语 5（动词＋时量补语）：表示动作结束后到某个时间点的间隔时间 340
83. 主谓句 4：主谓谓语句 342
84. "把"字句 1：表处置 343
85. 被动句 1：主语＋被/叫/让＋宾语＋动词＋其他成分 345
86. 连动句 2（1）：前一动作是后一动作的方式 346
87. 连动句 2（2）：后一动作是前一动作的目的 347
88. 兼语句 1：表使令：主语＋叫/派/请/让……＋宾语 1＋动词＋宾语 2 348
89. 比较句 4（1）：A 比 B＋动词＋得＋形容词；A＋动词＋得＋比＋B＋形容词 350
90. 比较句 4（2）：A 不比 B＋形容词 351
91. 比较句 4（3）：A 比 B＋多/少/早/晚＋动词＋数量短语 352
92. 重动句：主语＋动词＋宾语＋动词＋补语 353
93. 并列复句：（也）……，也…… 354
94. 并列复句：一会儿……，一会儿…… 355
95. 并列复句：一方面……，另一方面…… 356
96. 并列复句：又……，又…… 357
97. 承接复句：首先……，然后…… 359
98. 递进复句：……，并且…… 360
99. 递进复句：不仅/不光……，还/而且…… 362
100. 选择复句：不是……，就是…… 363

VI

101. 转折复句：……×是×，就是/
不过…… 365
102. 假设复句：要是……，就…… 366
103. 条件复句：只有……，才…… 367
104. 因果复句：(由于)……，所以/
因此…… 368
105. 目的复句：为了……，…… 370
106. 紧缩复句：……了（就）…… 371
107. 概数表示法2（1）：用"大概、大约、
几"表示概数 372
108. 概数表示法2（2）：相邻数词连用表
示概数 373
109. 概数表示法2（3）：用"左右、前后"
表示概数 374
110. 用"一点儿也不……"表示强调 376
111. 用反问句表示强调（1）：不是……吗？
377
112. 用反问句表示强调（2）：难道……吗？
378
113. 用"是"强调 379
114. 用疑问语调表示疑问 380
115. 口语格式：都……了 381
116. 口语格式：×就×（点儿）吧 382
117. 口语格式：×什么（啊） 384

附　录

一、语素
前缀：第-、老-、小- 387
后缀：-儿、-家、-们、-头、-子
387
二、词类
（一）数词
一、二/两、三、四、五、六、七、
八、九、零；十、百；半 387
千、万、亿 387
（二）量词
1. 名量词
杯、本、个、家、间、口、块、页
388
层、封、件、条、位 389
把、行、架、群、束、双、台、张、
支、只、种 389
2. 动量词
遍、次、场、回、下 390

顿、口、眼 390
3. 时量词
分钟、年、天、周 390
4. 量词重叠
AA 391
（三）拟声词
哈哈 391
三、短语
（一）结构类型
数量短语 391
基本结构类型 391
其他结构类型1 392
其他结构类型2 393
（二）功能类型
名词性短语 394
动词性短语 394
形容词性短语 394

VII

四、句子成分
  （一）主语
    名词、代词或名词性短语作主语 394
    动词或动词性短语、形容词或形容词性短语作主语 395
  （二）谓语
    动词或动词性短语、形容词或形容词性短语作谓语 395
    名词、代词、数词或数量短语、名词性短语作谓语 395
  （三）宾语
    名词、代词或名词性短语作宾语 395
    动词或动词性短语、形容词或形容词性短语和主谓短语作宾语 395
  （四）定语
    动词或动词性短语、主谓短语作定语 396

语法术语缩略形式一览表   397
索引   398

一级语法点

論文

1 方位名词（1）：上、下、里、外、前、后、左、右、东、南、西、北

【一01】

◎ 基本语义及用法

单纯方位名词，表示带有参照点的方向或相对位置。

These are simple nouns of locality, indicating a direction or position relative to a reference point.

◎ 典型例句和对话

例句	①书在桌子上。	②衣服在门后。	③房间里没有人。
交际实践	（在家） 儿子：妈妈，我的书在哪儿？ 妈妈：书在桌子上。	（孩子准备上学） 孩子：妈妈，我的衣服在哪儿？ 妈妈：衣服在门后。	（在家） 妈妈：孩子们，快出来吃饭了。 爸爸：房间里没有人，他们在外面。

◎ 补充例句

①门票不在桌子上。
②他不在楼下，他在楼上。
③门前有很多树。
④楼后有一家医院。
⑤手机在书包里。
⑥我在教学楼外等你。

◎ 结构特点

单纯方位名词常常用在名词后面，表示处所。

> N + 上/下/里/外/前/后
> 书在　桌子　上。
> 楼　后　有一家医院。

小提示

（1）名词和单纯方位名词中间不可以加结构助词"的"。例如：

　　＊书包在门的后。

　　书包在门后。

（2）国家名、地名等词语后面不用"里"。例如：

　　＊北京里有很多外国人。

　　北京有很多外国人。

（3）"左、右、东、南、西、北"一般不单独使用，而是与"面、边、方"组合。例如：

　　左边、东面

2 方位名词（2）：上边、下边、里边、外边、前边、后边、左边、右边、东边、南边、西边、北边　【一-01】

◎ **基本语义及用法**

　　合成方位名词，表示处于上、下、里、外、前、后、左、右、东、南、西、北的位置或方向。

　　These are compound nouns of locality, indicating a position or direction that points upward / downward / inward /outward / forward / backward / leftward / rightward / eastward / southward / westward / northward.

◎ **典型例句和对话**

例句	①手机在书包里边。	②他去东边的车站。	③商场南边有一家银行。
交际实践	（在教室） A：你的手机呢？ B：手机在书包里边。	（在房间） A：我去西边的车站，你去北边的车站，小王呢？ B：他去东边的车站。	（在商场） 顾客：请问，商场旁边有银行吗？ 店员：商场南边有一家银行。

4

◎ 补充例句

① 书架上边有很多书。
② 她的车票在钱包里边。
③ 他在车站外边等我。
④ 我去前边的商店。
⑤ 银行在邮局的后边。
⑥ 商场在邮局的北边。

◎ 结构特点

合成方位名词"上边、下边、里边、外边、南边、北边"等可以单独作主语、宾语或定语；也可以用在名词的后面，表示处所，这时名词与合成方位名词之间可以加结构助词"的"，也可以不加。

① $N_{方位}$ + VP
　上边　有一本书。
② S + V + $N_{方位}$
　银行　在　北边。

③ $N_{方位}$ + 的 + N
　他去　东边　的　车站。
④ N (+ 的) + $N_{方位}$
　书架　的　上边　有很多书。
　银行在　邮局　的　北边。

💡 小提示

（1）"上边、下边、里边、外边、南边、北边"等合成方位名词与"上、下、里、外、南、北"等单纯方位名词的语义基本相同，都可以用在名词后面，表示处所。名词与合成方位名词之间可以加结构助词"的"，也可以不加；但名词与单纯方位名词之间不可以加结构助词"的"。例如：

＊手机在书包的里。
　手机在书包（的）里边。

＊书架的上有很多书。
　书架（的）上边有很多书。

（2）合成方位名词可以用在名词前，也可以用在名词后，但意思不一样。"合成方位名词 + 的 + 名词"表示某人或某事物，对应的疑问词语是"哪个"；"名词（+的）+ 合成方位名词"表示处所，对应的疑问词语是"哪儿"。例如：

A：你去哪个商店？
B：我去南边的商店。

A：书店在哪儿？
B：书店在商店的南边。

3 能愿动词（1）：会　　【一02】

◎ **基本语义及用法**

表示有能力做某事或有可能。表示做某事的能力时，强调通过学习得到某种能力。

It indicates the ability or possibility to do something. When indicating the former meaning, it emphasizes the acquisition of a certain skill through learning.

◎ **典型例句和对话**

例句	①我不会说中文。	②我男朋友会打篮球。	③她会参加明天的晚会吗？
交际实践	（在学校） A：你会说中文吗？ B：我不会说中文，但我很想学。	（在教室） A：你这么高，会打篮球吗？ B：不会，我男朋友会打篮球。	（在教室） A：她会参加明天的晚会吗？ B：她对晚会不感兴趣，不会来。

◎ **补充例句**

①你会开车吗？
②他会打篮球，不会游泳。
③这孩子会走路了。
④奶奶不会买机票。
⑤你会不会做面包？
⑥星期天他不会上班。

◎ **结构特点**

能愿动词"会"用在动词性成分的前边。

①肯定形式：
　　S＋会＋VP
　　我男朋友　会　打篮球。
②否定形式：
　　S＋不会＋VP
　　我　不会　说中文。

③正反疑问形式：
　　S＋会不会＋VP？
　　你　会不会　做面包？

小提示

能愿动词"会"表示通过学习得到某种能力，不具有某种能力用"不会"，不能用"没会"。例如：

＊我没会说中文。

我不会说中文。

他会唱歌，但是不会跳舞。

4 能愿动词（2）：能

◎ **基本语义及用法**

表示有能力、有条件做某事，或在情理上、某种条件下允许做某事，强调条件允许。

It indicates the ability or condition to do something or that something can be done within the bounds of reason or under certain circumstances, emphasizing that the condition permits.

◎ **典型例句和对话**

例句	①明天你能来吗？	②他的病好了，现在能下床了。	③那个教室能坐30个人。
交际实践	（A请B来家里） A：明天是我生日，你能来吗？ B：没问题，我能来。	（打电话） A：你爷爷的病好了吗？ B：他的病好了，现在能下床了。	（在学校） A：那个教室能坐多少人？ B：那个教室能坐30个人。

◎ **补充例句**

①小王身体好了，能来上课了。
②作业还没做，我不能回家。
③星期天你能不能来学校？
④上班时间不能请假。
⑤我不会唱歌，你能教我吗？
⑥医生，我能不能吃这种药？

◎ **结构特点**

能愿动词"能"用在动词性成分的前边。

①肯定形式：

　S＋能＋VP

　小王　能　来上课。

②否定形式：

　S＋不能＋VP

　我　不能　回家。

③正反疑问形式：

　S＋能不能＋VP？

　你　能不能　去学校？

💡 小提示

表示能力达到一定程度或在某种条件下允许做某事时，要用"能"，不能用"会"。
例如：

* 她一小时会写500个汉字。

　她一小时能写500个汉字。

* 小王身体好了，会来上课了。

　小王身体好了，能来上课了。

5　能愿动词（3）：想　　　　　　　　　　　　[一03]

◎ **基本语义及用法**

表示希望、打算做某事的意愿，语气比"要"委婉。

It indicates the subject's hope or plan to do something. Its tone is milder than 要.

◎ **典型例句和对话**

例句	①我想学中文。	②我不想睡觉。	③你想去图书馆吗？
交际实践	（在学校） A：我想学中文。 B：行，我们一起学吧。	（在家） 妈妈：你怎么还不睡觉？ 儿子：我不想睡觉，我想看一会儿电视。	（在教学楼） A：你想去图书馆吗？ B：好啊，我们现在就去吧。

◎ **补充例句**

①我想去看电影。

②我想在家吃早饭。

③她不想喝牛奶。

④他不想去中国。

⑤你明天想去商场吗？

⑥你想不想吃米饭？

◎ **结构特点**

能愿动词"想"用在动词性成分的前边。

①肯定形式：
S＋想＋VP
我 想 学中文。

②否定形式：
S＋不想＋VP
她 不想 喝牛奶。

③正反疑问形式：
S＋想不想＋VP？
你 想不想 吃米饭？

6 能愿动词（4）：要 【一03】

◎ **基本语义及用法**

表示想做某事或想得到某物的希望或打算，语气比"想"强烈。
It indicates the subject's hope or plan to do or get something. Its tone is more affirmative than 想.

◎ **典型例句和对话**

例句	①他要去书店。	②他要学唱歌。	③您要买手机吗？
交际实践	（在学校门口） A：他要去哪儿？ B：他要去书店。	（在下课路上） 老师：王小明要学什么？ 同学：他要学唱歌。	（在商场） 店员：您好！您要买手机吗？ 顾客：是的，我想看一下儿这个手机。

◎ **补充例句**

①我们要认真学习。
②她要去上海。
③我要去看电影。
④他要学中文。
⑤小姐，您要喝茶吗？
⑥你要不要休息一下儿？

◎ **结构特点**

能愿动词"要"用在动词性成分的前边。

①肯定形式：	②正反疑问形式：
S + 要 + VP	S + 要不要 + VP？
他 要 去书店。	你 要不要 休息一下儿？

 小提示

能愿动词"要"的否定形式一般用"不想"。例如：
我下午要在家休息，不想出去。

7 疑问代词（1）：多

◎ 基本语义及用法

用在疑问句中，后面加上形容词，询问程度或数量，例如年龄、时间、高度、长度、距离等。

It is used in interrogative sentences, followed by an adjective, to ask about the degree or quantity such as age, time, height, length, distance, etc.

◎ 典型例句和对话

例句	①他多大？	②新开的商场有多远？	③你的书包有多重？
交际实践	（在B的家里） A：你的儿子真可爱，他多大？ B：他今年三岁了。	（A和B准备去商场） A：新开的商场有多远？ B：不远，走路就能到。	（在学校） A：你的书包有多重？ B：我不知道。

◎ 补充例句

①前边的路有多长？
②你多重？
③那个孩子多高？
④你的孩子多大了？
⑤这个房间有多大？
⑥你家有多远？

◎ 结构特点

疑问代词"多"用在单音节形容词的前边；"多+形容词"作谓语的时候，"多"的前面常常用"有"。例如：

```
S（+有）+ 多 + Adj？
新开的商场 有 多 远？
他 多 大？
```

💡 小提示

（1）"多"后面的形容词大都为表示积极意义的形容词，如"大、高、长、远、粗、宽、厚"等。例如：

＊他多小？

他多大？

＊同学们的中文有多差？

同学们的中文有多好？

（2）问年龄的时候，"多大"用于问与自己年龄相近或比自己小的人。如果是问小孩子，一般用"几岁"。例如：

A：你弟弟几岁了？

B：快十岁了。

如果询问老人，可以用：

A：您多大年纪了？

B：我八十岁了。

8 疑问代词（2）：多少 【一04】

◎ **基本语义及用法**

用在疑问句中，询问数量，例如人数、价格、年龄等。一般用来询问"十"以上或者不清楚到底有多少的数量。

It is used in interrogative sentences to ask about the quantity, such as the number of people, price, age, etc. The number is normally larger than 10 or totally unknown.

◎ **典型例句和对话**

例句	①你们班有多少个学生?	②这本书多少钱?	③你考了多少分?
交际实践	（在学校） A：你们班有多少个学生? B：我们班有42个学生。	（在书店） A：请问，这本书多少钱? B：这本书25元。	（在学校） A：你考了多少分? B：我考了100分!

◎ **补充例句**

①医院有多少病人?
②你买了多少张门票?
③这本书有多少页?
④你读了多少本书?
⑤你要多少（斤）?
⑥这些水果多少钱?

◎ **结构特点**

疑问代词"多少"跟量词组合后可以作定语，量词有时可以省略；"多少"也可以单独作宾语。

① S（+V）+多少（+M）+N?
你们班 有 多少 个 学生?
这些水果 多少 钱?

② S + V + 多少?
你 要 多少?

💡 **小提示**

使用疑问代词"多少"提问的时候，句末可以不用语气助词，也可以加语气助词"呢"，但不能加"吗"。例如：

*你们班有多少个学生吗?
你们班有多少个学生（呢）?

9 疑问代词（3）：几

◎ **基本语义及用法**

用在疑问句中，询问数量。一般用来询问"十"以下或说话人认为很少的数量。多用于口语。

It is used in interrogative sentences to ask about the quantity. The number is normally smaller than 10 or is thought to be very small. It is usually used in spoken Chinese.

◎ **典型例句和对话**

例句	①现在几点？	②你有几本中文课本？	③你们几个人去？
交际实践	（在公园） 女儿：妈妈，现在几点？ 妈妈：三点，我们回家吧。	（在教室） A：你有几本中文课本？ B：两本。我送你一本。	（在房间） A：你们几个人去？ B：我们3个人去。

◎ **补充例句**

①你家有几口人？
②你买了几张车票？
③你看了几个电影？
④你学了几个汉字？
⑤外边有几个学生？
⑥你住几楼？

◎ **结构特点**

疑问代词"几"跟量词组合后，可以作定语、宾语。

① S + V + 几 + M + N？
　你 有 几 本 书？

② S + V + 几 + M？
　你 买 几 张？

💡 **小提示**

（1）使用疑问代词"几"提问的时候，句末可以不用语气助词，也可以加语气助词"呢"，但不能加"吗"。例如：

＊你有几本中文课本吗？
　你有几本中文课本（呢）？

（2）"几"后面必须带量词。例如：

＊你有几中文课本？
　你有几本中文课本？

（3）询问楼层一般用"几"，不用"多少"。例如：

A：你去几楼？
B：我去15楼。

10 疑问代词（4）：哪 【一04】

◎ **基本语义及用法**

"哪"在疑问句中，常跟量词连用，用来询问人或事物，表示要求在一群人或一类事物中加以确指。

In interrogative sentences, 哪 is often used with a measure word to ask about someone or something, requiring to identify the person or thing among several options.

◎ **典型例句和对话**

例句	①你的生日是哪天？	②请问，您是哪国人？	③你在哪个大学学中文？
交际实践	（校园里） A：你的生日是哪天？ B：我的生日是11月20号。	（校园里） A：请问，您是哪国人？ B：我是英国人。	（在机场） A：你在哪个大学学中文？ B：我在北京大学学中文。

◎ **补充例句**

①哪一本书好看？
②这个周末哪个同学去北京？
③你常常在哪个商店买东西？
④你的衣服是哪一件？
⑤您要见哪个学生？
⑥你喜欢哪个电影？

◎ **结构特点**

"哪"一般用于数量短语前，"哪 + 数量短语"整体作名词的定语。

> 哪 + NumP + N
> 哪 一本 书 好看？
> 您要见 哪 两个 学生？

◎ **小提示**

"哪 + 数量短语"中，如果数词是"一"，"一"常常可以省略，但量词不能省略。

例如：

*哪书好看？
哪一本书好看？
哪本书好看？

11 疑问代词（5）：哪儿、哪里 【一04】

◎ **基本语义及用法**

用在疑问句中，用来询问地点和处所。"哪儿"更常用于口语。
They are used to ask about places and locations. 哪儿 is more often used in spoken Chinese.

◎ **典型例句和对话**

例句	①你们去哪儿？	②你儿子在哪里上大学？	③请问，223路车站在哪里？
交际实践	（校园里） A：你们去哪儿？ B：我们去书店。	（在朋友家） A：你儿子在哪里上大学？ B：他在北京上大学。	（马路上） A：请问，223路车站在哪里？ B：就在前边。

◎ **补充例句**

①他不在教室，他去哪儿/哪里了？
②周末我们去哪儿/哪里玩儿？
③新开的电影院在哪儿/哪里？
④机票放哪儿/哪里了？
⑤请问，车站在哪儿/哪里？
⑥哪儿/哪里有医院？

◎ **结构特点**

"哪儿、哪里"可以作主语、宾语。

①哪儿/哪里 + VP？
哪里　能买到这本书？

②S + V + 哪儿/哪里？
你们　去　哪儿？

💡 **小提示**

使用疑问代词"哪儿、哪里"提问的时候，句末可以不用语气助词，也可以加语

气助词"呢",但不能加"吗"。例如:

＊你儿子在哪儿上大学吗?

你儿子在哪儿上大学(呢)?

12 疑问代词(6):哪些

【一04】

◎ **基本语义及用法**

用在疑问句中,用来对众多人或事物进行提问。

It indicates a question that requires to choose a few people or things from a number of options.

◎ **典型例句和对话**

例句	①你们班有哪些国家的学生?	②你家里有哪些人?	③你准备了哪些东西?
交际实践	(在教学楼) A:你们班有哪些国家的学生? B:有韩国的、泰国的、美国的……,太多了!	(在学校) A:你家里有哪些人? B:爸爸、妈妈、哥哥和我。	(在家) 丈夫:明天去公园,你准备了哪些东西? 妻子:面包、牛奶和水果。

◎ **补充例句**

①你昨天买了哪些书?
②他周末去了哪些地方?
③你看过哪些电影?
④学校里有哪些教学楼?
⑤南京有哪些大商场?
⑥哪些是你的书?

◎ **结构特点**

疑问代词"哪些"常用在名词前,作定语;也可以直接作主语。

①哪些+N
你准备了 哪些 东西?
哪些 书 不用看了?

②哪些+VP?
哪些 是你的书?

小提示

（1）"哪些"后面不用加量词。例如：

＊哪些本书是你的？

　哪些书是你的？

（2）使用疑问代词"哪些"提问的时候，句末可以不用语气助词，也可以加语气助词"呢"，但不能加"吗"。例如：

＊你昨天买了哪些书吗？

　你昨天买了哪些书（呢）？

13　疑问代词（7）：什么

[一04]

◎ **基本语义及用法**

用在疑问句中，用来对事物进行提问。

It is used in interrogative sentences to ask about something.

◎ **典型例句和对话**

例句	①你买什么？	②什么最重要？	③你在看什么书？
交际实践	（在商场） 店员：请问，你买什么？ 顾客：我要买手机。	（在家） 妈妈：儿子，什么最重要？ 儿子：身体最重要。	（在图书馆） A：你在看什么书？ B：我在看中文书。

◎ **补充例句**

①你什么时候去学校？　　④他做什么工作？

②她在电话里说了什么？　⑤我们什么时候走？

③你想吃什么水果？　　　⑥你叫什么名字？

◎ **结构特点**

疑问代词"什么"可以作主语、宾语，还可以作定语。

①什么 + VP？
　什么　最重要？
②S + V + 什么？
　你　买　什么？

③什么 + N
　你　买　什么　书？

小提示

使用疑问代词"什么"提问的时候，句末可以不用语气助词，也可以加语气助词"呢"，但不能加"吗"。例如：

＊你在看什么书吗？

你在看什么书（呢）？

14　疑问代词（8）：谁

【一04】

◎ 基本语义及用法

用在疑问句中，用来对人进行提问。

It is used in interrogative sentences to ask about someone.

◎ 典型例句和对话

例句	①谁在外边唱歌？	②请问，你找谁？	③那是谁的汽车？
交际实践	（在教室） A：谁在外边唱歌？ B：你去看看吧。	（在教室） A：请问，你找谁？ B：我找王老师。	（在学校） A：那是谁的汽车？ B：我也不知道。

◎ 补充例句

①谁想吃面包？

②谁是你的同学？

③你们在说谁？

④你看见谁了？

⑤你和谁一起吃晚饭？

⑥桌子上是谁的课本？

◎ 结构特点

疑问代词"谁"可以作主语、宾语和定语。

①谁 + VP？
　谁　吃面包？
②S + V + 谁？
　你　找　谁？

③谁 + 的 + N
　那是　谁　的　汽车？

小提示

（1）使用疑问代词"谁"提问的时候，句末可以不用语气助词，也可以加语气助词"呢"，但不能加"吗"。例如：
　　*谁是你的老师吗？
　　谁是你的老师（呢）？
（2）"谁"作定语的时候，后面要带"的"。例如：
　　*桌子上是谁课本？
　　桌子上是谁的课本？

15 疑问代词（9）：怎么

◎ **基本语义及用法**

用在疑问句中，用来对方式、原因、状况等进行提问。
It is used in interrogative sentences to ask about manner, reason, condition, etc.

◎ **典型例句和对话**

例句	①你怎么去医院？	②她今天怎么不高兴？	③你怎么不去打球？
交际实践	（在家） A：你怎么去医院？ B：走路去。	（在学校） A：她今天怎么不高兴？ B：她的钱包不见了。	（在教室） A：你怎么不去打球？ B：外边太冷了，我不想出去。

◎ **补充例句**

①你今天怎么去商场？
②这件事怎么办？
③这个汉字怎么写？
④她怎么了？
⑤他们怎么不说话？
⑥你怎么不吃饭就走了？

◎ **结构特点**

疑问代词"怎么"经常作状语;"怎么"也可以作谓语询问状况,后边要带"了",表示对已发生的情况感到奇怪或惊讶。

① S + 怎么 + VP/AP?
你 怎么 去医院?
她 怎么 不高兴?

② S + 怎么 + 了?
你 怎么 了?

💡 **小提示**

(1)使用疑问代词"怎么"提问的时候,句末可以不用语气助词,也可以加语气助词"呢",但不能加"吗"。例如:

*你怎么不去打球吗?

你怎么不去打球(呢)?

(2)疑问代词"怎么"不能作补语和宾语。例如:

*你考得怎么?

你考得怎样/怎么样?

*你觉得怎么?

你觉得怎样/怎么样?

16 人称代词(1):我、你、您、他、她 【一05】

◎ **基本语义及用法**

"我、你、您、他、她"都是单数人称代词。"我"指称说话者本人;"你、您"指称听话者,"您"是"你"的尊称;"他、她"指称除说话者和听话者以外的其他人,"他"指称男性,"她"指称女性。

They are all singular personal pronouns. 我 means "I/me"; 你 and 您 mean "you", the latter being the honorific form; 他 means "he/him" and 她 means "she/her".

◎ **典型例句和对话**

例句	①你好，我要两个本子。	②您好！	③他想喝水。
交际实践	（在商店） 顾客：你好，我要两个本子。 店员：好的，三块钱。	（在学校） 学生：王老师，您好！ 老师：你好！	（在医院） 妈妈：大夫，他想喝水，可以吗？ 医生：可以。

◎ **补充例句**

①我要睡觉了。
②你喜欢他吗？
③您这边走。
④他是我的哥哥，她是我的妹妹。
⑤她很高。
⑥她不认识我。

◎ **结构特点**

人称代词"我、你、您、他、她"都可以作主语、宾语和定语。

①我/你/您/他/她 + VP/AP
　他　想喝水。
　她　很高。
②S + V + 我/你/您/他/她
　她　认识　我。
　你　喜欢　他　吗？
③我/你/您/他/她 + 的 + N
　这是　您　的　茶。
　我　的　书　在那儿。

💡 **小提示**

"您"是"你"的尊称，一般用于下级对上级、晚辈对长辈等情况。
老师，这是您的书。

17 人称代词（2）：我们、你们、他们、她们　【一05】

◎ **基本语义及用法**

"我们、你们、他们、她们"都是复数人称代词。"我们"指称说话者一方群体；

"你们"指称听话者一方群体;"他们、她们"指称除说话者和听话者以外的其他人,这些人都是男性或有男有女时用"他们",都是女性时用"她们"。

They are all plural personal pronouns. 我们 means "we / us"; 你们 means "you"; 他们 and 她们 mean "they / them", the former referring to an all-male or mixed group while the latter referring to an all-female group.

◎ 典型例句和对话

例句	①我们去书店,你们去哪儿?	②他们是学生。	③她们是我的同学。
交际实践	(在学校) A:我们去书店,你们去哪儿? B:我们去商场。	(在学校门口) A:他们是老师吗? B:他们是学生。	(在路上) 妈妈:你认识她们吗? 儿子:她们是我的同学。

◎ 补充例句

①我们先走了。
②你们在哪里?
③他们很忙。
④我不认识他们。
⑤她们买了新衣服。
⑥你看见她们了吗?

◎ 结构特点

人称代词"我们、你们、他们、她们"都可以作主语、宾语和定语。

①我们 / 你们 / 他们 / 她们 + VP/AP
　我们　很忙。
　他们　是学生。
②S + V + 我们 / 你们 / 他们 / 她们
　我　认识　他们。
③我们 / 你们 / 他们 / 她们 + 的 + N
　我是　他们　的　老师。

💡 小提示

人称代词"我们、你们、他们、她们"所指称的对象至少是两个人,不能只是一个人。另外,"您"后面不能加"们"。

*您们这边走。
您这边走。
你们这边走。

*老师们，您们好！
老师们，你们好！

18 指示代词（1）：这、那

【一06】

◎ **基本语义及用法**

"这"指代与说话者距离较近的人或事物，"那"指代与说话者距离较远的人或事物。

这 refers to someone or something closer to the speaker; 那 refers to someone or something that is more distant from the speaker.

◎ **典型例句和对话**

例句	①这是谁的手机？	②她喜欢那个书包。	③这是我的课本，那是你的课本。
交际实践	（在教室） A：这是谁的手机？ B：李明刚走，可能是他的。	（在商场） 爸爸：这件衣服和那个书包，你觉得女儿会喜欢哪一个？ 妈妈：我觉得她喜欢那个书包。	（在教室） A：这是我的课本吗？ B：这是我的课本，那是你的课本。

◎ **补充例句**

①这是什么？
②我很喜欢看这个电影。
③这两件衣服都很好看。
④那是我的手机。
⑤那是谁？
⑥她在那个教学楼上课。

◎ **结构特点**

（1）指示代词"这、那"可以作主语。

> 这/那 + 是 + O
> 这 是 手机。
> 那 是 谁?

（2）指示代词"这、那"可以用在"数词+量词"结构的前边，作定语，数词是"一"时经常省略。

> 这/那 + Num + M + N
> 我喜欢 这 个 电影。
> 那 两 件 衣服 都很好看。

💡 小提示

（1）指示代词"这、那"所指称的事物一般是单个的，但有时也可指称复数或多个事物。例如：

　　这是你买的东西吗？（"这"指称单个或多个）

　　那都是你买的东西吗？（"那"指称多个）

（2）"这、那"作主语指代人或事物时，一般用在"是"字句里。例如：

　　＊这你的，那我的。

　　这是手机，那是电脑。

19 指示代词（2）：这儿、那儿、这里、那里 【一06】

◎ **基本语义及用法**

"这儿、这里"指代比较近的处所，"那儿、那里"指代比较远的处所。口语中常用"这儿、那儿"。

这儿 or 这里 refers to a nearby location; 那儿 or 那里 refers to a more distant location. 这儿 and 那儿 are more often used in spoken Chinese.

◎ **典型例句和对话**

例句	①这儿很好。	②我去那儿学习。	③你坐这里，弟弟坐那里。
交际实践	（在商场） A：这儿很好，东西又多又便宜。 B：是的，真不错。	（在教室） A：你常常去哪里学习？ B：我家旁边有一个图书馆，我去那儿学习。	（在饭店） 妈妈：你坐这里，弟弟坐那里。 哥哥：好的。

◎ **补充例句**

①我没来过这儿。
②这儿的天气很好。
③那儿有一个杯子。
④这里是我的家。
⑤我喜欢这里的天气。
⑥那里有家饭店。

◎ **结构特点**

（1）指示代词"这儿、那儿、这里、那里"可以作主语。

①这儿 / 那儿 / 这里 / 那里 + AP
　这儿 / 那儿 / 这里 / 那里　很冷。
　这儿 / 那儿 / 这里 / 那里　非常干净。

②这儿 / 那儿 / 这里 / 那里 + 是 / 有 + O
　这儿 / 那儿 / 这里 / 那里　是　我的家。
　这儿 / 那儿 / 这里 / 那里　有　一家饭店。

（2）指示代词"这儿、那儿、这里、那里"可以作宾语。

S + V + 这儿 / 那儿 / 这里 / 那里
　我　在　这儿 / 那儿 / 这里 / 那里。

（3）指示代词"这儿、那儿、这里、那里"可以作定语。

这儿 / 那儿 / 这里 / 那里 + 的 + N
　我喜欢　这儿 / 那儿 / 这里 / 那里　的　天气。

小提示

（1）指示代词"这里、那里"既可以用于口语，也可以用于书面语；指示代词"这儿、那儿"带有口语色彩，一般不用于书面语。

（2）中文里的人称代词或指人名词不能表示处所，后边加上"这儿、那儿、这里、那里"后可以表示处所。例如：

＊请明天来我。

请明天来我这里。

＊我去朋友。

我去朋友那儿。

20 指示代词（3）：这些、那些

【一06】

◎ 基本语义及用法

"这些"指称与说话者距离较近的多个事物，"那些"指称与说话者距离较远的多个事物。

这些 refers to a group of things closer to the speaker; 那些 refers to a group of things more distant from the speaker.

◎ 典型例句和对话

例句	①这些书很新。	②那些东西都很贵。	③这些都是谁的衣服？
交际实践	（在教室） A：这些书很新。 B：是的，我昨天买的。	（在商场） A：你想买新手机或者新电脑吗？ B：不想，那些东西都很贵。	（在房间） A：这些都是谁的衣服？ B：都是我的，我一会儿就收起来。

◎ 补充例句

①这些我都不要了。

②这些面包是我新做的。

③这些是谁的车票？

④我不认识那些人。

⑤那些老师在开会。

⑥那些是她买的水果。

◎ **结构特点**

（1）指示代词"这些、那些"可以用在名词的前边，作定语。

这些/那些 + N
这些/那些 书 很新。
我不认识 这些/那些 人。

（2）指示代词"这些、那些"在一定的语境中可以单独作主语。

这些/那些 + AP/VP
这些 都是谁的衣服？
那些 很旧。

◎ **小提示**

指示代词"这些、那些"所指称的只能是多个事物，不能是单个事物。

21 指示代词（4）：别的

【一06】

◎ **基本语义及用法**

指代另外的、其他的，不是现在已经有的人或事物。经常用于口语。
It refers to other people or things instead of currently existing ones. It is often used in spoken Chinese.

◎ **典型例句和对话**

例句	①你还要别的东西吗？	②没有别的。	③我们去别的商店吧。
交际实践	（在饭店） A：你还要别的东西吗？ B：我还要一杯茶。	（在教室） A：这个方法不好，还有别的吗？ B：没有别的。	（在商店） A：这里没有我要买的笔。 B：我们去别的商店吧。

◎ 补充例句

①我不认识别的同学。
②现在别的商场也关门了。
③别的同学去哪儿了？
④我太忙了，没时间做别的事。
⑤我想吃面包，别的不想吃。
⑥我买了水，没买别的。

◎ 结构特点

"别的"经常作定语，有时在一定的上下文中作主语或宾语。

①别的 + N
　我不认识 别的 同学。
②别的 + P
　我就想吃面包，别的 不想吃。
③ (S+)V+别的
　A：这个方法不好，还有 别的 吗？
　B：没有 别的。

22 指示代词（5）：有的

【一—06】

◎ 基本语义及用法

指代人或事物中的一部分。
It refers to a part of a group of people or things.

◎ 典型例句和对话

例句	①有的同学在休息，有的同学在看书。	②有的东西很贵。	③有的喜欢，有的不喜欢。
交际实践	（在办公室） A：同学们都在做什么？ B：有的同学在休息，有的同学在看书。	（在商场） A：这个商场的东西贵吗？ B：有的东西很贵。	（在教室） A：你朋友都喜欢唱歌吧？ B：有的喜欢，有的不喜欢。

◎ 补充例句

①有的同学不认真学习。
②有的学校下午三点放学。
③这些衣服有的大，有的小，不能穿。

④饭店里人真多，有的吃饭，有的喝茶。

⑤同学们的回答不一样，有的对，有的错。

⑥她们有的是老师，有的是学生。

◎ 结构特点

"有的"常常作定语；在一定的上下文中也可以作主语，常常对举使用。

①有的 + N
　　有的　东西　很贵。

②有的 + P
　　有的　喜欢，有的　不喜欢。

◎ 小提示

"有的""有的 + 名词"不能作宾语。例如：

*我认识有的。
　我认识一些老师。

*我认识有的老师，不认识有的老师。
　有的老师我认识，有的老师我不认识。

23　程度副词（1）：很

【一09】

◎ 基本语义及用法

表示事物性质或心理活动达到很高的程度，比一般的标准高。

It indicates that a certain quality of something or a mental activity reaches a high degree, higher than the normal standard.

◎ 典型例句和对话

例句	①我很渴。	②那个本子很好看。	③我很喜欢看电影。
交际实践	（在商场） A：我很渴。你有水吗？ B：没有。我们现在去买水吧。	（在商店） A：那个本子很好看。我想买一个。 B：我也想买一个。	（在上课） 老师：你有什么爱好？ 学生：我很喜欢看电影。

29

◎ 补充例句

①这里有很多人。
②今天天气很热。
③这个房间很不干净。
④考了100分，孩子很高兴。
⑤他很爱吃包子吗？
⑥我姐姐很不喜欢唱歌。

◎ 结构特点

程度副词"很"一般用在形容词或心理动词的前边，作状语。

①S + 很 + Adj
我 很 渴。

②S + 很 + V$_{心理}$ + O
他 很 爱 吃 包子。

💡 小提示

（1）中文中，形容词单独作谓语往往含有对照或者比较的意思，所以在不表示对照或比较意思的句子中，形容词作谓语时前边通常要加上程度副词"很"。例如：
　　＊我哥哥高。
　　我哥哥很高。
（2）有些形容词不能受"很"等程度副词的修饰，如"男、女、错"等。例如：
　　＊这个汉字很错。
　　这个汉字错了。

24 程度副词（2）：非常 【一09】

◎ 基本语义及用法

表示事物性质或心理活动达到很高的程度，比一般的标准高得多。

It indicates that a certain quality of something or a mental activity reaches a high degree, much higher than the normal standard.

◎ 典型例句和对话

例句	①明天非常冷。	②我哥哥非常高。	③我非常喜欢这本书。
交际实践	（在房间） A：明天非常冷。 B：我们多穿一些衣服。	（在B的家里） A：你哥哥高不高？ B：我哥哥非常高。	（在房间） A：这本书太好看了，我非常喜欢这本书。 B：能给我看一下儿吗？

◎ **补充例句**

①我们学校非常大。
②这儿的门票非常贵吗?
③那个房间非常地干净。
④妈妈非常不高兴。
⑤我非常爱我的孩子。
⑥他非常想家。

◎ **结构特点**

程度副词"非常"一般用在形容词或心理动词的前边,作状语。

① S + 非常 + Adj
　我哥哥　非常　高。

② S + 非常 + V$_{心理}$ + O
　我　非常　喜欢　这本书。

 小提示

"非常"在口语中可以重叠,表示强调。例如:
他非常非常想家。

25　程度副词(3):太　　【一—09】

◎ **基本语义及用法**

表示事物性质或心理活动达到非常高的程度,一般用来表示说话人的看法、评价、感情等。

It indicates that a certain quality of something or a mental activity reaches a very high degree, usually used to express the speaker's opinion, judgement, emotion, etc.

"太"有两种用法:

(1)表示说话人认为程度过头了,多用于不满意的情况;

(2)强调程度很高,表示说话人赞叹、可惜等感情,用在感叹句中。

太 has two uses:

(1) It means that the speaker thinks the degree is too high. It is often used in dissatisfied situations.

(2) The speaker expresses his admiration, regret and other feelings. It is used in exclamatory sentences.

◎ **典型例句和对话**

用法（1）：

例句	①这里太冷了。	②机票太贵，我们坐火车去吧。	③图书馆太远了。
交际实践	（在学校门口） A：这里太冷了。 B：我们一边走，一边说。	（在房间） A：我们坐飞机去上海吧。 B：机票太贵，我们坐火车去吧。	（校园里） A：图书馆太远了。 B：我们去楼下的书店吧。

用法（2）：

例句	①太好了！	②这本书太好看了！	③我太喜欢这儿的菜了！
交际实践	（在教室） A：我们今天看中国电影。 B：太好了！	（在家） A：这本书太好看了！ B：我也想看。	（在饭馆） A：这儿的菜好吃吗？ B：好吃，我太喜欢这儿的菜了！明天还想来。

◎ **补充例句**

①王老师太忙了。
②他太慢，我们等一下儿。
③他太爱玩儿手机了。
④这个面包太好吃了！
⑤我太想妈妈了！
⑥孩子们太高兴了！

◎ **结构特点**

程度副词"太"一般用在心理动词或形容词前，作状语，句末常有语气助词"了 ^{2}"。

① S ＋ 太 ＋ V$_{心理}$ ＋ O ＋ 了^2
　他　太　爱　玩儿手机　了。

② S ＋ 太 ＋ Adj ＋ 了^2！
　孩子们　太　高兴　了！

◎ 💡 **小提示**

（1）第一种用法的"太……"后边如果有其他分句，"太……"所在的分句末尾可以不加语气助词"了 ^{2}"。例如：

机票太贵（了），我们坐火车去吧。

他太爱玩儿手机（了），学习不太好。
（2）第一种用法的"太……"能作定语。例如：
我不想去太远的地方。
第二种用法的"太……"不能作定语。例如：
*她是太认真的学生，老师们都很喜欢她。
她是很/非常认真的学生，老师们都很喜欢她。

26 程度副词（4）：真 【一09】

◎ 基本语义及用法

表示事物性质或心理活动达到很高的程度，常用在感叹句中。

It indicates that a certain quality of something or a mental activity reaches a high degree, usually used in exclamatory sentences.

◎ 典型例句和对话

例句	①你的房间真干净！	②这包子真好吃！	③我真喜欢这个杯子。
交际实践	（在房间门口） A：这是我的房间，请进。 B：你的房间真干净！	（在吃饭） 哥哥：这包子真好吃！ 弟弟：你多吃点儿，还有很多。	（大家给李明过生日） 朋友：我买了一个杯子，送给你。 李明：谢谢你，我真喜欢这个杯子。

◎ 补充例句

① 今天真热！
② 你哥哥真高！
③ 这书包真好看！
④ 这儿真不错！
⑤ 我真想吃面包。
⑥ 我真喜欢学中文！

◎ 结构特点

"真"一般用在形容词或心理动词前，作状语。

① S + 真 + Adj！
你的房间 真 干净！

② S + 真 + V心理 + O
我 真 想 吃面包。

小提示

（1）"真+形容词/心理动词"不能作定语和状语。例如：

＊那是我真喜欢的杯子。

那是我非常喜欢的杯子。

我真喜欢那个杯子。

＊孩子们真高兴地回家了。

孩子们很高兴地回家了。

（2）说话人感叹的事物一般就在现场。例如：

今天真热！（说话人感受到今天很热）

你的房间真干净！（说话人看到了"你的房间"或房间的照片）

27 程度副词（5）：最

[一09]

◎ **基本语义及用法**

用于比较，表示在同类事物中，某种事物性质或心理活动超过其他，达到顶点。
It is used in comparisons, meaning that among things of the same kind, a certain quality of something or a mental activity exceeds all the others, reaching the pinnacle.

◎ **典型例句和对话**

例句	①飞机最快。	②我爸爸最高。	③我最喜欢打球。
交际实践	（在教室） 老师：汽车、火车和飞机，哪个最快？ 学生：飞机最快。	（在家） A：你爸爸、哥哥和你，谁最高？ B：我爸爸最高。	（校园里） A：你最喜欢做什么？ B：我最喜欢打球。

◎ **补充例句**

①这个房间最大。

②那个汉字最难。

③她的衣服最好看。

④我弟弟最不爱看电视。

⑤他最想去的是中国吗？

⑥书放最上边。

◎ 结构特点

程度副词"最"一般用在形容词或心理动词前。

① S + 最 + Adj

飞机 最 快。

② S + 最 + V心理 + O

我 最 喜欢 打球。

◎ 小提示

（1）用于比较的事物要在三个或者三个以上。例如：

*爸爸和妈妈，谁最高？

爸爸和妈妈，谁高？

爸爸、妈妈和你，谁最高？

（2）"最"还可以作合成方位名词的定语。例如：

书放最上边。

28 范围、协同副词（1）：都[1]

【一10】

◎ 基本语义及用法

总括全部，表示所指范围内没有例外。

It means that all is included, indicating there is no exception within a given scope.

◎ 典型例句和对话

例句	①同学们都很认真。	②我们都会说中文。	③星期一和星期三都有中文课。
交际实践	（在办公室） 老师A：三班的学生认真吗？ 老师B：同学们都很认真。	（在出租车上） 司机：你们会说中文吗？ 学生：我们都会说中文。	（在家） 妈妈：你什么时候有中文课？ 孩子：星期一和星期三都有中文课。

◎ **补充例句**

①这些书都非常新。
②这些房间都没有人。
③我们都不是学生。
④她们都很喜欢打球。
⑤你都去哪儿玩儿了？
⑥他都吃了什么？

◎ **结构特点**

"都¹"一般用在形容词性或者动词性成分前，作状语。

（1）在陈述句中，"都¹"总括的对象如果是主语，主语一般是复数的。

① S_{复数} ＋都¹＋AP

这些书　都　非常新。
那些菜　都　不好吃。

② S_{复数} ＋都¹＋VP

这些房间　都　没有人。
他们　都　不是学生。

（2）在特殊疑问句中，"都¹"的主语可以是单数，也可以是复数。

S＋都¹＋……＋QPr……

你　都　去　哪儿　玩儿了？
他　都　吃了　什么？
你们　都　做　什么了？

💡 **小提示**

（1）"都¹"不能放在主语前。例如：

＊都我们是学生。
我们都是学生。

（2）"都¹"总括的词语一定要出现在"都"的前边。例如：

＊都这些书非常新。
这些书都非常新。

（3）"都¹"和"不、没"共现的时候，可以有两种语序："都¹＋不／没"和"不／没＋都¹"。两种语序的意思不一样，"都¹＋不／没"表示全部否定，"不／没＋都¹"表示部分否定。例如：

我们都不会说中文。（我们每个人都不会说中文）
我们不都会说中文。（我们有的人会说中文，有的人不会说中文）
他们都没去图书馆。（他们每个人都没去图书馆）
他们没都去图书馆。（他们有的人去了图书馆，有的没去图书馆）

29 范围、协同副词（2）：一块儿、一起 【一10】

◎ **基本语义及用法**

表示协同，指在同一地点做某事或在空间上合在一处。

It indicates coordination, referring to doing something in the same place, or being joined with each other to form one whole.

◎ **典型例句和对话**

例句	①我们常一块儿玩儿。	②明天他们一起去图书馆。	③白衣服和那些衣服不能一起洗。
交际实践	（在教室） A：你有中国朋友吗？ B：有，我们常一块儿玩儿。	（在家） 妈妈：明天孩子们准备去哪儿？ 爸爸：明天他们一起去图书馆。	（洗衣机旁边） 爸爸：这些衣服都一起洗吗？ 妈妈：不行，白衣服和那些衣服不能一起洗。

◎ **补充例句**

①老师和同学们一块儿回北京。
②我们没一块儿去中国。
③我要跟姐姐一块儿走。
④我们一起学中文吧。
⑤我跟女朋友一起看电影。
⑥牛奶不能和什么一起吃？

◎ **结构特点**

"一块儿、一起"一般用在动词性成分前，作状语。它们语义指向的成分一般是两个或两个以上的人或物。

① S_复数 + 一块儿/一起 + VP
  我们 常 一块儿 玩儿。
  我们 一起 学中文吧。
② A + 和/跟 + B + 一块儿/一起 + VP
  老师 和 同学们 一块儿 回北京。
  我 跟 女朋友 一起 看电影。

小提示

（1）"一块儿"多用于口语。

（2）"一块儿、一起"要放在它语义指向的词语后面。例如：

＊我一块儿喝茶和牛奶。

茶和牛奶我一块儿喝。

＊白衣服不能一起洗和那些衣服。

白衣服和那些衣服不能一起洗。

30 时间副词（1）：马上 【一11】

◎ **基本语义及用法**

表示动作或情况在短时间内发生。

It indicates that an action or a situation will happen in a short time.

◎ **典型例句和对话**

例句	①医生马上来。	②对不起，我马上走。	③马上好，别急。
交际实践	（在医院） 病人：医生！医生！ 护士：医生马上来。	（在教室） A：我们要在这里考试。 B：对不起，我马上走。	（在家） 爸爸：饭怎么还没好？ 妈妈：马上好，别急。

◎ **补充例句**

①我马上打电话。　　　　　　④我的朋友马上就到。

②车来了，我马上下去。　　　⑤你等一下儿，我马上来！

③我们马上出去，你明天再来吧。⑥他马上去车站，你什么时候到？

◎ **结构特点**

"马上"用在主语后、动词前，作状语，常与"就"一起使用。

> S + 马上（+就）+ VP
> 我　马上　就　回家。
> 他　马上　去车站。

💡 小提示

"马上"可以用于表达未发生的动作,也可以用于说明已经发生的事情。例如:

我马上去你家。

车来了,他马上就跑了过去。

31 时间副词(2):先

【一 11】

◎ **基本语义及用法**

表示某事或某个动作行为发生在前。

It indicates that something or an action happens first.

◎ **典型例句和对话**

例句	①老师,我先说吧。	②你们先吃吧,不用等我。	③你先走,我一会儿再去。
交际实践	(课堂上) 老师:谁先说? 学生:老师,我先说吧。	(妈妈给儿子打电话) 妈妈:晚饭准备好了,你什么时候回来? 儿子:你们先吃吧,不用等我。	(在教学楼) A:我们一起去图书馆吧。 B:你先走,我一会儿再去。

◎ **补充例句**

①你们先准备吧,我马上来。
②我先去上班了,晚上见。
③我先告诉你,你不要告诉别人。
④您先休息吧,我们明天再来。
⑤我们先别出去,再等一会儿。
⑥你先坐会儿,我马上回来。

◎ **结构特点**

"先"用在主语后、动词性成分前,作状语。

S + 先 + VP
我 先 说吧。
你 先 坐会儿。

小提示

有"先"的句子，一般后面会接其他内容，表示后发生的事情。例如：

*你们吃先。

你们先吃。

你们先吃，我晚点儿到家。

32 时间副词（3）：有时 【一11】

◎ 基本语义及用法

表示动作或行为不经常发生，情况较少出现。

It indicates that an action doesn't take place often or a situation doesn't occur frequently.

◎ 典型例句和对话

例句	①他有时晚上上课。	②我有时开车上班。	③我有时不吃早饭。
交际实践	（在家） 爸爸：儿子现在还没回来吗？ 妈妈：还没回来，他有时晚上上课。	（在办公室） A：楼下的车是你的吗？ B：是的，我有时开车上班。	（在学校） A：你每天都吃早饭吗？ B：我有时不吃早饭。

◎ 补充例句

①我有时打车上班。
②有时我在家工作。
③有时这儿很冷。
④他的工作有时非常忙。
⑤我们有时在图书馆见面。
⑥他有时会给我打电话。

◎ 结构特点

"有时"作状语，既可以用在主语前，也可以用在主语后。

① 有时 + S + VP/AP

　有时　我　想去国外生活。
　有时　这儿　很冷。

② S + 有时 + VP/AP

　他　有时　晚上上课。
　他的工作　有时　非常忙。

33 时间副词（4）：在、正、正在 【一11】

◎ **基本语义及用法**

表示某个动作行为正在进行中，或某个状态正在持续。
They indicate that an action is ongoing or a state is continuing.

◎ **典型例句和对话**

例句	①我在看电视。	②你等一下儿，他正吃饭呢。	③他们正在唱歌。
交际实践	（打电话） A：你在做什么？ B：我在看电视。	（打电话） 儿子：爸爸在吗？我找他有点儿事。 妈妈：你等一下儿，他正吃饭呢。	（在教学楼） A：你听，他们正在唱歌。 B：这个中文歌真好听。

◎ **补充例句**

①妈妈在洗衣服呢。
②你在做什么呢？
③外面正下雨呢。
④我正要去图书馆学习。
⑤老师们正在开会吗？
⑥病人正在休息，你不能进去。

◎ **结构特点**

"在、正、正在"用在主语后、动词性成分前，句子末尾常出现语气助词"呢"。

①肯定形式：
　S+在/正/正在+VP(+呢)
　他　在/正/正在　看电视(呢)。

②否定形式：
　S+没(+在)+VP
　他　没　在　学习。
　我　没　看电视。

◎ **小提示**

（1）"在、正、正在"不能用在某些瞬间动词或心理动词的前边。例如：
　　＊他在/正/正在谢谢你。
　　＊我在/正/正在喜欢你。

（2）"在、正、正在"不能和"了"连用。例如：

*他们在/正/正在吃了饭。

他们在/正在吃饭。

34 频率、重复副词（1）：常、常常 【一12】

◎ **基本语义及用法**

表示某个动作行为发生的频率高。
They indicate an action takes place frequently.

◎ **典型例句和对话**

例句	①他常去饭店吃饭。	②我常常不吃早饭。	③他常常很晚回家。
交际实践	（在教室） A：小王不回家吃饭吗？ B：是的，他常去饭店吃饭。	（在教室） A：我常常不吃早饭。 B：这对身体不太好。	（在下班路上） A：这么晚了，小王还不回家吗？ B：他太忙了，常常很晚回家。

◎ **补充例句**

①她常跟大家开玩笑。
②我们常去爷爷家。
③周末你常去哪儿？
④他常常走路回家。
⑤他周末常常出去打球。
⑥她不常上网。

◎ **结构特点**

"常、常常"用在主语后、动词性成分前，作状语。否定多用"不常"，一般不用"不常常"。

①肯定形式：
　　S＋常/常常＋VP
　　他　常　去饭店吃饭。
　　我　常常　不吃早饭。

②否定形式：
　　S＋不＋常＋VP
　　她　不　常　上网。

> 💡 **小提示**
>
> "常、常常"不能用在某些瞬间动词或心理动词的前边。例如:
>
> *他常/常常谢谢你。
>
> *我常/常常喜欢你。

35 频率、重复副词（2）：再[1]

【一12】

◎ **基本语义及用法**

表示同一动作的重复或状态的继续。

It indicates the repetition of an action or the continuation of a state.

◎ **典型例句和对话**

	①今天的电影太好看了，我们明天再去看吧。	②我下午再去图书馆找一次。	③你明天再来吧。
例句			
交际实践	（在家） A：今天的电影太好看了，我们明天再去看吧。 B：好，明天再看一次。	（在学校） A：你找到那本书了吗？ B：没找到，我下午再去图书馆找一次。	（在办公室） A：等一下儿，我找你有点儿事。 B：对不起，我要去开会，你明天再来吧。

◎ **补充例句**

①商场关门了，请您明天再来。

②衣服没洗干净，我再洗一遍。

③我没听到，你再说一次吧。

④王大夫今天不上班，你明天再来找她吧。

⑤他很快就回来，你们再等一会儿。

⑥这个牛奶很好喝，我们明天再去买点儿吧。

◎ **结构特点**

"再[1]"用在动词性成分前，作状语。

> S + 再¹ + VP
> 明天 再 去看电影吧。
> 我 再 买一些牛奶。

小提示

（1）"再¹"多用于将来要重复的动作或没有完成的事情，不能用于已经发生的事情。例如：

　　＊我们昨天再去商场。
　　我们明天再去商场。

（2）"再¹"与能愿动词"能、会"等一起出现时，放在能愿动词后。例如：
　　＊你再能来看我吗？
　　你能再来看我吗？

36 关联副词（1）：还¹ 【一13】

◎ **基本语义及用法**

表示追加，项目、数量增多，范围扩大。
It indicates an addition, referring to the increase in item or quantity, or the expansion in scope.

◎ **典型例句和对话**

例句	①我要去上海，还要去北京。	②书包里有书，还有笔。	③我想吃米饭，还想吃面条儿。
交际实践	（在家） A：你这次要去哪儿？ B：我要去上海，还要去北京。	（在教室） A：书包里有什么？ B：书包里有书，还有笔。	（在饭馆） A：你想吃什么？ B：我想吃米饭，还想吃面条儿。

◎ **补充例句**

①他会唱中文歌，还会唱外语歌。
②（雨）今天下，明天还下。
③我去了北京，还去了上海。
④吃了饭，你还要吃别的吗？
⑤桌子上还有一支笔。
⑥老师说一会儿还要上课。

◎ 结构特点

（1）"还¹"用在主语后、动词性成分前。

（……,）S + 还¹ + VP
我　还　想吃面条儿。

（2）复句中，"还¹"连接的动词一般与前一分句相同。

S + V + O₁，还¹ + V + O₂
我　去了　北京，还　去了　上海。

💡 小提示

"还¹"与能愿动词和动词一起出现时，要放在能愿动词前。
* 吃了饭，你要还吃别的吗？
　吃了饭，你还要吃别的吗？
* 老师说一会儿要还上课。
　老师说一会儿还要上课。

37 关联副词（2）：也 【一13】

◎ 基本语义及用法

表示两个事物相同或类同，一般用在后一分句中。
It indicates two things are the same or alike, usually used in the second clause of a sentence.

◎ 典型例句和对话

例句	①他是学生，我也是学生。	②我没有书，也没有本子。	③我喜欢吃米饭，也喜欢吃面包。
交际实践	(在学校) A：他是学生吗？ B：他是学生，我也是学生。	(在教室) A：你有书吗？ B：我没有书，也没有本子。	(在饭店) A：早饭你喜欢吃什么？ B：我喜欢吃米饭，也喜欢吃面包。

◎ 补充例句

①他会唱歌,也会写歌。
②我不是学生,他也不是学生。
③他去上课了,你也要去吗?
④我去机场,你也去机场吗?
⑤这个房间很大,也很干净。
⑥姐姐很好看,妹妹也很好看。

◎ 结构特点

"也"用在主语后、动词性或形容词性成分前,作状语。前后分句主语相同时,后面分句的主语一般省略。

① S + VP/AP,也 + VP/AP
我 没有书,也 没有本子。
这个房间 很大,也 很干净。

② S_1 + VP/AP,S_2 + 也 + VP/AP
我 不是学生,他 也 不是学生。
姐姐 很好看,妹妹 也 很好看。

◎ 小提示

(1)否定词"不、没"放在"也"的后面。例如:
　　*他不是学生,我不是也学生。
　　他不是学生,我也不是学生。

(2)两个分句,有时主语不同,谓语相同;有时主语、动词相同,宾语不同。例如:
　　我是学生,他也是学生。
　　我没有书,也没有本子。

38 否定副词(1):别 【一14】

◎ 基本语义及用法

表示阻止、劝说,多用于祈使句。
It indicates dissuasion, usually used in imperative sentences.

◎ 典型例句和对话

例句	①你别进来。	②上课的时候别看手机。	③别在图书馆吃东西。
交际实践	(A在教室门口) A：我能进去吗？ B：你别进来，我们在考试。	(B在上课时看手机) A：上课的时候别看手机。 B：好的，老师。	(在图书馆) A：这个苹果真好吃。 B：别在图书馆吃东西。

◎ 补充例句

①你别吃，这是妈妈的饭。
②考试的时候别说话。
③你别不说话。
④明天你别去看电影了。
⑤别太认真了。
⑥你别生气了。

◎ 结构特点

"别"用在动词性或形容词性成分前，作状语；主语一般为第二人称，口语中常常省略主语；动词前如果有能愿动词，"别"在能愿动词前。

> (S+)别 + VP/AP
> 你　别　想进来。
> 别　太认真了。

💡 小提示

（1）"别"加其他否定副词表示肯定，此时其他否定副词在"别"的后面。
　　 你别不说话。（你要说话）
（2）在对话中，"别"可以单用。
　　 A：我先走了。
　　 B：别，我们一起走吧。

39 否定副词（2）：不 【一14】

◎ 基本语义及用法

表示对动作行为或性质的否定。
It negates an action or a quality.

◎ 典型例句和对话

例句	①我明天不去学校。	②今天不太热。	③你吃不吃饭？
交际实践	（在家） A：明天去学校吗？ B：明天不去学校，明天星期六。	（问天气） A：今天热不热？ B：今天不太热。	（在家） A：晚上你吃不吃饭？ B：我不想吃了。

◎ 补充例句

①我不是老师。
②我不喜欢他。
③你不上课吗？
④这个星期我不太忙。
⑤今天的电影不好看。
⑥图书馆不太远。

◎ 结构特点

"不"在动词性或形容词性成分前，作状语。

> S + 不 + VP/Adj
> 我　不　去学校。
> 天气　不　热。

40 否定副词（3）：没、没有 【一14】

◎ 基本语义及用法

用于否定动作已经发生或状态已经改变。
They negate that an action has already happened or a state has already changed.

◎ 典型例句和对话

例句	①他昨天没/没有上课。	②他去了,我没/没有去。	③衣服没/没有干。
交际实践	(在教室) A:小明昨天来上课了吗? B:他昨天没/没有上课。	(在房间) A:你和小明去看电影了吗? B:他去了,我没/没有去。	(在家) A:衣服干了吗? B:衣服没/没有干。

◎ 补充例句

①我没/没有看见你的包。
②昨天我没/没有看电视。
③他喝了很多水,我没/没有喝水。
④今天我没/没有写汉字。
⑤雨没/没有小,还很大。
⑥他的病没/没有好。

◎ 结构特点

"没、没有"在动词性成分前,表示对已经发生或曾经发生的动作行为的否定;在形容词性成分前,表示对已经发生或曾经发生的状况的否定。

> S + 没/没有 + VP/Adj
> 我 昨天 没/没有 去学校。
> 衣服 没/没有 干。

小提示

(1)在意义上,"不"否定判断、意愿、事实和性质,"没、没有"否定动作行为已经发生或状态已经改变。例如:

　　他不去图书馆。(否定意愿)
　　他没去图书馆。(否定动作已经发生)
　　我不饿。(否定性质)
　　我没饿。(否定状态的变化)

(2)"没、没有"只能用于过去和现在,不能用于将来;"不"可以用于过去、现在和将来。

　　*我明天没/没有看电视。

我昨天没看电视，今天也没看。

我请他，他不来；你请他，他就来了。

（3）有些动词只能用"不"否定，不能用"没、没有"否定，如关系动词"是、知道"、能愿动词"会、要"等。

*他没是老师。

他不是老师。

*我没有会说中文。

我不会说中文。

41 介词（引出时间、处所）：从¹ 【一 15】

◎ 基本语义及用法

表示时间、处所的起点。

It indicates the starting point in time or space.

◎ 典型例句和对话

例句	①我们从星期一到星期五工作。	②我从早上八点到下午六点都要上课。	③你从哪儿来？
交际实践	（A在找工作） A：请问，这里的工作时间是什么？ B：从星期一到星期五工作。	（在房间） A：明天你做什么？ B：我从早上八点到下午六点都要上课。	（在机场） A：你从哪儿来？ B：我从北京来。

◎ 补充例句

①从北京到上海，坐飞机要两个半小时。

②哥哥从北京回来了。

③我马上从食堂出来。

④从图书馆到路口，走路要十分钟。

⑤我从2018年到现在，都没回家。

⑥他从一月到三月在北京工作。

◎ 结构特点

（1）"从[1]"一般用在表示处所和时间的词语前。

S + 从¹ + L/T + VP

哥哥 从 北京 回来了。
我 从 今年 开始工作。

（2）"从¹"还多与"到"连用。

从¹ + L/T + 到 + L/T

从 图书馆 到 路口，走路要十分钟。
我们 从 星期一 到 星期五 工作。

小提示

"从¹ + 处所/时间"在动词性成分前，作状语，不可以放在动词性成分后。例如：
*哥哥回来了从北京。
　哥哥从北京回来了。

42 介词（引出时间、处所）：在　【一16】

◎ 基本语义及用法

表示动作行为进行的处所、范围或事物存在的位置。
It indicates the location or scope where an action goes on or the position where something exists.

◎ 典型例句和对话

例句	①我在房间看书。	②我哥哥在北京教中文。	③我们在机场见面吧。
交际实践	（打电话） A：你上午做什么了？ B：我在房间看书。	（在房间） A：你哥哥做什么工作？ B：我哥哥在北京教中文。	（打电话） A：我们明天在哪儿见？ B：我们在机场见面吧。

◎ 补充例句

① 我在教室写作业。
② 我在家里等你。
③ 哥哥在医院工作。
④ 我常常在教学楼看见他。
⑤ 别在图书馆唱歌。
⑥ 他在中国学习中文。

◎ 结构特点

"在"和处所词组合后在句中作状语。

> S + 在 + L + VP
> 我　在　图书馆　看书。

💡 小提示

"在 + 处所"不能放在宾语后面。例如:

＊他写作业在教室。
　他在教室写作业。

＊我等你在家里。
　我在家里等你。

43 介词（引出对象）：跟¹、和¹　【一17】

◎ 基本语义及用法

引出动作相关的对象。
They introduce the target of an action.

◎ 典型例句和对话

例句	①他跟老师请假了。	②他没跟我说这件事。	③我没和她一起去中国。
交际实践	（在教室） A：王小明怎么没来？ B：他跟老师请假了，今天不来上课。	（在学校） A：你知道吗？李老师去北京了。 B：啊？我不知道，他没跟我说这件事。	（打电话） A：小丽从中国回来了吗？ B：不知道，我没和她一起去中国。

◎ **补充例句**

①跟我说一下儿你的爱好吧。
②我跟她要了一杯水。
③我不想跟你说这事！
④我常常和他一起玩儿。
⑤老师和他介绍学校了吗？
⑥我不想和她住。

◎ **结构特点**

"跟¹、和¹"跟名词性成分组成短语之后，整体位于动词性成分前，作状语。

S + 跟¹/和¹ + N/Pron + VP
他 跟 老师 请假了。
老师 和 他 介绍学校了 吗？

◎ **小提示**

否定词"不、没"放在"跟¹、和¹"前。例如：
我不跟他说话。
他没和我说这事。

44 介词（引出对象）：比 【一18】

◎ **基本语义及用法**

引出比较的对象。
It introduces the target to be compared with.

◎ **典型例句和对话**

例句	①哥哥比弟弟高。	②这个房间比那个房间大。	③这个手机比那个贵。
交际实践	（在房间） A：哥哥和弟弟谁高？ B：哥哥比弟弟高。	（在饭店） A：这两个房间哪个大？ B：这个房间比那个房间大。	（在手机店） A：哪个手机贵？ B：这个手机比那个贵。

◎ **补充例句**

①他比我小。
②妹妹比姐姐好看。
③今天比昨天冷。
④王小明比我认真。
⑤我比她瘦。
⑥飞机比火车快。

◎ **结构特点**

A + 比 + B + Adj
姐姐　比　妹妹　好看。

45 连词（连接词或短语）(1)：跟²、和² 【一19】

◎ **基本语义及用法**

连接词或短语，表示平等并列的关系。
They connect two words or phrases to indicate an equal, coordinating relation.

◎ **典型例句和对话**

例句	①爸爸跟妈妈都不在家。	②他跟我都是北京人。	③我和弟弟都学习中文。
交际实践	（打电话） A：你爸妈在家吗？ B：爸爸跟妈妈都不在家。	（A 和 B、C 第一次见面） A：你们是哪里人？ B：他跟我都是北京人。	（在国外） A：你也学习中文吗？ B：是的，我和弟弟都学习中文。

◎ **补充例句**

①我会写"渴"跟"汉"。
②她要买面包跟牛奶。
③爸爸跟哥哥不在房间里。
④我会写爸爸和妈妈的名字。
⑤今天和昨天都很热。
⑥他知道考试的时间和地点。

◎ **结构特点**

"跟²、和²"连接的词语多为名词或代词，整体作主语或宾语。"跟²、和²"连接的词语可以互换位置，不影响意义。

① N / Pron + 跟² / 和² + N / Pron + VP
   他 跟 我 都是北京人。
   老师 和 同学 都不认识他。
② S + V + N / Pron + 跟² / 和² + N / Pron
   他 知道 考试的时间 跟 地点。
   书包里 有 书 和 手机。

小提示

（1）"跟²"一般用于口语。
（2）"跟²"一般只连接两个成分，不连接三个或三个以上成分。例如：
　　＊她要买面包、鸡蛋跟牛奶。
　　　她要买面包跟牛奶。
（3）"和²"连接的词语可以多于两项，这种情况下，"和²"要放在最后两项之间，前面的成分用顿号连接。例如：
　　＊我家有三口人，爸爸和妈妈和我。
　　　我家有三口人，爸爸、妈妈和我。

46 连词（连接词或短语）(2)：还是

◎ 基本语义及用法

表示选择关系，多用于疑问句。
It indicates an alternative relation, often used in interrogative sentences.

◎ 典型例句和对话

例句	①她是老师还是学生？	②你喝茶还是喝水？	③我们上午去还是下午去？
交际实践	（在教学楼） A：这个人真好看啊！ 　　她是老师还是学生？ B：她是我们班的老师。	（在饭店） A：你喝茶还是喝水？ B：我想喝茶。	（在教室） A：我们上午去还是下午去？ B：下午去吧。

◎ **补充例句**

①你坐火车还是坐飞机？
②她的生日是今天还是明天？
③你是 A 班的还是 B 班的？
④你弟弟是中学生还是小学生？
⑤你喝水还是喝牛奶呢？
⑥你吃面条儿还是吃米饭呢？

◎ **结构特点**

"还是"前边和后边的词或短语须词类一致，可以是名词性成分，也可以是动词性成分。

> S（+是）+A+还是+B？
> 她的生日　是　今天　还是　明天？
> 你　坐火车　还是　坐飞机？

◎ **小提示**

（1）"是 A 还是 B"结构中的第一个"是"可以省略，第二个"是"不能省略。

　　＊你喝咖啡还喝可乐？
　　你是喝咖啡还是喝可乐？
　　你喝咖啡还是喝可乐？

（2）用"还是"提问的句子都是选择疑问句，句末不能加语气助词"吗"，但可以加语气助词"呢"。例如：

　　＊你喝水还是喝牛奶吗？
　　你喝水还是喝牛奶？
　　你喝水还是喝牛奶呢？

47　结构助词（1）：的[1]　【一20】

◎ **基本语义及用法**

一般用于定语后、名词前，是定语的标志。

It is an attributive marker usually used after an attribute and before a noun.

◎ **典型例句和对话**

例句	①你的衣服很好看。	②这是妈妈买的苹果。	③他是一个很认真的学生。
交际实践	（A 和 B 要去参加晚会） A：我今天的衣服好看吗？ B：你的衣服很好看。	（在家） A：这是你买的苹果吗？ B：不是，这是妈妈买的苹果。	（在学校） A：王小明学习认真吗？ B：他是一个很认真的学生。

◎ **补充例句**

①这是大卫的中文课本。
②我的妈妈是老师。
③这是你的衣服吗？
④这是很重要的事。
⑤你的手机很好看。
⑥认真的学生每天都写作业。

◎ **结构特点**

常用于"定语＋的¹＋名词"结构中，"的¹"前一般是名词、代词、形容词、动词或短语。

> N / Pron / Adj / V / 短语 ＋ 的¹ ＋ N
> 弟弟/我　的　书包
> 妈妈买　的　苹果

💡 **小提示**

（1）单音节形容词作定语时，后边一般不用"的¹"。例如：
　　*好的书——好书
（2）动词或动词性词语作定语时，后边一般要用"的¹"。例如：
　　吃的东西——吃东西
（3）当定语是人称代词，被修饰的名词是"哥哥"等亲属称谓或"学校"等组织名称时，"的¹"常常可以省略。例如：
　　你（的）哥哥　　　我（的）爷爷
　　我们（的）学校　　他们（的）国家

需要注意的是,"学校、班、国家"等前边的人称代词一般用复数形式"我们、你们、他们、她们"。

48 结构助词(2):地

【一20】

◎ **基本语义及用法**

一般用在状语后、动词或形容词前,是状语的标志。
It is an adverbial marker usually used after an adverbial modifier and before a verb or an adjective.

◎ **典型例句和对话**

例句	①请认真地听老师讲课。	②她生气地说,不想和我做朋友了。	③他高兴地告诉我,明天可以回家了。
交际实践	(在教室) A:同学们,请认真地听老师讲课,不要说话。 B:好的,老师。	(在家) A:她最后跟你说什么了? B:她生气地说,不想和我做朋友了。	(在学校) A:王小明找你有什么事? B:他高兴地告诉我,明天可以回家了。

◎ **补充例句**

①姐姐在认真地画画儿。
②他很快地吃完了早饭。
③他早早地到了学校。
④她在高兴地唱歌。
⑤小朋友在一个字一个字地读课文。
⑥雨慢慢地小了。

◎ **结构特点**

常用于"状语+地+动词/形容词"结构中,"地"前常常是形容词或副词。

> S + Adj / Adv + 地 + VP/Adj
> 他 高兴 地 告诉我。
> 雨 慢慢 地 小 了。

> 💡 **小提示**
>
> 短语作状语时，后边一般要用"地"。
> 请认真（地）听老师讲课。
> 他们非常认真地听老师讲课。

49 动态助词：了[1]

【一 21】

◎ **基本语义及用法**

用在动词之后，表示动作完成。

It is used after a verb to indicate the completion of an action.

◎ **典型例句和对话**

例句	①他买了一本书。	②我写了十个汉字。	③早上我吃了两个包子。
交际实践	（在家） A：儿子昨天买了什么？ B：他买了一本书。	（在教室） A：王小明，你写了几个汉字？ B：我写了十个汉字。	（在教室） A：王小明，你今天早上吃了什么？ B：早上我吃了两个包子。

◎ **补充例句**

①他看了两本书。
②王老师喝了两杯水。
③我去了书店，没去图书馆。
④他知道了这事，非常生气。
⑤他吃了面包，还喝了牛奶。
⑥我买了两张电影票。

◎ **结构特点**

"了[1]"位于动词后。

①肯定形式：
a. S＋V＋了[1]＋NumP＋N
　他 买 了 一本 书。
b. S＋V＋了[1]＋N，……
　我 去 了 书店，没去图书馆。
　他 吃 了 面包，还喝了牛奶。

②否定形式：
　S＋没(有)＋VP
　他 没 买 书。

小提示

动词表示经常性动作时,后边不能加"了[1]"。例如:

*我每天早上六点起了床。

我每天早上六点起床。

50 语气助词(1): 吧[1] 【一22】

◎ **基本语义及用法**

用在祈使句末,表示命令、请求、催促、建议等,有缓和语气的作用。

It is used at the end of an imperative sentence to indicate a command, request, urge, suggestion, etc. It can soften the tone.

◎ **典型例句和对话**

例句	①我们走吧。	②你快去学习吧。	③我们去图书馆吧。
交际实践	(在家) A:八点了,我们走吧。 B:马上。	(在家) A:明天我们要考试了。 B:那你快去学习吧。	(在学校) A:下课后我们去哪儿? B:我们去图书馆吧。

◎ **补充例句**

①快走吧。
②你先去上课吧。
③我们去吃饭吧。
④请你读一下儿课文吧。
⑤你们一起去玩儿吧。
⑥我们吃包子吧。

◎ **结构特点**

"吧[1]"通常位于祈使句末尾。

> S + P + 吧
> 我们 一起回家 吧。

小提示

（1）上面例子中的"吧¹"都可以不用，但语气比较生硬。
（2）"吧¹"有时用在表示疑问的格式后边，有催促对方回答的意思。
　　　你说这样做行不行吧。

51 语气助词（2）：了²

◎ **基本语义及用法**

通常用在句末，表示事态出现了变化或即将出现新情况。
It is usually used at the end of a sentence to indicate that a change has occurred or a new situation will appear.

◎ **典型例句和对话**

例句	①我累了。	②明天星期二了。	③我去上课了。
交际实践	（A和B打球） A：我累了，我们休息一下儿吧。 B：好的。	（在房间） A：明天星期几？ B：明天星期二了。	（在家） A：妈妈，我去上课了。 B：知道了。

◎ **补充例句**

①下雨了。
②我买手机了。
③王小明喜欢唱歌了。
④他不吃早饭了。
⑤我渴了，想喝水。
⑥他们不忙了。

◎ **结构特点**

"了²"一般出现在句末。

S + P + 了²
我　累　了。
我　买手机　了。

52 语气助词（3）：吗   【一 22】

◎ **基本语义及用法**

用在疑问句末，表示疑问的语气。

It is used at the end of an interrogative sentence to ask a question.

◎ **典型例句和对话**

例句	①她是医生吗？	②明天您来学校吗？	③你在家吗？
交际实践	（在医院） A：她是医生吗？ B：她不是医生，她是病人。	（在教室） 学生：老师，明天您来学校吗？ 老师：我明天来学校。	（打电话） A：姐姐，你在家吗？ B：在家，你有什么事？

◎ **补充例句**

①这电影好看吗？
②那歌好听吗？
③你不上课吗？
④你没去吃饭吗？
⑤他是你的朋友吗？
⑥你可以读一下儿课文吗？

◎ **结构特点**

语气助词"吗"用在句末。

> S + P + 吗？
> 她　是医生　吗？
> 那歌　好听　吗？

◎ **小提示**

"吗"只能用于是非问句，不能用于特指问句、选择问句和正反问句。

53 语气助词（4）：呢

【一22】

◎ **基本语义及用法**

可以用在疑问句末，表示疑问的语气；还可以用在陈述句末，表示动作或者情况正在进行。

It is used at the end of an interrogative sentence to indicate an interrogative tone or at the end of a declarative sentence to indicate an action or a situation is going on.

◎ **典型例句和对话**

例句	①他是哪国人呢？	②我的课本在哪儿呢？	③我在看书呢。
交际实践	（在学校） A：他是哪国人呢？ B：他是中国人。	（在教室） A：我的课本在哪儿呢？ B：在这儿。	（打电话） A：王小明，你在做什么呢？ B：我在看书呢，明天有考试。

◎ **补充例句**

①你在做什么呢？
②谁能帮我呢？
③大家都去哪儿了呢？
④我正想去找你呢。
⑤他睡觉呢。
⑥外面下雨呢，不要出去了。

◎ **结构特点**

（1）"呢"可以用在疑问句中的分句末尾或者整句末尾，表示疑问的语气。

> S + V + O + 呢？
> 你　在做　什么　呢？

（2）"呢"还可以用在陈述句末，跟副词"在、正、正在"等搭配使用，表示动作或者情况正在进行。

> S + 在/正/正在 + VP + 呢
> 他　在　看书　呢。

小提示

"呢"不能用于是非问句,可以用于特指问句、选择问句和正反问句。

＊你是中国人呢?

你是中国人吗?

54 定语:名词性词语、形容词性词语、数量短语作定语 【一27】

◎ **基本语义及用法**

定语是用来修饰名词性中心语的,对人或事物进行限制说明。由名词性词语、形容词性词语、数量短语等充当的定语,从归属、范围、性质、状态、数量等方面对人或事物加以限定。

An attribute modifies the head noun to restrict and describe someone or something. An attribute which is a noun phrase, adjective phrase, numeral-measure phrase, etc., describes a person or thing in terms of possession, scope, quality, state, quantity, etc.

◎ **典型例句和对话**

例句	①他在看中文书。	②新书包很好看。	③她看了两本书。
交际实践	(在教室) A:他在看什么书? B:他在看中文书。	(在家) 孩子:爸爸,你看我的新书包。 爸爸:新书包很好看。	(在家) 妈妈:你妹妹今天做什么了? 哥哥:她看了两本书。

◎ **补充例句**

①今天没有中文课。
②电影票没有了。
③他没穿白衣服。
④我喜欢干净的房间。
⑤他喝了一杯水。
⑥我们班有十个学生。

◎ **结构特点**

定语位于中心语前,中心语一般是名词,定语经常由名词性词语、形容词性词语、数量短语等充当。

> 定语(+的)+N
> 电影　票
> 干净　的　房间
> 十个　学生

💡 小提示

定语用在中心语前边，不能出现在中心语后边。例如：

＊这是好朋友我的。

　这是我的好朋友。

55 状语：副词、形容词作状语；表示时间、处所的词语作状语 【一28】

◎ **基本语义及用法**

　　状语主要用来修饰动词、形容词，从范围、方式、语气、时间、处所等方面对动作行为、性质状态进行描写说明。

　　An adverbial modifier is mainly used to modify a verb or adjective, describing and explaining the action, quality or state from the perspectives of scope, manner, mood, time, location, etc.

◎ **典型例句和对话**

例句	①他不吃包子。	②我们下午去吧。	③她在网上买了两本书。
交际实践	（在食堂） A：王小明吃不吃包子？ B：他不吃包子。	（在家） A：我们什么时候去学校？ B：我们下午去吧。	（在教室） 老师：小雨下午做什么了？ 学生：她在网上买了两本书。

◎ **补充例句**

①他们都是学生。
②这个房间非常干净。
③你认真写!
④他十点睡觉。
⑤我在图书馆看书。
⑥哥哥从北京回来了。

◎ **结构特点**

状语位于动词性或形容词性成分的前边,经常由副词、形容词、表示时间或处所的词语等充当。

> S + 状语 + Adj / VP
> 这个房间　非常　干净。
> 他们　都　是学生。
> 他　十点　上床睡觉。
> 她　在网上　买了两本书。

◎ 💡 **小提示**

状语不能放在动词性或形容词性成分的后边。例如:
＊我吃晚饭七点。
　我七点吃晚饭。
＊他看书在图书馆。
　他在图书馆看书。

56　主谓句1: 动词谓语句　【一29】

◎ **基本语义及用法**

由主语、谓语两个部分组成的单句叫主谓句。动词谓语句是指由动词或动词性短语充当谓语的句子,表示主语进行了某种动作行为,或者没有进行某种动作行为。
A simple sentence composed of a subject and a predicate is called a subject-predicate sentence. A sentence with a verbal predicate refers to a sentence whose predicate is a verb or verb phrase, indicating the subject performs or does not perform a certain action.

◎ **典型例句和对话**

例句	①我买一个面包。	②他不去医院。	③车停了?
交际实践	(在商场) 店员：您要买什么? 顾客：我买一个面包。	(在家) 妈妈：他不去医院，想在家休息。 爸爸：不行，马上就去。	(在车站) 小王：车停了? 司机：到站了。

◎ **补充例句**

①姐姐不睡觉。
②我想你。
③您喝不喝茶?
④他没去车站。
⑤他开车了吗?
⑥你下课了吗?

◎ **结构特点**

①肯定形式：
　S + VP
　我　买一个书包。
②否定形式：
　S + 不/没 + VP
　他　不　去医院。
　他　没　去车站。

③正反疑问形式：
a. S + V + 不/没 + V + O?
　你　吃　不/没　吃　面包?
b. S + V + O + 了 + 没有?
　你　吃　面包　了　没有?

💡 **小提示**

在有具体语境提示的情况下，主谓句中的主语或者动词的宾语可以省略，有时整个谓语都可以省略。例如：

A：他要做什么?
B：(他)买书包。

A：谁买书包?
B：他买(书包)。/他(买书包)。

57 主谓句2：形容词谓语句

【一30】

◎ **基本语义及用法**

指由形容词或形容词性短语充当谓语的句子，主要描述或评论事物的性质、情况、状态和特点，说明某事物怎么样。

It refers to a sentence whose predicate is an adjective or adjective phrase, mainly describing or commenting on the quality, situation, state or characteristics of something and explaining how something is.

◎ **典型例句和对话**

例句	①房间很干净。	②这个学生最认真。	③这个考试很重要。
交际实践	（在酒店） 服务员：房间很干净，您看行吗？ 客人：好的，就这间了。	（在学校） 老师A：李小明考了第一名。 老师B：太好了，这个学生最认真。	（在学校） 老师：这个考试很重要，你要认真准备。 学生：好的，我会的。

◎ **补充例句**

①机票非常贵。
②她很高兴。
③我没错。
④他不饿。
⑤北京冷吗？
⑥你渴吗？

◎ **结构特点**

①肯定形式：
　S ＋ Adv ＋ Adj
　房间　很　干净。
②否定形式：
　S ＋ 不/没 ＋ Adj
　他　不　饿。
　我　没　错。
③正反疑问形式：
　S ＋ Adj ＋ 不 ＋ Adj？
　北京　冷　不　冷？
　房间　干（净）　不　干净？

💡 **小提示**

（1）形容词谓语句作为单句使用时，形容词前一般要有"很""非常""十分""比较"等程度副词修饰；只有在对比句中，形容词才可以单独使用。例如：

　　＊房间干净。
　　房间很干净。
　　这个房间干净，那个房间不干净。

（2）形容词谓语句中的形容词前不必加"是"。例如：

　　＊这个学生是最认真。
　　这个学生最认真。

58 非主谓句 【一31】

◎ 基本语义及用法

非主谓句一般由单独的动词或动词性短语、形容词或形容词性短语、名词或名词性短语等构成,语义自足。

A non-subject-predicate sentence is usually composed of a verb / verb phrase, adjective / adjective phrase, or noun / noun phrase alone, and is semantically independent.

◎ 典型例句和对话

例句	①下雨了。	②没关系。	③车!
交际实践	(在教学楼) A:下雨了。 B:那我们等一会儿再走。	(在车上) A:对不起。 B:没关系。	(过马路) A:车! B:我看到了。

◎ 补充例句

①下课。
②请进!
③美!
④不对。
⑤快点儿!
⑥飞机!

◎ 结构特点

> V / VP / Adj / AP / N
> 出来。
> 下雨了。
> 美!
> 快点儿!
> 车!

◎ 小提示

非主谓句不能随意添加主语,否则可能会改变句子的原意。例如:
下雨了。——北京下雨了。
　　　　——外边下雨了。

59 陈述句

◎ **基本语义及用法**

根据语气，句子可以分成陈述句、疑问句、祈使句和感叹句四种类型。陈述句是用来陈述事实、带有陈述语气的句子，句末用句号（。）。

In terms of mood, sentences can be divided into four types: declarative sentences, interrogative sentences, imperative sentences and exclamatory sentences. A declarative sentence is a sentence that states a fact in a declarative tone and ends with a period.

◎ **典型例句和对话**

例句	①妈妈做晚饭。	②我不喜欢看电视。	③他是我们的中文老师。
交际实践	（在家） 女儿：今天谁做晚饭？ 爸爸：妈妈做晚饭。	（在学校） A：你常常看电视吗？ B：我不喜欢看电视。	（在学校） A：你认识这个老师吗？ B：他是我们的中文老师。

◎ **补充例句**

①今天是星期一。
②我们在唱歌。
③爷爷身体很好。
④我不想吃米饭。
⑤他没有睡觉。
⑥我今天很累。

◎ **结构特点**

S + P
我　今天很累。
他　没有睡觉。

60　疑问句　【一33】

◎ **基本语义及用法**

提出问题、具有疑问语气的句子叫疑问句，句末用问号（？）。疑问句可以分为四类：

A sentence that asks a question in an interrogative tone is called an interrogative sentence, which ends with a question mark. Interrogative sentences can be divided into four categories:

（1）是非问句：参见第 93 页"80. 用'吗'提问"。

Yes-no question: Refer to【一80】on page 93: Asking a question with 吗.

（2）特指问句：参见第 94 页"81. 用'多、多少、几、哪、哪儿、哪里、哪些、什么、谁、怎么'提问"。

Special question: Refer to【一81】on page 94: Asking a question with 多, 多少, 几, 哪, 哪儿, 哪里, 哪些, 什么, 谁 or 怎么.

（3）选择问句：参见第 55 页"46. 连词（连接词或短语）(2)：还是"。

Alternative question: Refer to【一46】on page 55: Conjunction (Connecting words or phrases) (2): 还是.

（4）正反问句：参见第 95 页"83. 用正反疑问形式提问"。

Affirmative-negative question: Refer to【一83】on page 95: Asking a question with juxtaposed affirmative and negative forms.

61　祈使句　【一34】

◎ **基本语义及用法**

表达命令、请求、建议或禁止等意义的句子，即向听话人提出要求，希望他做什么或不要做什么。常使用动词结构单独成句，或者使用"请……""……吧"等句式。

An imperative sentence is a sentence that expresses a command, request, suggestion, or prohibition, etc., requiring the listener to do or not to do something. It is usually composed of a verb construction alone or uses "请……", "……吧", etc.

◎ **典型例句和对话**

例句	①请进!	②别说了!	③我们吃吧。
交际实践	(在家门口) 朋友：您好，我是小王的朋友，他在家吗? 妈妈：在，请进!	(在教室) A：别说了! 他生气了! B：对不起。	(在家) 妈妈：我们吃吧，不用等爸爸了。 孩子：再等一会儿吧，我不饿。

◎ **补充例句**

①站起来!　　　　　　　　　　④请看!
②别动!　　　　　　　　　　　⑤走吧!
③洗手!　　　　　　　　　　　⑥不要看手机!

◎ **结构特点**

祈使句主语多为第一人称和第二人称，经常可以省略，句末常用感叹号（!）或句号（。），句末经常用语气助词"吧"。

（1）肯定形式的祈使句要求听话人做某事，一般表示命令、建议、请求等。

> (S +)VP (+吧/啊)
> （我们）吃 吧。
> 站起来!

（2）否定形式的祈使句要求听话人不做某事，一般表示禁止、劝阻、警告等。

> (S +)别/不要 + VP (+了)
> 别 动!
> 不要 看手机!
> 别 说 了!

◎ **小提示**

（1）祈使句一般结构简单，语句短小，主要用于口语对话中。
（2）祈使句的主语有三类：第二人称代词、第一人称复数、称谓词。但是，表

示禁止、劝阻、警告的祈使句语气比较强硬，一般不需要主语，常由动词或动词性短语单独成句。有时句首使用"请"等表示尊敬意思的词语，句末可使用语气助词"吧""啊"等。例如：

*我别出去！
你别出去！/我们别出去！/小明，别出去！
别动！
请进！

62 感叹句 【一35】

◎ **基本语义及用法**

表达说话人喜爱、赞美、吃惊、厌恶等强烈情感的句子。
It is a sentence that expresses strong emotions like love, praise, surprise, hatred, etc.

◎ **典型例句和对话**

例句	①今天太热了！	②这水果真好吃！	③你的衣服真好看！
交际实践	（在家） 爸爸：今天太热了！ 妈妈：真的比昨天热。	（在家） A：这水果真好吃！ B：是的，我也喜欢吃。	（在学校） A：你的衣服真好看！ B：谢谢。

◎ **补充例句**

①他真的来了！
②图书馆的书真多！
③这个考试太简单了！
④我真想你！
⑤这儿太美了！
⑥我太饿了！

◎ **结构特点**

用程度副词"太、真"等加在形容词或某些动词性短语前面，句末用感叹号（！）。

S + 太/真 + Adj/VP
今天 太 热了！
我 真 想你！

小提示

在特定语境下,一般陈述句加上感叹语调就可以表示感叹。例如:
明天是星期天!

63 "是"字句(1):表示等同或类属 【一36】

◎ 基本语义及用法

由动词"是"充当谓语的句子,表示等同或类属。
It is a sentence with the verb 是 as its predicate, indicating equivalence or the category.

◎ 典型例句和对话

例句	①他是我的老师。	②这是他的书。	③那是我的手机。
交际实践	(在教学楼) A:那个人是谁? B:他是我的老师。	(在学校) A:这是谁的书? B:这是他的书。	(在家) 妈妈:桌子上的东西是什么? 女儿:那是我的手机。

◎ 补充例句

①他的生日是8月5号。
②那个女生是我的女朋友。
③这不是她的钱包。
④我是这个学校的学生。
⑤她是你的同学吗?
⑥这是不是你的书包?

◎ 结构特点

主语和宾语都是名词性成分。

①肯定形式:
　　S + 是 + O
　　这　是　他的书。
　　他　是　我的老师。
②否定形式:
　　S + 不是 + O
　　这　不是　他的书。
③正反疑问形式:
　　S + 是不是 + O?
　　这　是不是　他的书?

💡 **小提示**

"是"字句的否定形式需要在"是"的前面加"不",不能加"没"。例如:
*这没是他的书。
这不是他的书。

64 "是"字句(2):表示说明或特征 【一36】

◎ **基本语义及用法**

由动词"是"充当谓语的句子,表示说明或特征。

It is a sentence with the verb 是 as its predicate, indicating explanation or characteristics.

◎ **典型例句和对话**

例句	①花是白的。	②衣服是干净的。	③牛奶是热的。
交际实践	(在商场) 顾客:那件衣服上的花也是白的吗? 店员:对,花是白的。	(在家) 爸爸:这件衣服洗过吗? 妈妈:洗过了,衣服是干净的。	(在家) 儿子:我饿了,有什么吃的吗? 妈妈:牛奶是热的,你先喝吧。

◎ **补充例句**

①我的车是新的。
②他的回答是对的。
③我们都是明天走,他是上午,我是下午。
④杯子里的水不是冷的。
⑤这个花是真的吗?
⑥衣服是不是干净的?

◎ **结构特点**

①肯定形式:
　S+是+O
　花　是　白的。
　衣服　是　干净的。
②否定形式:
　S+不是+O
　花　不是　白的。
③正反疑问形式:
　S+是不是+O?
　花　是不是　白的?
　衣服　是不是　干净的?

小提示

"是"字句的否定形式需要在"是"的前面加"不",不能加"没"。例如:

＊花没是白的。

　花不是白的。

65 "是"字句(3):表示存在　　　【一36】

◎ **基本语义及用法**

由动词"是"充当谓语的句子,表示存在。主语是表示处所的词语。

It is a sentence with the verb 是 as its predicate, indicating existence. The subject is a word of location.

◎ **典型例句和对话**

例句	①车站东边是一个学校。	②教学楼西边不是图书馆。	③车站的南边是一家商店。
交际实践	(在马路上) A:车站的东边是什么? B:车站东边是一个学校。	(在学校) A:教学楼西边是图书馆吗? B:教学楼西边不是图书馆。	(在车站) A:我想买点儿吃的,你知道哪里有商店吗? B:车站的南边是一家商店。

◎ **补充例句**

①书包里是我的本子。
②外面是他的车。
③桌子上不是我的书。

④钱包里不是她的车票。
⑤机场北边是一家饭店吗?
⑥前边是不是医院?

◎ **结构特点**

①肯定形式:
　S + 是 + O
　教学楼西边　是　图书馆。

②否定形式:
　S + 不是 + O
　教学楼西边　不是　图书馆。

③正反疑问形式:
　S + 是不是 + O?
　教学楼西边 是不是 图书馆?

小提示

（1）这类"是"字句中"是"的后面是存在的人或事物，且是唯一的，"是"不能省略。存在的人或事物不能放在"是"的前面。例如：

* 车站东边一个学校。
  车站东边是一个学校。
* 学校是车站东边。
  车站东边是学校。

（2）"是"字句的否定形式需要在"是"的前面加"不"，不能加"没"。例如：

* 教学楼西边没是图书馆。
  教学楼西边不是图书馆。

66 "有"字句1（1）：表示领有

◎ **基本语义及用法**

由动词"有"充当谓语的句子，表示主语拥有某事物。
It is a sentence with the verb 有 as its predicate, indicating the subject owns something.

◎ **典型例句和对话**

例句	①我有很多书。	②他没有哥哥。	③一个星期有七天。
交际实践	（在学校） A：你喜欢看书吗？ B：喜欢，我有很多书。	（在学校） A：小王有哥哥吗？ B：他没有哥哥。	（在房间） A：我去年在北京住了三个星期。 B：一个星期有七天，那就是二十一天。

◎ **补充例句**

①她有男朋友。
②我有手机。
③他没有汽车。
④我没有车票。
⑤你有时间吗？
⑥你有没有这本书？

◎ **结构特点**

①肯定形式:
S + 有 + O
我 有 很多书。
一个星期 有 七天。

②否定形式:
S + 没有 + O
他 没有 哥哥。

③正反疑问形式:
S + 有没有 + O?
他 有没有 哥哥?

💡 **小提示**

"有"字句的否定形式需要在"有"的前面加"没",不能加"不"。例如:
＊他不有哥哥。
他没有哥哥。

67 "有"字句1(2):表示存在 【一37】

◎ **基本语义及用法**

由动词"有"充当谓语的句子,表示某个处所存在某些人或事物。
It is a sentence with the verb 有 as its predicate, indicating there is someone or something in some place.

◎ **典型例句和对话**

例句	①房间里有两张桌子。	②房间里没有桌子。	③家里有水果吗?
交际实践	(在朋友家) A:你家还有桌子吗? B:我的房间里有两张桌子。	(在朋友家) A:你的房间里有桌子吗? B:我的房间里没有桌子。	(在家) 妈妈:家里有水果吗? 爸爸:没有了,我去商店买一些吧。

◎ **补充例句**

①学校门口有很多树。
②明天下午没有课。
③他的桌子上没有书。
④你的杯子里有水吗?
⑤教室里有很多学生。
⑥你家楼下有没有商店?

◎ **结构特点**

①肯定形式：
L + 有 + NP
房间里 有 两张桌子。
教室里 有 很多学生。

②否定形式：
L + 没有 + N
房间里 没有 桌子。
教室里 没有 学生。

③正反疑问形式：
L + 有没有 + N？
房间里 有没有 桌子？
教室里 有没有 学生？

💡 **小提示**

（1）肯定形式中，"有"的宾语一般是无定的，常常加数量短语作定语。例如：
　　＊房间里有那张桌子。
　　　房间里有两张桌子。
　　＊教室里有王老师。
　　　教室里有一位老师。
（2）"有"字句的否定形式需要在"有"的前面加"没"，不能加"不"。例如：
　　＊桌子上不有一本书。
　　　桌子上没有书。

68 比较句1（1）：A 比 B + 形容词

◎ **基本语义及用法**

表示 A 在某方面的程度高过 B。

It indicates A is superior to B in a certain aspect.

◎ **典型例句和对话**

例句	①我朋友比我高。	②这个手机比那个贵。	③今天比昨天热。
交际实践	（在家） 哥哥：你朋友比你高吗？ 弟弟：我朋友比我高。	（在商场） 顾客：这两个手机一样贵吗？ 店员：这个手机比那个贵。	（在教室） 老师：昨天热还是今天热？ 学生：今天比昨天热。

◎ 补充例句

①这个房间比那个房间干净。
②她学习比我认真。
③坐飞机比坐火车快。
④我朋友比我小。
⑤那本书比这本书新吗?
⑥这个汉字比那个难吗?

◎ 结构特点

A + 比 + B + Adj
我朋友 比 我 高。

◎ 小提示

（1）A 和 B 必须是相同范畴的事物。例如：
　　*早上比昨天冷。
　　早上比下午冷。
（2）"A 比 B + 形容词"中，形容词前不能加程度副词"很、太、最、非常"等。例如：
　　*这个汉字比那个非常难。
　　这个汉字比那个难。

69 比较句1（2）：A 没有 B + 形容词 【一38】

◎ 基本语义及用法

表示 A 在某方面的程度不如 B 高。

It indicates A is inferior to B in a certain aspect.

◎ 典型例句和对话

例句	①昨天没有今天热。	②这个书包没有那个好看。	③我的书没有这本书新。
交际实践	(在家) 儿子：昨天很热。 妈妈：昨天没有今天热。	(在商场) 店员：您喜欢这个书包吗？ 顾客：这个书包没有那个好看。	(在教室) A：这是你的书吗？ B：不是，我的书没有这本书新。

◎ **补充例句**

①他没有我高。
②我的中文没有他好。
③坐火车没有坐飞机快。
④你的房间没有我的房间大。
⑤这个菜没有那个菜好吃。
⑥这个房间没有那个房间干净。

◎ **结构特点**

A + 没有 + B + Adj
昨天　没有　今天　热。
这个书包　没有　那个　好看。

70　并列复句（1）：不用关联词语　【一39】

◎ **基本语义及用法**

　　由两个或多个分句构成，分别叙述几件事或一件事的几个方面，分句之间不使用关联词语，各个分句在语义上是平等并列的关系。

　　It is composed of two or more clauses respectively talking about different things or different aspects of the same thing. There is no connective between the clauses. The clauses are semantically equal and coordinating.

◎ **典型例句和对话**

例句	①我喜欢看电视，弟弟喜欢打球。	②他有一个哥哥，没有姐姐。	③今天你洗菜，我做饭。
交际实践	（在家） A：你和你弟弟喜欢做什么？ B：我喜欢看电视，弟弟喜欢打球。	（在学校） A：你男朋友有哥哥姐姐吗？ B：他有一个哥哥，没有姐姐。	（在家） 妈妈：今天谁做晚饭？ 爸爸：今天你洗菜，我做饭。

◎ **补充例句**

①我坐飞机，她坐火车。
②今天中午吃包子，明天中午吃米饭。
③我的房间在一楼，你的房间在二楼。
④这是我的同学，那是我的男朋友。
⑤学校的东边是书店，西边是车站。
⑥他去商场，我去医院。

◎ 结构特点

前后两个分句的主语可以相同，也可以不同。

① $S_1 + P_1, P_2$
他 有一个哥哥，没有姐姐。

② $S_1 + P_1, S_2 + P_2$
我 喜欢看电视，弟弟 喜欢打球。

💡 小提示

在并列复句中，前后两个分句的语义应密切相关，表达同样或同类的事情，而不能是完全不相关的事情。例如：

*我喜欢看电视，他明天考试。

我喜欢看电视，弟弟喜欢打球。

71 并列复句（2）：用关联词语：一边……，一边……

【一 39】

◎ 基本语义及用法

由"一边……，一边……"连接两个分句，描述两个动作同时进行。
Two clauses connected by "一边……，一边……" describe two actions going on simultaneously.

◎ 典型例句和对话

例句	①他一边走路，一边唱歌。	②哥哥一边看电视，一边吃东西。	③他一边上学，一边工作。
交际实践	（在马路上） A：你看！他一边走路，一边唱歌。 B：看起来他很开心。	（在家） 妈妈：你哥哥在房间里做什么呢？ 妹妹：哥哥一边看电视，一边吃东西。	（在学校） A：小明每天都很忙吗？ B：是的，他一边上学，一边工作。

◎ 补充例句

①同学们一边休息，一边等老师。
②他一边跑步，一边打电话。
③我一边上班，一边准备考试。
④她一边吃饭，一边看手机。
⑤他们一边说，一边笑，走出了教室。
⑥他一边听歌，一边写汉字。

◎ 结构特点

S + 一边 + VP_1，一边 + VP_2
他　一边　走路，一边　唱歌。

◎ 小提示

（1）"一边"只能用在主语后边，不能用在主语前边。例如：
　　＊一边我上班，一边准备考试。
　　我一边上班，一边准备考试。
（2）在并列复句"一边……，一边……"中，第二个分句的主语要省略。例如：
　　＊我一边上班，我一边准备考试。
　　我一边上班，一边准备考试。

72 并列复句（3）：用关联词语：……，也……【一39】

◎ 基本语义及用法

由"……，也……"连接两个分句，表示两种同时存在的状态或动作。
Two clauses connected by "……，也……", indicate two co-existent states or actions.

◎ 典型例句和对话

例句	①这个房间很大，也很干净。	②我喜欢唱歌，弟弟也喜欢唱歌。	③我会游泳，也会打球。
交际实践	（在宾馆） 服务员：这个房间很大，也很干净。 客人：我很满意，就要这间吧。	（晚会上） A：你弟弟的爱好和你的一样吗？ B：是的，我喜欢唱歌，弟弟也喜欢唱歌。	（在体育馆） A：你会什么？ B：我会游泳，也会打球。

◎ 补充例句

①她会跳舞，也会唱歌。
②这个菜很好吃，也很好看。
③那个商店很近，东西也很多。
④她衣服洗了，房间也打扫了。
⑤外面风很大，雨也很大。
⑥上了四节课，我累了，也饿了。

◎ 结构特点

在并列复句中，"也"用在后一分句主语的后边。前后两个分句的主语可以相同，也可以不同。前后两个分句主语相同时，后一分句的主语一般要省略。

① S + P_1，也 + P_2
这个房间 很大，也 很干净。

② S_1 + P，S_2 + 也 + P
我 喜欢唱歌，弟弟 也 喜欢唱歌。

73 变化态：用语气助词"了²"表示 【一40】

◎ 基本语义及用法

表示在一定时间内事情已经发生了变化或出现了新的状况，强调事态的变化，句末用语气助词"了²"。

It indicates that something has already changed or a new situation has occurred within a certain period of time, emphasizing the change of the situation. The particle 了² is used at the end of the sentence.

◎ 典型例句和对话

例句	①她病了。	②雨小了。	③小王走了吗？
交际实践	（在学校） 同学A：小王怎么没来上课呢？ 同学B：她病了。	（在饭店门口） 儿子：雨小了。 妈妈：那我们快回家！	（在办公室） 员工A：小王走了吗？ 员工B：是的，他去医院了。

◎ 补充例句

①雨小了没有？
②我20岁了。
③天热了。
④奶奶的身体好了吗？

⑤今天是星期五了。　　　　　　⑥我吃饭了。

◎ 结构特点

语气助词"了²"用在句末。

①肯定形式：
S + P + 了²
她 病 了。
雨 小 了。

②否定形式：
S + 没 + P
她 没 病。
雨 没 小。

③正反疑问形式：
S + P + 了² + 没有？
雨 小 了 没有？

◎ 小提示

用"没"的否定句句末不再用"了²"。例如：
* 她没病了。
　她没病。

74 完成态：用动态助词"了¹"表示 【一41】

◎ 基本语义及用法

表示某个动作行为已经完成，其标记是动词后的动态助词"了¹"。
It indicates the completion of an action, marked by the particle 了¹ following the verb.

◎ 典型例句和对话

例句	①他买了两个面包。	②我喝了很多水。	③昨天我看了那个电影。
交际实践	（在家） 妈妈：爸爸买了什么？ 儿子：他买了两个面包。	（在公园） A：你渴吗？ B：不渴，我喝了很多水。	（在教室） A：你昨天做什么了？ B：昨天我看了那个电影。

◎ **补充例句**

①我买了一本书。
②爸爸喝了一杯茶。
③我打了一个电话。
④他今天买了一个新手机。
⑤他吃了晚饭没有?
⑥你玩儿了电脑没有?

◎ **结构特点**

①肯定形式:
S + V + 了¹ + O
他 买 了 两个面包。
我 喝 了 很多水。

②否定形式:
S + 没 + VP
他 没 买面包。
我 没 喝水。

③正反疑问形式:
a. S + V + 没 + V (+O)?
你 喝 没 喝 水?
他 来 没 来?
b. S + V + 了¹(+O) + 没有?
你 吃 了 晚饭 没有?
他 来 了 没有?

💡 **小提示**

在陈述句中,表动作完成的"动词 + 了¹"的宾语一般是"数量短语 + 名词",说明动作已经完成的量,否则句子表达不完整。例如:

* 我买了书。
我买了一本书。
我买了很多书。
我买了书,还买了水果。

75　进行态(1):……在 / 正在 + 动词　【一42】

◎ **基本语义及用法**

表示动作的进行或状态的持续,强调说话的时候动作正在进行,状态正在持续。
It indicates the proceeding of an action or the continuation of a state, emphasizing that the action is ongoing or the state is continuing at the moment of speaking.

◎ **典型例句和对话**

例句	①孩子在睡觉，你别说话。	②外边正在下雨。	③请你等一会儿，他正在开会。
交际实践	（在房间） 妈妈：孩子在睡觉，你别说话。 爸爸：那我出去打电话。	（放学后，在教室） A：你怎么不回家？ B：外边正在下雨，我等一会儿再走。	（在办公室） 客户：小张在吗？ 员工：请你等一会儿，他正在开会。

◎ **补充例句**

①我回家的时候，妈妈在洗衣服。
②他没在写作业，他在看电视。
③他们正在做什么？
④孩子正在吃饭，有什么事等一会儿说。
⑤我回家的时候，他正在写作业。
⑥他们没在唱歌。

◎ **结构特点**

"在、正在"放在动词性成分前面。

①肯定形式：
　S + 在 / 正在 + VP
　孩子　在　睡觉。
　外边　正在　下雨。

②否定形式：
　S + 没在 / 没有 + VP
　他　没在　写作业。
　他　没有　写作业。

💡 **小提示**

"……在 / 正在 + 动词"的句末不能加"了"。例如：
＊我们出门的时候，外边在下雨了。
　我们出门的时候，外边在下雨。

76　进行态（2）：……在 / 正 / 正在 + 动词…… + 呢【一42】

◎ **基本语义及用法**

表示某个时候动作正在进行，一般用于口语。
It indicates that an action is ongoing at a certain moment. It is usually used in spoken Chinese.

◎ **典型例句和对话**

例句	①你等一下儿，他在打电话呢。	②老师进来的时候，我正听歌呢。	③同学们正在考试呢。
交际实践	（在办公室外边） 学生：请问，张老师在吗？ 李老师：你等一下儿，他在打电话呢。	（在教室） A：张老师进来的时候，你在做什么？ B：老师进来的时候，我正听歌呢。	（在教室外） A：这个教室里没有人吧？ B：有人，同学们正在考试呢。

◎ **补充例句**

①他在开玩笑呢，你别生气。
②你先别进去，老师在上课呢。
③她在看书呢，你别叫她。
④我们正说你呢，你就来了。
⑤外面正下雨呢，你等一会儿吧。
⑥我回到家的时候，爸爸妈妈正在吃饭呢。

◎ **结构特点**

"在、正、正在"放在动词性成分的前面。

> S + 在 / 正 / 正在 + VP + 呢
> 你等一下儿，他　在　打电话　呢。
> 老师进来的时候，我　正　听歌　呢。
> 同学们　正在　考试　呢。

💡 **小提示**

（1）"在、正、正在"不能用在非持续性的动词之前。例如：
　　＊他正在去看电影呢。
　　他正在看电影呢。

（2）"在、正、正在"不与"了"连用。例如：
　　＊同学们正在考试了。
　　同学们正在考试呢。

77 进行态（3）：……呢 【一42】

◎ **基本语义及用法**

指事情正在发生或者动作正在进行。陈述句中的语气助词"呢"提示某动作正在进行，有提醒功能，比较口语化。

It indicates that something is happening or an action is ongoing. The modal particle 呢 suggests an action is in process, having a reminding function. It is quite colloquial.

◎ **典型例句和对话**

例句	①我没看电视，看书呢。	②我洗衣服呢。	③他开会呢，你二十分钟后再来吧。
交际实践	（在家） 爸爸：你在看电视吗？ 儿子：我没看电视，看书呢。	（打电话） A：你在做什么？ B：我洗衣服呢。	（在办公室） A：小王呢？ B：他开会呢，你二十分钟后再来吧。

◎ **补充例句**

①门外有人找你呢。
②他吃饭呢，我们一会儿再来吧。
③老师叫你呢，你过去看看吧。
④他上课呢，手机没开。
⑤他放假了，这两天在上海玩儿呢。
⑥别走了，外面下雨呢。

◎ **结构特点**

"呢"放在句子末尾。

S + VP + 呢
他 开会 呢。
我 洗衣服 呢。

◎ **小提示**

"……呢"可以表示动作在过去某一个时刻的进行态。例如：
我没看电视，那个时候我做作业呢。

78 钱数表示法 【一43】

◎ **基本语义及用法**

中文书面语和口语中表达钱的单位有些不同，书面语用"元、角（jiǎo）、分"，口语用"块、毛、分"。钱数表达遵循从大到小的顺序。

Monetary units somehow differ in written and spoken Chinese. 元, 角 and 分 are used in written Chinese, while 块, 毛 and 分 are used in spoken Chinese. When expressing a sum of money, the units follow a descending order.

◎ **典型例句和对话**

例句	①本子四块五（毛钱）。	②找你五块五（毛）。	③我的衣服一百五十块钱。
交际实践	（在商店） 学生：这个本子多少钱？ 店员：本子四块五（毛钱）。	（在商店） 学生：我买一个本子，给你十块钱。 店员：找你五块五（毛）。	（在教室） 学生：您的衣服真好看，多少钱？ 老师：我的衣服一百五十块钱。

◎ **补充例句**

①这本书十五块八（毛钱）。
②包子一块钱一个。
③他的书包要一百块。
④笔三块五，本子六块。
⑤衣服多少钱？
⑥本子多少钱一个？

◎ **结构特点**

① Num＋元＋Num＋角＋Num＋分
十五 元 六 角 三 分（15.63元）
二十五 元 零 八 分（25.08元）
九 元 三 角（9.30元）

② Num＋块＋Num＋毛＋Num＋分
十五 块 六 毛 三 分（15.63元）
二十五 块 零 八 分（25.08元）
九 块 三 毛（9.30元）

💡 **小提示**

在口语中，当钱数后边没有其他成分时，末尾的单位可以说，也可以不说。例如：

这本书十五块八毛钱。

这本书十五块八毛。

这本书十五块八。

79 时间表示法：年、月、日、星期表示法；钟点表示法

【一 44】

◎ **基本语义及用法**

（1）年、月、日表示法

Expressing year/month/day

中文的日期表示法遵循从大到小的顺序。表达日期的单位是"年、月、日/号"，"日"用于书面语，"号"用于口语。例如：2020年12月25日，七月十号。

A Chinese date is expressed in descending order, from bigger to smaller units. The units of dates are 年 (year), 月 (month) and 日/号 (day). 日 is used in written Chinese and 号 in spoken Chinese. For example, 2020年12月25日 (December 25th, 2020), 七月十号 (July 10th).

（2）星期表示法

Expressing days of the week

除了"星期日/星期天"，其他都用"星期+数词"表示。例如：星期一、星期二、星期三、星期四、星期五、星期六。

Except for 星期日/星期天 (Sunday), the other days of the week are expressed in the form of "星期 + numeral". For example, 星期一 (Monday), 星期二 (Tuesday), 星期三 (Wednesday), 星期四 (Thursday), 星期五 (Friday), 星期六 (Saturday).

（3）钟点表示法：表达钟点的单位是"点、分"，"分"在口语中经常可以省略。

Expressing time: The units used to express time are 点 (hour) and 分 (minute). 分 is often omitted in spoken Chinese.

◎ **典型例句和对话**

例句	①我的生日是7月10号。	②明天星期三。	③现在两点二十五（分）。
交际实践	（在房间） A：你的生日是几月几号？ B：我的生日是7月10号。	（在家） 孩子：妈妈，明天星期几？ 妈妈：明天星期三。	（在教室） A：现在几点？ B：现在两点二十五（分）。

◎ **补充例句**

①今天是2021年12月15日。
②我们7月1号放假。
③今天星期六。

④我们星期一有中文课。
⑤现在三点二十（分）。
⑥他五点半起床。

◎ **结构特点**

①Num+年+Num+月+Num+日/号
　2021 年 12 月 25 日/号
②Num+点+Num(+分)
　两 点 二十五 （分）（2:25）
　三 点 零五 （分）（3:05）
　两 点 （2:00）
③Num+点+半
　五 点 半 （5:30）
　七 点 半 （7:30）

④差+Num+分+Num+点
　差 两 分 八 点（7:58）
　差 五 分 十二 点（11:55）
⑤Num+点+差+Num+分
　八 点 差 两 分（7:58）
　十二 点 差 五 分（11:55）

💡 **小提示**

上面结构特点中的"差+数词+分"中的数词一般小于或等于十五。例如：
＊差二十分八点
　八点四十分

80 用"吗"提问 【一 45】

◎ **基本语义及用法**

在陈述句的句末加疑问语气助词"吗"就能构成是非问句。

A yes-no question is formed when the interrogative modal particle 吗 is added at the end of a declarative sentence.

◎ **典型例句和对话**

例句	①他是老师吗？	②这包子好吃吗？	③你会中文吗？
交际实践	（在教学楼） A：他是老师吗？ B：是，他是我们的中文老师。	（在饭店） A：这包子好吃吗？ B：好吃。	（在学校） A：你会中文吗？ B：我会一点儿。

◎ **补充例句**

①外边冷吗？
②明天我们上课吗？
③你想去图书馆吗？
④他在开会吗？
⑤你不吃早饭吗？
⑥他没去考试吗？

◎ **结构特点**

句子的谓语部分可以是肯定形式，也可以是否定形式。

> S + P + 吗？
> 他　是老师　吗？
> 外边　不冷　吗？

◎ **小提示**

"吗"只能用在是非问句的句末，不能用在特殊问句、正反问句和选择问句的句末。例如：

他是老师吗？（是非问句）

＊他是谁吗？——他是谁？（特殊问句）

＊他是不是老师吗？——他是不是老师？（正反问句）

＊他是老师还是医生吗？——他是老师还是医生？（选择问句）

81 用"多、多少、几、哪、哪儿、哪里、哪些、什么、谁、怎么"提问

【一46】

◎ **基本语义及用法**

用疑问代词"多少、几、哪儿、什么、谁、怎么"等提问的疑问句,要求对方进行有针对性的回答,这样的疑问句叫作特指问句。

A question with an interrogative pronoun such as 多少, 几, 哪儿, 什么, 谁, 怎么, etc. requires the other party to give a specific answer. This kind of interrogative sentence is called a special question.

◎ **典型例句和对话**

例句	①你哥哥多大?	②我们在哪儿见面?	③你星期天做什么?
交际实践	(在学校) A:你哥哥多大? B:我哥哥今年二十岁。	(打电话) A:我们在哪儿见面? B:我们在商场门口见面吧。	(在教室) 老师:你星期天做什么? 学生:我星期天要去奶奶家。

◎ **补充例句**

①机票多少钱?
②她是哪国人?
③她们要去哪里?
④谁要喝茶?
⑤这个字怎么读?
⑥你们晚上吃什么?

◎ **结构特点**

疑问代词可以作主语、宾语、定语、状语。

> ① QPr + P?
> 　谁　要喝茶?
> 　哪儿　不干净?
> ② S + V + QPr?
> 　你们　吃　什么?
>
> ③……QPr + N……
> 　你买了　什么　书?
> 　你们班有　多少　人?
> ④ S + QPr + V?
> 　这个字　怎么　读?

94

> 💡 **小提示**
>
> 特指问句的句末可以不加语气助词，也可以加语气助词"呢"，但是不能加语气助词"吗"。例如：
>
> * 你想看什么电影吗？
> 　你想看什么电影？
> 　你想看什么电影呢？

82 用"还是"提问　【一47】

参见第 55 页 "46. 连词（连接词或短语）(2)：还是"。

83 用正反疑问形式提问　【一48】

◎ **基本语义及用法**

由谓语的肯定形式和否定形式并列起来进行提问，说话人提出正反两个方面，希望对方从中选择一项回答，这样的疑问句叫作正反问句。

A question in which the affirmative and negative forms of the predicate are juxtaposed and the speaker puts forward both sides for the listener to choose one from is called an affirmative-negative question.

◎ **典型例句和对话**

例句	①这本书贵不贵？	②你吃不吃包子？	③累不累？你休息不休息？
交际实践	（在学校） A：这本书贵不贵？ B：不贵，你可以买一本。	（在家） 妈妈：你吃不吃包子？ 儿子：我想吃肉包子。	（在办公室） A：累不累？你休息不休息？ B：不用，马上就干完了。

◎ **补充例句**

①他去没去图书馆？
②我们现在买不买机票？
③电影好不好看？
④她今天高兴不高兴？
⑤他回家了没有？
⑥你饿了没有？

◎ **结构特点**

① S + Adj + 不 + Adj？
这本书 贵 不 贵？
她今天 高兴 不 高兴？

② S + V + 不/没 + V (+N)？
我们 现在 买 不 买 机票？
你 休息 没 休息？

③ S + Adj / VP + 了 + 没有？
你 饿 了 没有？
他 回家 了 没有？

💡 **小提示**

正反问句的句末可以不加语气助词，也可以加语气助词"呢"，但不能加语气助词"吗"。例如：

*我们现在买不买机票吗？

我们现在买不买机票呢？

我们现在买不买机票？

二级语法点

1 能愿动词（1）：可能

【二01】

◎ 基本语义及用法

表示说话人的估计和推测，语气不太肯定。
It indicates the speaker's estimation and guess. The tone is not quite certain.

◎ 典型例句和对话

例句	①他可能出去了。	②我今天不可能写完这么多作业。	③明天可能下雨。
交际实践	（在办公室） A：小王不在吗？ B：不在，他可能出去了。	（在教室） A：我今天不可能写完这么多作业。 B：我也是，王老师布置的作业太多了。	（在家） 爸爸：今天太热了，明天可能下雨。 妈妈：太好了，可以凉快一点儿了。

◎ 补充例句

①她可能生病了。
②电视机可能坏了。
③他可能忘记了我的生日。
④可能他今天不来了。
⑤他身体很好，不可能住院。
⑥药店不可能没有这个药。

◎ 结构特点

能愿动词"可能"常用于主语后、动词性成分前，也可以用在主语前。

①肯定形式：
　a. S + 可能 + VP
　　他　可能　出去了。
　b. 可能 + S + VP
　　可能　他　今天不来了。

②否定形式：
　S + 不 + 可能 + VP
　我　今天　不　可能　写完这么多作业。

💡 小提示

（1）能愿动词"可能"的否定形式需要在"可能"前加"不"，不能用"没"。例如：

　＊我今天没可能写完这么多作业。

我今天不可能写完这么多作业。
（2）能愿动词"可能"表示一种不太确定的推测，一般不用在疑问句中。例如：
*她可能生病了吗？
她会不会生病了？

2 能愿动词（2）：可以 【二 01】

◎ **基本语义及用法**

表示某事可能或能够发生，也可以表示主观上允许某事发生。
It indicates that something may or can happen or something is subjectively allowed to happen.

◎ **典型例句和对话**

例句	①明天休息，我们可以去看电影。	②老师，我可以进来吗？	③这儿不可以停车。
交际实践	（在家） 爸爸：明天我们干什么呢？ 女儿：明天休息，我们可以去看电影。	（学校办公室门外） 学生：老师，我可以进来吗？ 老师：进来吧。	（路边） 警察：这儿不可以停车。 司机：好的，我马上开走。

◎ **补充例句**

①下班了，我们可以走了。
②你可以找他帮忙。
③图书馆里不可以大声说话。
④体育馆里不可以吃东西。
⑤我们可以出发了吗？
⑥你可不可以答应我？

◎ **结构特点**

能愿动词"可以"用在动词性成分的前边。

①肯定形式：
　S + 可以 + VP
　我们　可以　去看电影。
②否定形式：
　S + 不 + 可以 + VP
　体育馆里　不　可以　吃东西。
③正反疑问形式：
　S + 可 + 不 + 可以 + VP？
　你　可　不　可以　答应我？

小提示

（1）"可以"表示可能时，其否定形式通常用"不能"，不用"不可以"；"可以"表示允许时，其否定形式可以用"不可以"，也可以用"不能"。例如：

*明天上课，我们不可以去看电影了。

明天上课，我们不能去看电影了。

这儿不可以停车。

这儿不能停车。

（2）"可以"表允许时，它的否定形式可以用"不可以"，但很少用"不可以"来单独回答问题，回答问题时通常说"不行"。例如：

A：我们可以出发了吗？

B：*还不可以。

还不行。

3 能愿动词：该、应该

◎ 基本语义及用法

表示某事的发生从情理上讲是理所当然的，或者估计某事必然如此。"应该"在口语和书面语中都可以使用，"该"常用于口语。

They indicate that something stands to reason or the speaker guesses something is necessarily so. 应该 can be used in both spoken and written Chinese, while 该 is often used in spoken Chinese.

◎ 典型例句和对话

例句	①你该吃药了。	②你们应该去检查一下儿身体。	③你应该跟老师说一下儿。
交际实践	（在医院） 护士：你该吃药了。 病人：好的，谢谢。	（在家） 妈妈：我和儿子这几天都有点儿不舒服。 爸爸：你们应该去检查一下儿身体。	（在房间） A：今天我有点儿不舒服，不想去上课了。 B：你应该跟老师说一下儿。

◎ **补充例句**

①你不该只关心自己。
②时间不早了，我该走了。
③我该不该帮他？
④我应不应该答应他？
⑤我们应该认真准备这次考试。
⑥你们不应该在图书馆里大声说话。

◎ **结构特点**

能愿动词"该、应该"用在动词性成分的前边。

①肯定形式：
S+该/应该+VP
你　该　吃药了。
你们　应该　去检查一下儿身体。

②否定形式：
S+不+该/应该+VP
你　不（应）该　只关心自己。

③正反疑问形式：
a. S+该+不该+VP？
我　该　不该　帮他？
b. S+应/应该+不应该+VP？
我　应/应该　不应该　帮他？

💡 **小提示**

能愿动词"该、应该"的否定形式需要在"该、应该"前加"不"，不能用"没"。例如：

＊你们没应该在图书馆里大声说话。

你们不应该在图书馆里大声说话。

4 能愿动词：愿意 【二03】

◎ **基本语义及用法**

表示同意并希望某事发生。
It indicates the speaker agrees and hopes something will happen.

◎ **典型例句和对话**

例句	①她很愿意帮助同学。	②我不愿意去外地工作。	③你愿意和我一起去吃中国菜吗？
交际实践	（在学校） A：小王这个人怎么样？ B：她是个热情的人，她很愿意帮助同学。	（在学校） A：你以后打算去外地工作吗？ B：不，我不愿意去外地工作。	（在学校） A：你愿意和我一起去吃中国菜吗？ B：对不起，我想回家吃饭。

◎ **补充例句**

①我爸爸妈妈不愿意去国外生活。
②这儿人很多，你愿意再等一会儿吗？
③她愿意参加这次活动吗？
④我爷爷不愿意出门运动。
⑤只要你愿意，什么时候都可以来找我。
⑥已经没有地铁了，你愿意不愿意打车？

◎ **结构特点**

能愿动词"愿意"用在动词性成分的前边。

①肯定形式：
　S＋愿意＋VP
　她　很愿意　帮助同学。
②否定形式：
　S＋不＋愿意＋VP
　我　不　愿意　去外地工作。

③正反疑问形式：
　S＋愿（意）＋不愿意＋VP？
　她　愿（意）　不愿意　参加这次活动？

💡 **小提示**

（1）"愿意"不能用于已完成的事情。例如：
　　＊我愿意去了外地工作。
　　我愿意去外地工作。

（2）否定形式是在"愿意"前加"不"，不能用"没"。例如：
　　＊我没愿意去外地工作。
　　我不愿意去外地工作。

*她愿没愿意参加这次活动？
她愿不愿意参加这次活动？

5 动词重叠：AA、A一A、A了A、ABAB 【二04】

◎ **基本语义及用法**

有些动词可以重叠，表示动作次数少、持续的时间短或尝试的意思。

Some verbs can be reduplicated to indicate that the action happens only a few times, lasts only a short time or is only an attempt.

◎ **典型例句和对话**

例句	①我能用用你的手机吗？	②我数了数，还有320元钱。	③请介绍介绍你的朋友。
交际实践	（在商场） A：我能用用你的手机吗？ B：你怎么又忘了带手机。	（在家） 妈妈：你还有钱吗？ 儿子：我数了数，还有320元钱。	（在办公室） 同事A：**请介绍介绍你的朋友。** 同事B：他叫王小明，是我的大学同学。

◎ **补充例句**

①这件事让我再想想。
②每个人都可以说一说自己的想法。
③你想一想这个字的意思。
④我想了想他的话，觉得有道理。
⑤大家一起讨论讨论这个问题。
⑥你忙了一上午了，快休息休息吧。

◎ **结构特点**

（1）单音节动词的重叠形式是AA、A一A、A了A。例如：
看——看看、看一看、看了看
（2）双音节动词的重叠形式是ABAB。例如：
学习——学习学习；休息——休息休息

S + 动词的重叠形式 + O
我 用用 你的手机，可以吗？
我 想了想 他的话，觉得有道理。
大家 一起 讨论讨论 这个问题。

小提示

（1）单音节动词的重叠形式"AA、A一A"用于未发生的动作，"A了A"用于已经完成的动作。例如：

* 你明天去看了看奶奶。
  你明天去看看奶奶。

（2）动词的重叠形式用于祈使句时，语气比单用动词缓和。例如：
你教我。
你教教我。
请你介绍你自己。
请你介绍介绍你自己。

（3）动词重叠可以表示经常性的动作或没有确定时间的动作，含有轻松、随便的意思，常常是两个或两个以上动词的重叠形式连用。例如：

* 周末我很忙，就在家洗洗衣服，看看电视。
  周末我一般不工作，就在家洗洗衣服，看看电视。

6 疑问代词（1）：多久

【二05】

◎ **基本语义及用法**

询问时间的长短或频率。

It is used to ask about the duration or frequency.

◎ **典型例句和对话**

例句	①昨天的作业，你写了多久？	②你多久去一次超市？	③你等了多久了？
交际实践	（放学路上） A：昨天的作业，你写了多久？ B：我写了一个小时。	（在学校） A：你多久去一次超市？ B：一般两天一次。	（在电影院门口） A：对不起，来晚了，你等了多久了？ B：没多久，我们进去吧。

◎ 补充例句

①你睡了多久?
②他出发多久了?
③晚饭还要多久?
④你还有多久到电影院?
⑤这个会要开多久?
⑥你多久回一次国?

◎ 结构特点

"多久"可以用在动词前面,也可以用在动词后面。

① S + V (+了)+ 多久?
   你 写 了 多久?
   这个会 开 多久?

② S + 多久 + VP?
   你 多久 去一次超市?

💡 小提示

(1) 使用"多久"的疑问句句末可使用语气助词"呢",不能用"吗"。例如:
  * 昨天的作业,你写了多久吗?
    昨天的作业,你写了多久呢?

(2) "多久"后面不能加具体的量词,如天、年等。例如:
  * 你多久天回家一次?
    你多久回家一次?

7 疑问代词(2):为什么 【二05】

◎ 基本语义及用法

询问原因。

It is used to ask about the reason.

◎ **典型例句和对话**

例句	①你为什么不去上课？	②他的中文为什么这么好？	③房间里为什么这么黑？
交际实践	（在图书馆） A：你为什么不去上课？ B：还有一点儿时间，我晚点儿再去。	（在学校） A：他的中文为什么这么好？ B：他去中国学过中文。	（在家） 爸爸：房间里为什么这么黑？怎么不开灯？ 妈妈：灯坏了。

◎ **补充例句**

①他为什么哭？
②房间里为什么这么冷？
③你为什么不说话？
④他为什么不说话就走了？
⑤你昨天为什么没来上班？
⑥为什么火车还没进站？

◎ **结构特点**

"为什么"可以放在主语后，也可以放在主语前。

① S + 为什么 + VP / AP？
　他　为什么　哭？
　房间里　为什么　这么黑？

② 为什么 + S + VP / AP？
　为什么　火车　还没进站？
　为什么　房间里　这么冷？

💡 **小提示**

用"为什么"引导的疑问句句末可以不加语气助词，也可以加语气助词"呢"，但不能加"吗"。例如：

　*他为什么没来上课吗？
　他为什么没来上课？
　他为什么没来上课呢？

8 疑问代词（3）：怎么样 【二05】

◎ **基本语义及用法**

询问人或事物的性质、状况，或询问事物的进展状况，也可以询问对方的看法。

It is used to ask about the quality, condition or progress of someone or something. It can also be used to ask the other party's opinion.

◎ **典型例句和对话**

例句	①爸爸的身体怎么样？	②事情办得怎么样？	③这份工作怎么样？
交际实践	（打电话） 儿子：爸爸的身体怎么样？ 妈妈：很不错，你也要好好照顾自己。	（在办公室） A：事情办得怎么样？需要帮忙吗？ B：谢谢，已经办好了。	（在办公室） A：这份工作怎么样？满意吗？ B：不错，我很喜欢。

◎ **补充例句**

①这里的生活怎么样？
②这件衣服怎么样？
③你现在感觉怎么样？
④我们一起吃中餐，怎么样？
⑤我们一起去，怎么样？
⑥今天你来开车，怎么样？

◎ **结构特点**

"怎么样"可以直接作谓语，询问客观情况，还可以询问对方的主观看法或评价；在征求别人的意见时，可以单用。此外，"怎么样"还可以作补语，询问动作的状况以及对结果的评价。

① S + 怎么样？
　爸爸的身体　怎么样？
② 分句，怎么样？
　今天你来开车，怎么样？
③ S + V + 得 + 怎么样？
　事情　办　得　怎么样？

小提示

用疑问代词"怎么样"提问，句末可以使用语气助词"了²"或"呢"，不能用"吗"。

* 事情办得怎么样吗？
事情办得怎么样？
事情办得怎么样了？
事情办得怎么样呢？

9 疑问代词（4）：怎样

【二 05】

◎ 基本语义及用法

用于询问动作的方式或人和事物的状况。
It is used to ask about the manner of an action or the condition of someone or something.

◎ 典型例句和对话

例句	①这个字怎样写？	②你打算怎样去机场？	③我们该怎样学中文？
交际实践	（在教室） A：这个字怎样写？ B：我来教你。写几次，你就会了。	（爸爸准备去机场接儿子） 妈妈：下雨了，你打算怎样去机场？ 爸爸：我打车去。	（在教室） A：我们该怎样学中文？ B：我们找一位中文老师吧。

◎ 补充例句

①他是怎样的一个人？
②我怎样说，他才不会生气呢？
③你在这里是怎样生活的？
④我们接下来怎样做？
⑤用怎样的方法可以完成这个作业？
⑥他怎样拿回这笔钱？

◎ 结构特点

"怎样"可以放在动词性成分前，作状语，也可以作定语修饰名词。

① S + 怎样 + V？

这个字 怎样 写？

② S + 是 + 怎样 + 的 + NP？

他 是 怎样 的 一个人？

 **小提示**

用疑问代词"怎样"提问，句末语气助词不能用"吗"。例如：

* 他是怎样的人吗？

他是怎样的人？

10 人称代词（1）：别人

【二06】

◎ **基本语义及用法**

指自己或某人以外的人，一般不确指。

It refers to people that are additional to oneself or people that have been mentioned or are known about. It is usually unspecified.

◎ **典型例句和对话**

例句	①我想听听别人的意见。	②别人都会做这道题，只有我不会。	③我不知道，你问问别人吧。
交际实践	（在公司） 员工：这个计划书可以打印了吗？ 老板：等等，我想听听别人的意见。	（在教室） 学生A：你为什么不开心？ 学生B：别人都会做这道题，只有我不会。	（马路上） A：请问图书馆在哪儿？ B：我不知道，你问问别人吧。

◎ **补充例句**

①这个观点我同意，可是别人不一定会同意。

②这里没有别人，你可以说说你的看法了。

③我们可以多听一下儿别人的想法。

④这不是我的书，是别人的。

⑤他不太相信别人。

⑥别人不一定会帮你。

◎ 结构特点

"别人"可以作主语、宾语，也可以加"的"作定语。

①别人 + P
别人 都会做这道题，只有我不会。

②S + V + 别人
我不知道，你 问问 别人 吧。

③别人 + 的 + N
我想听听 别人 的 意见。

11 人称代词（2）：大家 【二06】

◎ 基本语义及用法

指代一定范围内的所有人。
It refers to all people within a certain scope.

◎ 典型例句和对话

例句	①大家一起唱歌吧。	②大家都很关心您的身体。	③请你向大家介绍一下儿自己。
交际实践	（生日会） A：大家一起唱歌吧。 B：好的，我们一起为他唱生日歌。	（在医院） 学生：大家都很关心您的身体，希望您早点儿出院。 老师：谢谢大家的关心。	（课堂上） 老师：请你向大家介绍一下儿自己。 小王：大家好，我是王小明，很高兴认识大家。

◎ 补充例句

①大家都觉得这个电影很好看。
②请大家安静，我有话要说。
③大家认为他说得很有道理。
④他认真地记下了大家的意见。
⑤她得了第一名，大家都很高兴。
⑥你们大家对这件事有什么看法？

◎ 结构特点

"大家"可以作主语、宾语，也可以作定语。

①大家+P
　大家　一起唱歌吧。
②S+V+大家（+其他成分）
　我　看见　大家　了。

③大家+的+N
　他认真地记下了　大家　的意见。

💡 小提示

（1）"大家"可以包括说话人，也可以不包括说话人，有时指第三方。例如：
　　我们大家都认为他说得很有道理。（包括说话人）
　　请大家安静，我有话要说。（指听话人，不包括说话人）
　　小王，去请大家下来吧。（指第三方）

（2）"大家"常常放在"你们、我们、他们、咱们"的后面，作复指成分。例如：
　　你们大家对这件事有什么看法？

12　人称代词（3）：它、它们 【二06】

◎ **基本语义及用法**

第三人称代词，指人以外的生物和事物。"它"为单数，"它们"为复数。
They are third person pronouns, referring to creatures and things other than humans. 它 is singular and 它们 is plural.

◎ **典型例句和对话**

例句	①那个书包很好看，我喜欢它的颜色。	②你试试这道菜，它的味道很不错。	③我家有猫有狗，它们都是我的朋友。
交际实践	（在商场） A：那个书包很好看，我喜欢它的颜色。 B：是很好看，就是有点儿贵。	（在饭店） A：你试试这道菜，它的味道很不错。 B：真的很好吃。	（在公园） A：你喜欢小动物吗？ B：喜欢，我家有猫有狗，它们都是我的朋友。

◎ 补充例句

①电脑有它的好处，也有它的坏处。
②这只小狗很可爱，我可以抱抱它吗？
③这篇小说不太长，但它很有意思。
④这几件大衣很贵，但是我很想买它们。
⑤拿好自己的衣服和包，不要弄脏它们。
⑥这些东西以后有用，留下它们吧。

◎ 结构特点

"它、它们"可以作主语、宾语，也可以作定语。

①它/它们+P
　它们　都是我的朋友。
②S+V+它/它们
　这只小狗很可爱，我　很喜欢　它。
③它/它们+的+N
　那个书包很好看，我喜欢　它　的　颜色。
　它　的　味道　很不错。

13 人称代词（4）：咱、咱们

【二06】

◎ 基本语义及用法

第一人称代词，口语中用来当面指称说话者（我或我们）和听话者（你或你们）。在中国北方地区用得比较多。

They are first person pronouns, used face to face in spoken Chinese to refer to the speaker(s) (I or we) and the listener(s) (you). It is commonly used in northern China.

◎ **典型例句和对话**

例句	①咱一起走吧。	②明天咱们去动物园，怎么样？	③已经10点了，咱们回家吧。
交际实践	（下课后） A：咱一起走吧。 B：好的，没问题。	（饭桌上） 爸爸：儿子，明天咱们去动物园，怎么样？ 儿子：太好了！	（在街上） 妈妈：已经10点了，咱们回家吧。 儿子：太晚了，妈妈，咱打车吧。

◎ **补充例句**

①他们能做的事情，咱也能做。
②不等她了，咱先进去吧。
③咱们一起讨论讨论作业吧。
④他有两张电影票，问咱们要不要。
⑤咱们的东西都拿上了吗？
⑥晚饭后咱们散散步吧。

◎ **结构特点**

"咱、咱们"可以作主语、宾语或者定语。

①咱/咱们 + P
　咱　打车吧。
　咱们　一起走吧。
②S + V + 咱/咱们
　他　问　咱们　要不要。
③咱/咱们 + 的 + N
　咱们　的　东西　都拿上了吗？

💡 **小提示**

"咱、咱们"用于口语，"咱"的用法同"咱们"，可以表示复数。例如：
咱一起走吧。
咱们一起走吧。

14 人称代词（5）：自己 【二06】

◎ **基本语义及用法**

用于指称人或事物本身，和"别人"或其他事物相对。
It is used to refer to oneself or something itself, opposed to other people or things.

◎ **典型例句和对话**

例句	①你一定要相信自己。	②自己的事自己做。	③你要多关心自己的身体。
交际实践	（在办公室） A：我怕自己做不好这件事。 B：你一定要相信自己。	（在家） 儿子：妈妈，可以帮我洗衣服吗？ 妈妈：不行，自己的事自己做。	（在医院） 医生：你要多关心自己的身体，多运动运动。 病人：好的，我会努力做到的。

◎ **补充例句**

①这个门怎么自己开了？
②她很关心自己的考试成绩。
③你要吃什么自己拿。
④你要靠你自己完成这个工作。
⑤他想了好久才说出自己的想法。
⑥你自己看看通知就知道了。

◎ **结构特点**

"自己"可以作宾语、状语、定语。

① S + V + 自己
　你　一定　要相信　自己。
② S + 自己 + VP
　这个门　自己　开了。
③ 自己 + 的 + N
　自己　的　事情　自己做。
　你要多关心　自己　的　身体。

💡 **小提示**

（1）"自己"可以放在人称代词或表示人的名词之后作复指成分，起强调作用。例如：

　明天的活动你自己去参加吗？
　孩子自己在家行吗？
　他自己一个人也可以过得很好。

（2）"自己"表示单数，不能用来指两个或两个以上的人，但可以放在表示复数的人称代词或名词后面（例如"你们自己、我们自己、他们自己"等）作复指成分。例如：

我们自己的事我们自己做。
同学们自己的事自己做。
大家自己的事自己做。

15 指示代词（1）：那么、这么 【二07】

◎ **基本语义及用法**

可以指示方式、程度和数量等。多用于口语。
They can indicate the manner, degree, quantity, etc. They are often used in spoken Chinese.

◎ **典型例句和对话**

例句	①你女朋友有她那么漂亮吗？	②他哥哥有你这么高。	③你今天为什么这么早起床？
交际实践	（对面走来一个女孩儿） A：这个女孩儿真漂亮，你女朋友有她那么漂亮吗？ B：我女朋友比她更漂亮。	（在篮球场） A：听说他哥哥是篮球队的。他哥哥有我高吗？ B：他哥哥有你这么高，你们差不多一样高。	（在家） 妈妈：你今天为什么这么早起床？ 儿子：我想出去跑跑步。

◎ **补充例句**

①她家的院子有篮球场那么大。
②事情没有你说得这么容易。
③你这么做，妈妈会不高兴。
④词典这么有用，买一本吧。
⑤你这么认真地学，一定能通过考试。
⑥银行这么多人，我们明天再来吧。

◎ **结构特点**

（1）"那么、这么"一般放在动词、形容词前，作状语。

那么/这么 + V/Adj
你 这么 做,妈妈会不高兴。
事情没有你说得 那么 容易。

(2)"那么、这么"还可以出现在比较句中。

A+有/没有+B+那么/这么+Adj
你女朋友 有 她 那么 漂亮 吗?
他哥哥 没有 你 这么 高。

💡 小提示

用"那么、这么"修饰形容词的时候,形容词前边不能出现程度副词"很"或"非常"等。例如:

*他哥哥有你这么非常高。

他哥哥有你这么高。

16 指示代词(2):那样、这样

◎ 基本语义及用法

可以指示方式和程度,还可以指示性质、状态和情况。多用于书面语和正式场合。

They can indicate the manner, degree, quality, state and condition. They are often used in written Chinese or on formal occasions.

◎ 典型例句和对话

例句	①筷子不能那样拿。	②这个汉字这样写。	③你这样喜欢这张画儿,那就送给你吧。
交际实践	(在饭店) A:筷子不能那样拿,应该这样。 B:好的,谢谢!	(在教室) A:这个汉字真难写,你能教教我吗? B:没问题,这个汉字这样写。	(在房间) A:这张画儿太美了!我能再看看吗? B:你这样喜欢这张画儿,那就送给你吧。

◎ **补充例句**

①像大卫那样喜欢中国文化的外国人还有很多。
②他都那样生气了，你就不要再说了。
③他这样想太让我难过了。
④她的儿子这样可爱，我好想抱抱他。
⑤你有这样好的想法，为什么不说出来呢？
⑥这样的事情经常有。

◎ **结构特点**

"那样、这样"放在动词或者形容词前，作状语；还可以用在名词前，作定语。

①那样/这样+V（强调方式）
　这个汉字　这样　写。
②那样/这样+Adj/V$_{心理}$（强调程度）
　她的儿子　这样　可爱，我好想抱抱他。
　你　这样　喜欢　这张画儿，那就送给你吧。
③那样/这样+的+N
　那样　的　事情　经常有。
　这样　的　水果　我们那儿也有。

💡 **小提示**

（1）"那样、这样"在形容词前强调程度时，形容词不能再受"很、非常"等程度副词修饰。例如：

　　*他的儿子这样非常可爱，我好想抱抱他。
　　他的儿子这样可爱，我好想抱抱他。

（2）"那样、这样"以"那样/这样+的+名词"形式指称性状时，不能替换成"那么、这么"。例如：

　　*那么的事情经常有。
　　*这么的水果我们那儿也有。

17 形容词重叠：AA、AABB

◎ 基本语义及用法

有一部分形容词可以**重叠**，形容词重叠表示某事物性状程度的加深或对某事物的性状进行描写。

Some adjectives can be reduplicated to indicate a deeper degree or a description of something's quality.

◎ 典型例句和对话

例句	①这个房间干干净净的。	②那个女孩儿高高的个子，大大的眼睛，非常漂亮。	③他们都高高兴兴地回家了。
交际实践	（在酒店） 游客A：房间怎么样？ 游客B：这个房间干干净净的，我觉得不错。	（A和B是小明的朋友） A：听说你看见小明的女朋友了，漂亮吗？ B：那个女孩儿高高的个子，大大的眼睛，非常漂亮。	（在办公室） 老师A：你们班的学生都走了？ 老师B：都走了。这次考试成绩很不错，他们都高高兴兴地回家了。

◎ 补充例句

①蓝蓝的天上有很多白云。
②桌子上边写着一个小小的"早"字。
③你的脸红红的，怎么了？
④她很喜欢笑，每天都开开心心的。
⑤他清清楚楚地告诉我这件事了。
⑥她每天都穿得漂漂亮亮的。

◎ 结构特点

（1）形容词重叠有两种形式：单音节形容词的重叠形式是AA，双音节形容词的重叠形式是AABB。例如：

AA——大大、小小、好好、长长、红红、黑黑
AABB——干干净净、高高兴兴、清清楚楚、舒舒服服、漂漂亮亮

（2）形容词重叠形式可以作定语、状语、谓语和补语，后边一般要有助词"的"或"地"。

① ……形容词重叠+的+N……
　　那个女孩儿 高高 的 个子，大大 的 眼睛，非常漂亮。
② S+形容词重叠+地+VP
　　他们 高高兴兴 地 回家了。
③ S+形容词重叠+的
　　这个房间 干干净净 的。
④ S+V+得+形容词重叠+的
　　她 穿 得 漂漂亮亮 的。

小提示

（1）形容词重叠形式不能再受程度副词的修饰。例如：
　　＊我哥哥个子非常高高。
　　我哥哥个子非常高。
　　我哥哥个子高高的。

（2）不是所有的形容词都可以重叠，像"难、累、忙、饿、好看、难受、可爱"等就不能重叠。

18 程度副词（1）：多、多么 【二13】

◎ 基本语义及用法

表示某种事物性质或心理活动达到很高的程度，用在感叹句中，含有强烈的感情色彩。

They indicate that a certain quality of something or a mental activity reaches a high degree, used in exclamatory sentences, expressing a strong emotion.

"多么"跟"多"的意思、用法相同，"多"主要用于口语，"多么"在口语、书面语中都可以用。

多么 and 多 are of the same meaning and usage. 多 is mainly used in spoken Chinese; 多么 can be used in both spoken and written Chinese.

◎ **典型例句和对话**

例句	①这孩子多可爱啊!	②如果明天没有考试，该多好啊!	③那些花多么漂亮啊!
交际实践	（在看电视） A：你看，这孩子多可爱啊! B：他是很可爱，可是他也很爱哭。	（在房间） A：十二点了，你该睡觉了。 B：我还没准备好呢。如果明天没有考试，该多好啊!	（在公园） A：那儿有一个湖，我们过去看看。 B：你看，那些花多么漂亮啊!

◎ **补充例句**

①你看，孩子多怕你啊!
②孩子们玩儿得多开心!
③多漂亮的女孩儿啊!
④这孩子多么喜欢看书啊!
⑤他唱得多么好听啊!
⑥多么努力的学生啊!

◎ **结构特点**

程度副词"多、多么"一般用于形容词或心理动词前，构成感叹句。句末可以有语气助词"啊"。

① S + 多 / 多么 + Adj (+ 啊)!
这孩子 多 可爱 啊!
② S + 多么 + V$_{心理}$ + O (+ 啊)!
这孩子 多么 喜欢 看书 啊!
③ S + V + 得 + 多 / 多么 + Adj (+ 啊)!
孩子们 玩儿 得 多 开心!
他 唱 得 多么 好听 啊!

④ …… 多 / 多么 + Adj + 的 + N (+ 啊)!
多 漂亮 的 女孩儿 啊!
这是个 多么 好 的 机会 啊!

💡 **小提示**

（1）说话人感叹的事物可以不在现场。例如：
长城多好玩儿啊! 你明天和我们一起去吧。
你星期天怎么不去爬山? 爬山多么有意思啊!

（2）用"多"的感叹句可以用于对假设情况的感叹。例如：

如果明天没有考试，该多好啊！

你不去参加晚会的话，他们多难过啊！

19 程度副词（2）：好

【二 13】

◎ **基本语义及用法**

表示某种事物性质或心理活动达到很高的程度，用在感叹句中，含有强烈的感情色彩。只用于口语。

It indicates that a certain quality of something or a mental activity reaches a high degree, used in exclamatory sentences, expressing a strong emotion. It is only used in spoken Chinese.

◎ **典型例句和对话**

例句	①这个教室好大啊！	②我好喜欢这条小狗！	③好漂亮的衣服！
交际实践	（在教室） 老师：这是孩子们上课的教室。 家长：这个教室好大啊！	（在生日会上） A：这是我们给你的礼物。生日快乐！ B：我好喜欢这条小狗！太谢谢你们了。	（在房间） A：这是我们送你的礼物。你喜欢吗？ B：好漂亮的衣服！我很喜欢。

◎ **补充例句**

①房间里好凉快！
②他好喜欢打球！
③这里好舒服啊！
④他们玩儿得好开心啊！
⑤你好爱看电视啊！
⑥好可爱的孩子啊！

◎ **结构特点**

程度副词"好"一般用于形容词和心理动词前，构成感叹句。句末常用语气助词"啊"。

①S + 好 + Adj（+ 啊）！
房间里 好 凉快！

②S + 好 + V$_{心理}$ + O + 啊！
你 好 爱 看电视 啊！

③好+Adj+的+N(+啊)！
好 可爱 的 孩子 啊！
好 漂亮 的 衣服！

④S+V+得+好+Adj(+啊)！
他们 玩儿 得 好 开心 啊！
衣服 洗 得 好 干净！

💡 小提示

（1）"好+形容词"不能用于客观陈述。例如：

* 她买了一件好漂亮的衣服。
  她买了一件很漂亮的衣服。
* 那个教室是好大的。
  那个教室是很大的。

（2）说话人感叹的对象一般就在现场。例如：

房间里好凉快！（说话人感受到了房间里的凉快）

好可爱的孩子啊！（说话人看到了"可爱的孩子"，可以是人、照片或者视频）

20 程度副词（3）：更

【二13】

◎ 基本语义及用法

用于比较，表示双方在性质上都达到一定的程度，但其中一方的程度比另一方高。

It is used for comparison, meaning that both of the two compared reach a certain degree, but one is higher in degree than the other.

◎ 典型例句和对话

例句	①他很高，他弟弟更高。	②那件衣服更漂亮一些。	③明天比今天更热。
交际实践	（在教室） A：大卫和他弟弟都长得很高吗？ B：他很高，他弟弟更高。	（在商店） A：这件衣服漂亮吗？ B：挺漂亮的，不过我觉得那件衣服更漂亮一些。	（在家） A：今天太热了。 B：是啊，可电视上说，明天比今天更热。

◎ 补充例句

①这个电脑更贵。

②他更喜欢早上洗澡。

③她买了一个更便宜的手机。
④他来得更早。
⑤他比我更想上大学。
⑥姐姐现在的成绩比以前更好一些。

◎ 结构特点

"更"一般用于形容词和心理动词前，作状语。

① S＋更＋Adj	② S＋更＋V心理＋O
那个电脑很贵，这个电脑更贵。	我更爱打篮球。

💡 小提示

"更＋形容词"表示比较双方在性质上都达到了一定的程度。例如：
他比我更高。（他和我都高，同时他比我高）
他比我高。（只说明他比我高）

21 程度副词（4）：十分 【二13】

◎ 基本语义及用法

表示某种事物性质或心理活动达到很高的程度，比一般的标准高得多。多用于书面语。

It indicates that a certain quality of something or a mental activity reaches a very high degree, much higher than the normal standard. It is often used in written Chinese.

◎ 典型例句和对话

例句	①这包子十分好吃。	②我十分喜欢中文老师。	③中国人对我们十分友好。
交际实践	（在饭店） A：这包子十分好吃。 B：好，我也买两个。	（在家） 家长：中文课怎么样？ 孩子：非常有意思。我十分喜欢中文老师。	（在教室） A：听说你去中国旅行了，玩儿得好吗？ B：很不错，中国人对我们十分友好。

◎ 补充例句

①这椅子十分舒服。
②我们的旅行十分顺利。
③晚上的公园十分地安静。
④他对游客十分热情。
⑤李经理十分喜欢这个工作。
⑥王老师十分感动地说:"太谢谢你们了!"

◎ 结构特点

"十分"一般用于形容词和心理动词前,作状语。

① S + 十分 + Adj
　　这包子　十分　好吃。

② S + 十分 + V_{心理} + O
　　李经理　十分　喜欢　这个工作。

小提示

"十分"后面可以加结构助词"地"。例如:
晚上的公园十分地安静。
他对游客十分地热情。

22　程度副词(5):特别

◎ 基本语义及用法

表示某种事物性质或心理活动达到非常高的程度。
It indicates that a certain quality of something or a mental activity reaches a very high degree.

◎ 典型例句和对话

例句	①王老师的儿子特别可爱。	②昨天我睡得特别晚。	③我特别喜欢中国菜。
交际实践	(校园里) A:王老师的儿子特别可爱,你见过吗? B:见过一次,真的非常可爱。	(下课后) 老师:你怎么了?身体不舒服吗? 学生:老师,对不起。昨天我睡得特别晚,现在特别想睡觉。	(在饭店) 中国学生:你喜欢吃中国菜吗? 留学生:我特别喜欢中国菜。

◎ 补充例句

①这个地方特别安静。
②今天他特别地高兴。
③她特别高兴地回来了。
④我弟弟跑得特别快。
⑤他特别爱打排球。
⑥我特别不习惯这儿的天气。

◎ 结构特点

"特别"用于形容词和心理动词前，作状语。

① S ＋ 特别 ＋ Adj
这个地方　特别　安静。

② S ＋ 特别 ＋ V$_{心理}$ ＋ O
他　特别　爱　打排球。

💡 小提示

（1）"特别"后面可以加结构助词"地"。例如：
　　今天他特别地高兴。
（2）"特别"还可以表示在同类的人或事物中，某人或某事物显得特别突出。常用结构是：特别＋是＋……。例如：
　　我们的老师对学生都很好，特别是王老师，非常照顾我们。

23　程度副词（6）：挺

【二 13】

◎ 基本语义及用法

表示某种事物性质或心理活动达到比较高的程度。多用于口语。

It indicates that a certain quality of something or a mental activity reaches a relatively high degree. It is often used in spoken Chinese.

◎ **典型例句和对话**

例句	①那儿挺安静的。	②这电影挺有意思的。	③他挺喜欢学中文的。
交际实践	（在房间） A：那家饭馆怎么样？ B：那儿挺安静的，菜也非常好吃。	（在电梯里看见电影海报） A：你看这电影了吗？ B：我看了，这电影挺有意思的。你可以去看看。	（在学校门口） A：听说你孩子学中文了？ B：是啊，他挺喜欢学中文的。

◎ **补充例句**

①这个手机挺贵的。
②你妹妹挺可爱的。
③这儿挺不安全的。
④他挺不高兴地出门了。
⑤王老师挺关心学生的。
⑥他对这件事挺不满意的。

◎ **结构特点**

"挺"一般用于形容词和心理动词前，作状语，句末常用结构助词"的"。

① S + 挺 + Adj + 的
　　那儿　挺　安静　的。

② S + 挺 + V心理 + O + 的
　　王老师　挺　关心　学生　的。

◎ **小提示**

"挺"表示的程度比"很、非常"低，且不用于书面语。

24 程度副词（7）：有（一）点儿 【二13】

◎ **基本语义及用法**

表示程度不高，多用于表达说话人不太如意、不太满意的看法。"有一点儿"中的"一"可以省略。

It indicates that the degree is not high, usually used to express the speaker's dissatisfaction and discontent. 一 can be omitted.

◎ **典型例句和对话**

例句	①今天天气有一点儿热。	②我的身体有点儿不舒服。	③这道题有点儿难。
交际实践	(在房间) A：我们去爬山，怎么样？ B：今天天气有一点儿热，我们去看电影吧。	(在教室) 老师：你怎么了？ 学生：老师，我的身体有点儿不舒服。	(在教室) A：你怎么还没做完？ B：这道题有点儿难。

◎ **补充例句**

①教室有一点儿小。
②这个手机有点儿贵。
③她有点儿不开心。
④他们有一点儿不高兴。
⑤我有点儿想家。
⑥她对这个工作有点儿不满意。

◎ **结构特点**

"有（一）点儿"一般用于形容词和心理动词前，作状语。

① S + 有（一）点儿 + Adj
　教室　有一点儿　小。
② S + 有（一）点儿 + V心理 + O
　我　有点儿　想　家。
③ S + 有（一）点儿 + 不 + Adj
　我的身体　有一点儿　不　舒服。
　她　有点儿　不　高兴。

💡 **小提示**

"有（一）点儿"后边的形容词和心理动词不能是褒义的，像"高兴、开心、漂亮、舒服、安静、喜欢、爱"等表示褒义的词语不能用在"有（一）点儿"后边。
例如：
　*他有点儿高兴。
　　他有点儿不高兴。
　*这些花有一点儿漂亮。
　　这些花有一点儿难看。

25 范围、协同副词（1）：全 【二 14】

◎ 基本语义及用法

总括全部，表示所指范围内没有例外。

It means that all is included, indicating there is no exception within the given scope.

◎ 典型例句和对话

例句	①同学们全来了。	②这些电脑全坏了。	③我们全没去过上海。
交际实践	（在学校门口） 学生：老师，同学们全来了。 老师：好，我们现在出发。	（在公司） 员工：李经理，这些电脑全坏了。 经理：怎么会这样？！	（在上课） A：我们全没去过上海。 B：那我们这次去上海旅游吧！

◎ 补充例句

①我们全饿了。
②他们全去动物园了。
③这些手机全是新的吗？
④他们全都很年轻。
⑤我家人全不会说中文。
⑥他们没全去公园。

◎ 结构特点

（1）"全"一般用于主语后、动词性成分或形容词前，作状语。"全"概括的对象一般是复数的。

① S_复数 + 全 + VP
　同学们　全　来了。
　我们　全　去过上海。

② S_复数 + 全 + Adj + 了
　我们　全　饿　了。
　这些电脑　全　坏　了。

（2）"全"和"都"经常连用。例如：

S_复数 + 全 + 都 + VP / AP
同学们　全　都　来了。
他们　全　都　很年轻。

小提示

（1）"全"不能放在主语前。例如：

　　＊全同学们来了。

　　同学们全来了。

（2）"全"应放在它所总括的词语后面。例如：

　　＊我全认识这些汉字。

　　这些汉字我全认识。

（3）"全"和"不、没"共现的时候，可以有两种语序："全不/没"和"不/没全"。意思不一样，"全不/没"表示全部否定，"不/没全"表示部分否定。例如：

　　我家人全不会说中文。（我家每个人都不会说中文）

　　我家人不全会说中文。（我家有的人会说中文，有的人不会说中文）

　　他们全没去公园。（他们没有人去公园）

　　他们没全去公园。（他们有的人去公园了，有的人没去公园）

26　范围、协同副词（2）：一共　　　　　　　【二 14】

◎ **基本语义及用法**

指合在一起。

It indicates coordination, meaning being combined together.

◎ **典型例句和对话**

例句	①我们班一共有20人。	②我一共买了五本书。	③这些衣服一共三百块钱。
交际实践	（在学校） A：你们班一共有多少人？ B：我们班一共有20人。	（在书店） A：你买了几本书？ B：我一共买了五本书。	（在商店） 顾客：这些衣服一共多少钱？ 店员：这些衣服一共三百块钱。

◎ 补充例句

①我一共会说三门外语。
②你们一共去了几个地方？
③他一共参加了四次考试。
④这个课本一共有 200 页。
⑤这些水果一共多少斤？
⑥你们一共来了几个人？

◎ 结构特点

"一共"一般用于主语后、动词或数量短语前，作状语。"一共"后边一定要出现数量短语。

> S + 一共（+ V）+ NumP（+ N）
> 我们班　一共　有　20（个）人。
> 我　一共　买了　五本。
> 这些衣服　一共　三百块　钱。

💡 小提示

"一共"不能出现在主语前，也不能出现在句末。例如：
* 一共我买了五本书。
* 我买了五本书一共。
　我一共买了五本书。

27 范围、协同副词（3）：只　【二 14】

◎ 基本语义及用法

表示限定某个范围，除此之外没有其他的。
It defines a certain scope beyond which there is nothing else.

◎ 典型例句和对话

例句	①卡里只有二百块钱。	②我只会说中文。	③我只买了一点儿水果。
交际实践	（在教室） A：我们去看电影吧。 B：不去了，我卡里只有二百块钱。	（在车上） 留学生：你会说英文吗？ 司机：不会，我只会说中文。	（在家） A：明天爬山的话，可以带一点儿吃的。 B：我只买了一点儿水果，应该再去买一些面包。

◎ 补充例句

①他只吃菜,不吃米饭。
②他只介绍了名字,没说别的。
③我只看见了两个学生。
④王老师只借了我两本书。
⑤只来一个人就够了。
⑥桌子上只有一个瓶子。

◎ 结构特点

"只"一般出现在主语后、动词前,作状语。

> S + 只 + V (+O)
> 我　只　买了　一点儿水果。
> 卡里　只　有　二百块钱。

💡 小提示

"只"语义指向后边的成分,有时候重音不同,语义指向的成分不同。例如:

王老师只借了我两本书。(重音在"借","只"语义指向"借")
王老师只借了我两本书。(重音在"我","只"语义指向"我")
王老师只借了我两本书。(重音在"两本","只"语义指向"两本")
王老师只借了我两本书。(重音在"书","只"语义指向"书")

28 时间副词(1):刚、刚刚

【二 15】

◎ 基本语义及用法

表示动作或情况发生在不久之前。
They indicate that an action or situation happened just now.

◎ 典型例句和对话

例句	①我刚从学校回到家。	②他刚开车走了。	③白老师刚刚从国外回来。
交际实践	(打电话) A:你还在学校吗? B:没有,我刚从学校回到家。	(在公司) A:张经理在吗? B:他刚开车走了。	(在办公室) 校长:这是白老师,白老师刚刚从国外回来。 老师:白老师好!认识您很高兴。

◎ **补充例句**

①我刚打完电话,你就过来了。
②我刚回来,正准备做饭呢。
③他刚买回来的自行车很漂亮。
④孩子刚睡着吗?
⑤电影刚刚开始。
⑥他刚刚坐出租车走了。

◎ **结构特点**

"刚、刚刚"只能作状语,用于主语后、动词性成分前。

> S + 刚 / 刚刚 + VP
> 我　刚 / 刚刚　从学校回到家。

💡 **小提示**

(1)"刚、刚刚"后面通常会有带副词"正、就"的分句或短语作为呼应,表示两个动作或状态紧接着发生。例如:

　　我刚回来,正准备做饭呢。
　　我刚打完电话,你就过来了。

(2)"刚"一般不用于否定句。例如:
　　*我不 / 没刚从学校回到家。

29 时间副词(2):还² 【二.15】

◎ **基本语义及用法**

表示某动作行为依旧在进行或某状态持续不变。
It indicates that a certain action is still ongoing or a state remains unchanged.

◎ **典型例句和对话**

例句	①外边还在下雨呢。	②他还没起床。	③你还在停车场等我吗？
交际实践	（在家） A：我要去超市买点儿东西。 B：外边还在下雨呢，你等一会儿再去吧。	（在家） 爸爸：儿子怎么不来吃早饭？ 妈妈：他还没起床。	（打电话） A：你还在停车场等我吗？ B：对，你过来吧。

◎ **补充例句**

①她还在中国旅行。
②我还在吃午饭，一会儿就走。
③春天还没到，天气还很冷。
④我还不想出门。
⑤他还在开会吗？
⑥我还没收到他的短信。

◎ **结构特点**

"还²"用于主语后、动词性或形容词性成分前，作状语。

> S + 还² + VP / AP（+呢）
> 外边　还　在下雨　呢。
> 天气　还　很冷。

◎ **小提示**

"还²"只能用在主语后，不能用在主语前。例如：
＊还他没起床。
　他还没起床。

30 时间副词（3）：忽然　【二15】

◎ **基本语义及用法**

表示某事发生得十分迅速并且出人意料。
It indicates that something happened fast and unexpectedly.

◎ 典型例句和对话

例句	①街上的灯忽然都亮了。	②老师忽然走了过来。	③我忽然想起来明天有考试。
交际实践	（在街上） A：看，街上的灯忽然都亮了。 B：6点了，我们回家吧。	（在教室） A：我正在玩儿手机，老师忽然走了过来。 B：你上课不要玩儿手机了。	（在公园） A：我们回家吧，我忽然想起来明天有考试。 B：好，我们回去复习吧。

◎ 补充例句

①她忽然哭了。
②电视忽然没声音了。
③她儿子忽然不见了。
④我正在睡觉，忽然电话响了。
⑤忽然他向我跑了过来。
⑥那个孩子忽然大喊起来。

◎ 结构特点

"忽然"只能作状语，既可以用于主语后，也可以用于主语前。

① S + 忽然 + VP
　她　忽然　哭了。

② 忽然 + S + VP
　忽然　他　向我跑了过来。

小提示

"忽然"一般不用于疑问句。例如：
*街上的灯忽然都亮了吗？
街上的灯忽然都亮了。

31 时间副词（4）：一直 【二 15】

◎ 基本语义及用法

表示某动作行为或者某状态持续不变。
It indicates a certain action or state remains unchanged.

◎ **典型例句和对话**

例句	①她一直在说话。	②他一直住在北京。	③外面一直在下雨。
交际实践	（在公司） A：今天上午开会，她一直在说话。 B：这太不应该了。	（在学校） A：北京好玩儿吗？ B：他一直住在北京，你问他吧。	（在家） A：外面一直在下雨。 B：那我们明天再去爬山吧。

◎ **补充例句**

①你一直在等我吗？
②教室里一直很安静。
③昨天晚上爸爸一直没回家。
④他一直不相信这件事。
⑤她一直都很喜欢你。
⑥教室的门一直开着。

◎ **结构特点**

"一直"用于主语后、动词性或形容词性成分前，作状语。

> S + 一直 + VP / AP
> 她　一直　在说话。
> 教室里　一直　很安静。

◎ 💡 **小提示**

"一直"不能用在非持续性动词的前边。例如：
＊他一直谢谢我的帮助。

32 时间副词（5）：已经 【二 15】

◎ **基本语义及用法**

表示某动作行为或某状态变化完成。
It indicates the completion of a certain action or the change of a certain state.

◎ **典型例句和对话**

例句	①校长已经下班了。	②他已经出院了吗？	③早饭已经准备好了。
交际实践	（校长办公室门外） A：您好，请问校长在吗？ B：不在，校长已经下班了。	（在医院） 病人：他已经出院了吗？ 护士：是的，昨天出院了。	（在家） 儿子：妈妈，早饭准备好了吗？ 妈妈：早饭已经准备好了。

◎ **补充例句**

①天气已经很热了。
②我已经在这儿住了十年了。
③已经十一点了，快睡吧。
④她已经不在这里工作了。
⑤他已经知道自己错了。
⑥他刚才已经来过了。

◎ **结构特点**

"已经"用于主语后，动词性、形容词性成分或数量短语等的前面，作状语。句末常用语气助词"了^2"。

> S + 已经 + AP / VP / NumP (+ 了^2)
> 天气　已经　很热　了。
> 校长　已经　下班　了。
> 现在　已经　十一点　了。

💡 **小提示**

（1）"已经"不仅能用于表达过去完成的动作或事件，而且可以用于表达现在和将来完成的动作或事件。例如：
　　我现在已经是老师了。
　　明年的这个时候，我已经工作了。
（2）用于表达过去完成的动作或事件时，动词后一般会出现动态助词"了^1"或"过"。例如：
　　我已经喝了一杯水了。
　　我已经吃过饭了。

33 频率、重复副词（1）：重新 【二 16】

◎ **基本语义及用法**

表示再一次，或从头开始做某事。
It means "once again" or doing something from the very beginning.

◎ **典型例句和对话**

例句	①这篇作文我要重新写一遍。	②我们要重新在那里排队。	③这道题你重新做一遍。
交际实践	（在教室） A：都一个小时了，你怎么还在写？ B：这篇作文我要重新写一遍。	（在银行） A：钱取到了吗？ B：没有，我们要重新在那里排队。	（在教室） 学生：老师，我的作业没拿到。 老师：在我这里，这道题你重新做一遍。

◎ **补充例句**

①我没听见，你重新说一遍。
②他很久不运动了，今天才重新开始运动。
③上次考试我没考好，我想重新考一次。

④这碗面条儿不好吃，我重新做一碗。
⑤这张照片不好看，你们重新拍吧。
⑥刚才我没听清楚，请你重新介绍一下儿。

◎ **结构特点**

"重新"用于主语后、动词性成分前，作状语。

> S（+想/要）+重新+VP
> 我　想　重新　买一辆。
> 我　重新　写一遍。

34 频率、重复副词（2）：经常 【二16】

◎ **基本语义及用法**

表示某动作行为发生的次数多。

It indicates that an action takes place many times.

◎ **典型例句和对话**

例句	①他经常在图书馆学习。	②我经常去公园。	③他经常帮助我。
交际实践	（在教室） A：小王不在教室吗？ B：是的，他经常在图书馆学习。	（在公司） A：你周末常常去哪里？ B：我经常去公园。	（在教室） 儿子：小李是我最好的朋友，他经常帮助我。 爸爸：那你一定要好好谢谢他。

◎ **补充例句**

①这里经常举行晚会。
②他经常问老师问题。
③我姐姐经常练习写汉字。
④我经常参加学校的活动。
⑤老师经常和我们一起讨论问题。
⑥他经常放学后去打工。

◎ **结构特点**

"经常"用于主语后、动词性成分前，作状语。

S + 经常 + VP
她　经常　看电影。
他　经常　在图书馆学习。

35 频率、重复副词（3）：老、老是 【二16】

◎ **基本语义及用法**

表示某动作行为发生的次数多、频率高。多用于口语，含有说话人因动作行为发生的频率过高而不满的感情色彩。

They indicate that an action takes place many times and frequently. They are often used in spoken Chinese, implicating that the speaker thinks the action occurs too frequently and expressing a tone of discontent.

◎ 典型例句和对话

例句	①这个汉字有点儿难，我老写错。	②这个月北京老是下雪。	③她老是说自己没时间。
交际实践	（在教室） A：这个汉字有点儿难，我老写错。 B：是挺难的，你得多练练。	（在家） 女儿：这个月北京老是下雪，今天气温很低。 妈妈：出门多穿点儿衣服，可别生病了。	（在教室） 班长：小王为什么不参加这个活动？ 同学：她老是说自己没时间。

◎ 补充例句

①这道题我老做错。
②他们老在一起玩儿，不跟别人玩儿。
③他最近老玩儿手机，你说说他吧。
④他老是忘交作业。
⑤妈妈老是让我早点儿睡觉。
⑥这个孩子老是哭。

◎ 结构特点

"老、老是"用于主语后、动词性成分前，作状语。

> S + 老 / 老是 + VP
> 他们　老　在一起玩儿。
> 他　最近　老是　玩儿手机。

36 频率、重复副词（4）：又

◎ 基本语义及用法

表示重复已经发生的动作或追加另一个同类的动作。

It indicates repeating an action that has already happened or making another action of the same kind.

◎ 典型例句和对话

例句	①我们队又进了一个球。	②这次考试他又考了第一名。	③昨天我又看了一遍。
交际实践	（看篮球比赛） A：我们队又进了一个球。 B：又得两分！	（在教室） A：这次考试他又考了第一名！ B：真好！我要向他学习。	（在学校） A：这个电影怎么样？ B：挺不错的，昨天我又看了一遍。

◎ 补充例句

①考试前，我又复习了一遍。
②他昨天没来，今天又没来。
③今天刚开完会，明天又要开会。
④他没吃饱，又点了一碗饭。
⑤你怎么又不高兴了？
⑥这次比赛她又失败了。

◎ 结构特点

"又"用在主语后、动词性或形容词性成分前，作状语。

> S + 又 + VP / AP
> 我们队　又　进了一个球。
> 你怎么　又　不高兴了？

小提示

否定副词"不、没"用在"又"后，表示过去没发生的情况还是没发生。例如：他昨天没来，今天又没来。

37 关联副词：就[1]

【二 17】

◎ 基本语义及用法

常与"如果、只要、要是"等连词搭配使用，表示在某种情况或条件下会发生的事情。前一分句也可以加"的话"，表示假设。

It is often used together with conjunctions such as 如果, 只要 or 要是 to indicate that a certain situation or condition will naturally lead to something. 的话 can also be used in the first clause to indicate a hypothesis.

◎ **典型例句和对话**

例句	①如果明天天气好，我就去爬山。	②你有时间的话，我们就一起出去走走吧。	③只要你认真听课，就能考好。
交际实践	（在家） A：明天你做什么？ B：如果明天天气好，我就去爬山。	（打电话） A：你有时间的话，我们就一起出去走走吧。 B：好啊，我正想休息一会儿呢。	（在教室） A：老师，考试难吗？ B：只要你认真听课，就能考好。

◎ **补充例句**

①只要天气好，你就来吗？
②如果你去北京，就能见到他。
③你不去学校，就不会有这么多朋友。
④他要是不来，我就去找他。
⑤他去的话，我就不去了。
⑥如果明天下雨，我就不出门了。

◎ **结构特点**

前一分句表示假设、条件等；前后两个分句可能是同一主语，也可能是不同的主语。

$S_1 + P_1$, $(S_1)/S_2 + 就 + P_2$
你　去北京的话，（你）　就　能见到他。
如果　他　不来，我　就　去找他。

38 方式副词：故意

【二 18】

◎ **基本语义及用法**

表示有意识地做某事；明知道不应该或不必这样做而这样做，此时常含贬义。
It means doing something intentionally, or doing something even if knowing it is wrong or unnecessary, in which case it is often derogatory.

◎ 典型例句和对话

例句	①他故意提高声音，这样大家都能听见。	②我不是故意弄坏电脑的。	③他故意不和我说话。
交际实践	（在教室） A：他的说话声音为什么这么大？ B：他故意提高声音，这样大家都能听见。	（在公司） A：对不起，经理，我不是故意弄坏电脑的。 B：没关系，不是你的错。	（校园里） A：王小明怎么走了？ B：他生我的气了，故意不和我说话。

◎ 补充例句

①我不是故意推你的。
②真不好意思碰到了您，我不是故意的。
③他故意气我。
④你是不是故意不听妈妈的话？
⑤他是故意拉你的。
⑥你别生气，他不是故意的。

◎ 结构特点

"故意"在动词性成分前，作状语，常用于"是/不是……的"句式。

① S + 故意 + VP
　他　故意　提高声音。

② S + 是/不是 + 故意 + VP + 的
　我　是/不是　故意　推你　的。

💡 小提示

"故意"常表示贬义，后面所接的内容多为不受欢迎的、不被接受的事情。
＊他是故意喜欢我的。
　他是故意打我的。

39 情态副词（1）：必须 【二19】

◎ 基本语义及用法

表示在事理和情理上一定要，语气较重。
It means "must (do something)" according to reason and morality. It is in an emphasized tone.

◎ **典型例句和对话**

例句	①要取得好成绩，大家必须努力学习。	②明天你必须来。	③这件事必须你来做。
交际实践	（在班级） A：马上期末考试了，要取得好成绩，大家必须努力学习。 B：老师，我们一定会努力的。	（在公司） A：经理，明天我可以不去参加这个活动吗？ B：不行，明天你必须来。	（商量事情） A：请王小明做吧。 B：不行，这件事必须你来做。

◎ **补充例句**

①这本书今晚必须要看完。
②你必须先打电话才能进去。
③做事必须认真。
④今天我必须见到他。
⑤这件事别人办不了，必须你自己去。
⑥你明天必须去考试。

◎ **结构特点**

"必须"一般在动词性或形容词性成分前，作状语。

> S + 必须 + VP / AP
> 明天　你　必须　来。
> 做事　必须　认真。

💡 **小提示**

"必须"的否定形式是"无须"或"不必"，不能说"不必须"。
*你不必须打电话，马上会有人来接你。
　你无须/不必打电话，马上会有人来接你。

40 情态副词（2）：差不多

【二 19】

◎ **基本语义及用法**

表示相差很少，接近。
It means having little difference and being very close.

◎ **典型例句和对话**

例句	①机票差不多要两千块钱。	②我昨天差不多学了两个小时。	③他们差不多高。
交际实践	（讨论买票） A：你知道去北京的机票多少钱吗？ B：机票差不多要两千块钱。	（在家） A：昨天学了多久？ B：我昨天差不多学了两个小时。	（在朋友家） A：哥哥和弟弟谁高？ B：他们差不多高。

◎ **补充例句**

①今天买东西差不多花了五百块。
②差不多一半同学都学过中文。
③他昨天差不多三点才回家。
④火车差不多还有两个小时到。
⑤他的头发差不多全白了。
⑥他跟我差不多大。

◎ **结构特点**

"差不多"一般用在主语后，动词性成分、形容词或数量短语前，作状语。

S + 差不多 + VP / Adj /NumP
火车　差不多　要到了。
他们　差不多　高。
机票　差不多　两千块。

◎ **小提示**

"差不多"后面有数量短语的时候，"差不多"可以放在动词前，也可以放在动词后直接修饰数量短语。

今天买东西差不多花了五百块。

今天买东西花了差不多五百块。

41 情态副词（3）：好像 【二 19】

◎ 基本语义及用法

表示不十分确定的判断或感觉。

It indicates an uncertain judgement or feeling.

◎ 典型例句和对话

例句	①今天好像要下雨。	②他低着头，好像在想事情。	③我好像在哪里见过你。
交际实践	（在家） A：今天去爬山，怎么样？ B：别去了，今天好像要下雨。	（在学校） A：王小明呢？ B：在那儿呢。你看，他低着头，好像在想事情。	（第一次见面） A：你好，我是王小明。 B：你好，我是大卫。我好像在哪里见过你。

◎ 补充例句

①他好像不喜欢这本书。
②你好像没说过这件事。
③这两本书里的故事好像差不多。
④到这儿就好像到了自己家一样。
⑤明天好像是阴天。
⑥好像明天还要下雪。

◎ 结构特点

情态副词"好像"作状语，可以用在主语后，也可以用在主语前，有时句末可用"一样"搭配。

①S + 好像 + P(+ 一样)
　我　到这儿就　好像　到了
　自己家　一样。
　他　好像　不喜欢这本书。
　那个东西　好像　很大。

②好像 + S + P
　好像　你　没说过这件事。
　好像　明天　还要下雪。

42 情态副词（4）：一定

【二 19】

◎ 基本语义及用法

表示某事必然发生，确定无疑。

It indicates that something is sure to happen.

◎ 典型例句和对话

例句	①他一定走了。	②今天不一定下雨。	③你到北京以后，一定要去看看王老师。
交际实践	（在办公室） 客户：王经理还在公司吗？ 员工：他两点要去机场接人，一定走了。	（在家） A：天真黑，会下雨吧？ B：一直是阴天，今天不一定下雨。	（在家） 妈妈：你到北京以后，一定要去看看王老师。 儿子：好的，妈妈。

◎ 补充例句

①她一定买房子了。
②他晚上一定又吃方便面了。
③我周末不一定有空儿。
④他不一定相信你。
⑤她一定知道那件事。
⑥你一定要去国外生活。

◎ 结构特点

"一定"用在动词性成分前，作状语。

①肯定形式：
　S + 一定 + VP
　他　一定　走了。

②否定形式：
　S + 不 + 一定 + VP
　今天　不　一定　下雨。

💡 小提示

（1）"一定"既能用于未完成的事情，也能用于已完成的事情。例如：
　　他明天一定走。（未完成）
　　他现在一定走了。（已完成）

（2）否定形式是在"一定"前加"不"，不能用"没"。例如：

*今天没一定下雨。

今天不一定下雨。

43 情态副词（5）：也许

【二.19】

◎ **基本语义及用法**

表示猜测或不确定，可以表示对过去、现在、将来的推测。

It indicates a guess or uncertainty about something in the past, present or future.

◎ **典型例句和对话**

例句	①我今年也许会去中国学习中文。	②明天也许会下雨。	③这件事也许是你做错了。
交际实践	（在饭馆） A：大卫，你喜欢中国吗？ B：我喜欢中国，我今年也许会去中国学习中文。	（讨论天气） A：明天天气怎么样？ B：明天也许会下雨。	（在房间） A：王小明因为这件事跟我生气了。 B：我听说了，我觉得这件事也许是你做错了。

◎ **补充例句**

①你再找找，也许能找到。

②你也许不会喜欢这本书。

③周日也许上课，也许不上课。

④明天也许更冷。

⑤也许明天我就回来了。

⑥也许我会晚一点儿到学校。

◎ **结构特点**

"也许"一般用在主语后、动词性或形容词性成分前，也可以出现在主语前。

①S + 也许 + VP/AP

你　也许　不会喜欢这本书。

明天　也许　更冷。

②也许 + S + VP/AP

也许　我　会晚一点儿到学校。

也许　明天　更冷。

💡 小提示

"也许"跟"不、没"共现时,"也许"在前,"不、没"在后。

* 明天不也许会下雨。

　明天也许不会下雨。

44 语气副词(1):才[1]

【二20】

◎ **基本语义及用法**

表示说话人认为事情发生得比预想的晚,也可表达数量少、时间早、程度低等,具有较强的主观性。

It expresses the speaker's subjective opinion, indicating that the speaker thinks something happens later than expected or the quantity is small, time is early, the degree is low, etc.

◎ **典型例句和对话**

例句	①我今天八点才起床。	②她一百块钱才买了两本书。	③今天才星期二,还早呢。
交际实践	(上班路上) A:你今天几点起的床? B:我今天八点才起床。	(在家) 妈妈:妹妹今天买了几本书? 哥哥:她一百块钱才买了两本书。	(在教室) A:这个周末要交作业吧。咱们今晚就做? B:今天才星期二,还早呢。

◎ **补充例句**

①他昨天十二点才睡觉。

②你怎么今天才来?

③他们三个小时才做完作业。

④现在才八点,别急。

⑤这道题才三个人会做。

⑥我才看了一遍,还要再看一遍。

◎ **结构特点**

"才[1]"可以放在动词性成分前,作状语;也可与数量短语、名词性成分组合。

① S + NumP/NP + 才¹ + VP　　② S + 才¹ + NumP/NP

我　八点　才　起床。　　　这道题　才　三个人　会做。
他　今天　才　来。　　　　今天　才　星期二，还早呢。

小提示

（1）"NumP/NP + 才¹ + VP" 表示说话人认为数量多或时间晚。

　　他三个小时才做完。（数量多）

　　他今天才来。（时间晚）

（2）"才¹ + NumP/NP" 表示说话人认为数量少或时间早。

　　这道题才三个人会做。（数量少）

　　我今天才六点就起床了。（时间早）

45　语气副词（2）：都²　【二 20】

◎ 基本语义及用法

"已经"的意思，表示说话人认为时间晚、用时长、数量多或动作状态达到很高的程度。

It means "already", indicating that the speaker thinks it is late, too much time is taken, the quantity is large, or the action or state has reached a high degree.

◎ 典型例句和对话

例句	①都十二点了，我们该睡觉了。	②我今年都七十了。	③天都黑了，他还没来。
交际实践	（在房间） A：现在几点了？ B：都十二点了，我们该睡觉了。	（在公交车上） A：爷爷，您不到六十岁吧？ B：我今年都七十了。	（在图书馆） A：王小明怎么还没来？ B：是啊，天都黑了，他还没来。

◎ 补充例句

①都三天了，他还没写完作业。　　②都大学生了，你还不会做这道题！

③都十二点了,他才睡觉。
④都中午了,他还没起床。
⑤我都是妈妈了,不会像小孩儿一样。
⑥饭都凉了,你快吃吧。

◎ 结构特点

"都²"与数量短语、名词性短语或形容词组合,句末通常用语气助词"了²"。

(S+) 都² + NumP / NP / Adj + 了²
都　三天　了,他还没写完作业。
都　大学生　了,你还不会做这道题!
饭　都　凉　了,你快吃吧。

◎ 小提示

"都²"表示事情发生得比预期的程度高很多,带有惊讶或责怪的语气,如果说话人主观上觉得时间早,就不能用"都²"。

＊都六点了,你才起床。
　都十二点了,你才起床。

46 语气副词(3):就² 【二20】

◎ 基本语义及用法

表示说话人认为事情或状态发生的时间早、用时短、速度快等。
It indicates that the speaker thinks something happens early, takes a short time and is fast.

◎ 典型例句和对话

例句	①班长七点半就到教室了。	②他一遍就听懂了这个很长的句子。	③昨天我三个小时就做完工作了。
交际实践	(在教室) A:班长今天几点到的教室? B:班长七点半就到教室了。	(考完试) A:第一题你听懂了吗? B:我没听懂,他一遍就听懂了这个很长的句子。	(上班路上) A:昨天的工作做完了吗? B:昨天我三个小时就做完工作了。

151

◎ 补充例句

①我十八岁就参加工作了。
②事情下午就弄清楚了。
③她刚毕业就当妈妈了。
④才八点我就想睡觉了。
⑤下午五点天就黑了。
⑥他小时候就非常喜欢唱歌了。

◎ 结构特点

"就²"后接动词性或形容词性成分，表时间或数量的词语在"就²"前。表时间或数量的词语可在主语前，也可在主语后。

① S + T/NumP + 就² + VP/Adj + 了
天　下午五点　就　黑　了。
我　一遍　就　听懂　了。

② T/NumP + S + 就² + VP/Adj + 了
十八岁　我　就　参加工作　了。
下午五点　天　就　黑　了。

💡 小提示

"就²"经常与"才"搭配使用。
才八点我就想睡觉了。
才十八岁他就参加工作了。
她才刚毕业就当妈妈了。

47　语气副词（4）：正好

【二 20】

◎ 基本语义及用法

表示时间、条件、情况的巧合。
It indicates coincidence in terms of time, condition and circumstances.

◎ 典型例句和对话

例句	①今年我的生日正好是在周末。	②上班的路上,我正好碰见他们。	③我今年正好二十岁。
交际实践	（讨论怎么过生日） A：如果时间合适的话,你生日那天咱们一起去爬山,怎么样? B：太好了！今年我的生日正好是在周末。	（在公司） A：你们三个人怎么一起来了? B：上班的路上,我正好碰见他们。	（在教室） A：你今年多大了? B：我今年正好二十岁。

◎ 补充例句

①你要的那本英语书,我正好有一本。
②我们的爱好正好相同。
③我一进门正好看到他。
④我回家的时候,他正好要出门。
⑤我到家的时候正好五点。
⑥这双鞋的大小正好合适。

◎ 结构特点

"正好"经常用在动词性、形容词性成分或数量短语的前边,作状语。

> S + 正好 + VP / AP / NumP
> 你要的那本英语书,我　正好　有一本。
> 这双鞋的大小　正好　合适。
> 我到家的时候　正好　五点。

💡 小提示

"正好"表示前后的事件是有关系的,本来不应该或没有预感会同时发生的事情却发生了,带有意料之外的意思。

* 我在看英语书,他正好在看中文书。
　我在看中文书,他正好也在看中文书。

48 介词（引出时间）：当 【二 21】

◎ **基本语义及用法**

引出事件发生的时间，多用于正式语体。
It introduces the time when something happens, often used in formal text.

◎ **典型例句和对话**

例句	①当他进来的时候，我们正在看电视。	②当爸爸回来的时候，妈妈已经做好晚饭了。	③当你工作了，就会知道上学有多快乐了。
交际实践	（打电话） 妈妈：爸爸为什么说你们？ 孩子：当他进来的时候，我们正在看电视。	（在做客） A：你爸爸在外边工作很累吧？ B：是的，所以每天当爸爸回来的时候，妈妈已经做好晚饭了。	（在教室） A：老师，读书太累了，我想工作，不想上学了。 B：当你工作了，就会知道上学有多快乐了。

◎ **补充例句**

①当你来中国时，一定要来北京看看。
②当孩子生病时，妈妈会不睡觉照顾孩子。
③当听说明天要下雪时，我高兴了一晚上。
④当春天来到时，她会出去旅游。
⑤当你老了，就会知道健康有多重要了。
⑥当收到通知的时候，我正在吃饭。

◎ **结构特点**

用在动词性成分前，经常以"当……时/的时候"形式出现。

当 (+ S_1) + VP (+ 时 / 的时候)，(S_1 +) VP
当　大卫　回来　的时候，孩子们　正在看电视。

> 💡 **小提示**
>
> "当"一般出现在动词性成分前,不可直接和名词性成分搭配。
>
> *当昨天的时候,我高兴了一天。
>
> *当假期时,她就会出去旅游。

49 介词(引出方向、路径):往 【二 22】

◎ **基本语义及用法**

引出动作的方向或终点。

It introduces the direction or destination of an action.

◎ **典型例句和对话**

例句	①你往左走,就能看见洗手间。	②你往前走一百米就到了。	③开往北京大学的地铁快要到了。
交际实践	(在商场) A:你好,请问洗手间怎么走? B:你往左走,就能看见洗手间。	(校园里) A:同学,你好,请问教学楼在哪里? B:往前走一百米就到了。	(在地铁站) 广播:开往北京大学的地铁快要到了。 A:我们准备上车吧。

◎ **补充例句**

①他小心地往房间里看了一下儿。

②你要往哪里去?

③下了课,我先往图书馆走,你在路口等我。

④这些书要发往北京。

⑤你的信要送往哪里?

⑥请大家都往外走。

◎ **结构特点**

(1)介词"往"与表示方向、处所的词语搭配,用在动词性成分前,作状语。

> S + 往 + N$_{方位}$ / L + VP
>
> 你 往 前 走一百米就到了。

（2）介词"往"与表示处所的词语搭配，用在动词后，作补语。动词仅限于"发、开、通、送、寄、运、派、飞、逃"等。

> S + V + 往 + L
> 这些书 要发 往 北京。

💡 小提示

人称代词可与指示代词"这儿、那儿"等组合在一起，出现在"往"后。例如：你往我这儿看。

50 介词（引出方向、路径）：向[1]   【二 23】

◎ **基本语义及用法**

引出动作的方向。
It introduces the direction of an action.

◎ **典型例句和对话**

例句	①你向西边看，看见山了吗？	②他向图书馆走去了。	③请大家看向我，我通知一件事情。
交际实践	（在旅游） A：你向西边看，看见山了吗？ B：看见了，好漂亮啊！	（在学校） A：大卫去哪里了？ B：他向图书馆走去了。	（在教室） A：现在请大家看向我，我通知一件事情。 B：好的，老师。

◎ **补充例句**

①她向我点了点头。
②秋天，有的鸟儿会向南方飞去。
③他向前面大声喊了喊。
④老师向我笑了一下儿。
⑤火车开向了北京。
⑥这条路通向北京大学。

◎ **结构特点**

（1）"向[1]"与名词性成分组合，用在动词性成分前，作状语。

S + 向¹ + NP + VP

鸟儿　向　南方　飞去。
大家　向　我　走来。

（2）"向¹ + 名词性成分"也可以用在动词后面，作补语，动词仅限于"开、通、走、冲、飞、流"等少数单音节动词。

S + V + 向¹ + NP

这条路　通　向　北京大学。

💡 **小提示**

"S + 向¹ + NP + VP"格式中，"向"后面可加"着"，后面的名词一般是双音节的。
秋天，有的鸟儿会向着南方飞去。
他向着前面大声喊了喊。
我向着北边走。

51 介词（引出方向、路径）：从²

【二.24】

◎ **基本语义及用法**

引出动作经过的路线、场所。
It introduces the route of an action or a place on the route.

◎ **典型例句和对话**

例句	①你从这儿走，五分钟就到书店了。	②这路公交车从我们学校门口过。	③我刚从那儿经过。
交际实践	（在街上） A：请问，北京书店还有多远？ B：你从这儿走，五分钟就到了。	（在公交车站） A：我们坐哪路公交车？ B：56路，这路公交车从我们学校门口过。	（打电话） A：我在教学楼门口，你呢？ B：我刚从那儿经过，你往图书馆走，我在图书馆门口等你。

◎ 补充例句

①我刚从他们面前经过。
②这路公交车不从北京大学门口过。
③这个火车不从北京站过。
④他刚才从门口过去了。
⑤我不从电影院那儿走,我走别的路。
⑥汽车从我旁边过去了。

◎ 结构特点

"从²"跟表示处所的词语组合,用在动词性成分前,作状语。

S + 从² + L + VP
公交车　从　我们学校门口　过。

◎ 小提示

"从² + 处所"不能用在动词性成分后。

* 我刚经过从那儿。
　我刚从那儿经过。

* 这个火车不过从北京站。
　这个火车不从北京站过。

52 介词(引出对象):对 【二25】

◎ 基本语义及用法

引出动作的对象,表示对待。

It introduces the target of an action, indicating treatment.

◎ 典型例句和对话

例句	①她对顾客非常热情。	②这件事你对他说了吗?	③我对你非常有信心。
交际实践	(在饭店) A:这家饭店为什么这么多人? B:因为这家饭店对顾客非常热情,饭菜也很好吃。	(在教室) A:大卫在这次考试中得了第一,这件事你对他说了吗? B:还没有,我马上打电话跟他说。	(在舞台下) A:怎么办,马上就到我了。 B:没事,我对你非常有信心,你一定行。

补充例句

① 我对她不满意。
② 这家商店的工作人员对顾客非常友好。
③ 小黄对我笑了一下儿。
④ 大家对这个问题都没有办法。
⑤ 对这节课的知识，你还有什么问题？
⑥ 对这件事的解决方法，我们要好好商量一下儿。

结构特点

"对"与表示动作对象的名词性成分组合，修饰动词性或形容词性成分。"对……"一般在主语后，也可用在主语前（有停顿）。

① S + 对 + N / Pron / NP + VP / AP
　我　对　你　非常有信心。
　我　对　她　不满意。

② 对 + N / Pron / NP，S + VP / AP
　对　这节课的知识，你　还有什么问题？

53 介词（引出对象）：给

【二26】

基本语义及用法

引出动作的对象，包括事物交付、传递的接收者和动作的受益者等。

It introduces the target of an action, including the receiver of a delivery or transmission, the beneficiary of an action, etc.

典型例句和对话

例句	①我晚上要给女朋友打电话。	②她后天过生日，我们给她送什么礼物呢？	③上周老师给每人发了五本书。
交际实践	（在房间） A：今晚咱们去体育馆打篮球吧。 B：不行，我晚上要给女朋友打电话，你们去吧。	（在房间） A：安娜后天过生日，我们给她送什么礼物呢？ B：她喜欢看书，给她买一本书，怎么样？	（在教室） A：这本书我怎么没有？ B：上周老师给每人发了五本书，这是其中的一本。

补充例句

① 妈妈生日那天，她给妈妈买了一个包。
② 老师天天都给学生改作业。
③ 他没给我买花。

④他不给我买礼物。
⑤我送给他一本书。
⑥他借给我一本书。

◎ **结构特点**

"给"后面加动作的对象。"给 + 名词"可用在动词性成分前，也可用在动词性成分后。

> ① S + 给 + N + VP
> 他　给　妈妈　买礼物。
>
> ② S + V + 给 + N + O
> 他　送给　小明　一本书。

💡 **小提示**

当"给 + 名词"在动词前时，否定词用在"给"之前；当"给 + 名词"在动词后时，否定词用在动词之前。

＊他给我不 / 没买礼物。
　他不 / 没给我买礼物。

＊他送不 / 没给她书。
　他不 / 没送给她书。

54 介词（引出对象）：离

【二 27】

◎ **基本语义及用法**

引出目标。
It introduces the goal.

◎ **典型例句和对话**

例句	①这儿离车站有点儿远。	②现在离放假有一个星期的时间。	③我的成绩离老师的要求还很远。
交际实践	（在街上） A：你好，请问从这里去车站要多久？ B：这儿离车站有点儿远，走路的话要半个小时。	（在教室） A：现在离放假有一个星期的时间，咱们可以计划一下儿假期去哪儿玩儿。 B：去上海怎么样？	（在教室） A：你的成绩这么好！ B：我的成绩离老师的要求还很远呢！

◎ 补充例句

①电影院离学校很近。
②这儿离医院有点儿远。
③你家离地铁站有多远？
④现在离春节还有两个星期。
⑤我的成绩离妈妈的要求还很远。
⑥现在离上课还有半个小时。

◎ 结构特点

"离"一般与名词性成分组合；但表示时间时，也可与动词性成分组合使用。

A + 离 + B + VP / AP
电影院　离　学校　很近。
现在　离　放假　有一个星期的时间。

55 介词（引出目的、原因）：为[1]

◎ 基本语义及用法

引出目的、原因。
It introduces the aim or reason.

◎ 典型例句和对话

例句	①为大家的健康干杯！	②我们都为你的好成绩高兴。	③他们都在为下星期的考试认真复习。
交际实践	（在晚会上） A：希望明年我们都健健康康的！ B：我们为大家的健康干杯吧！	（在教室） 同学：大卫，你又考100分了！我们都为你的好成绩高兴。 大卫：谢谢同学们！	（在办公室） A：学生们在做什么？ B：他们都在为下星期的考试认真复习。

◎ 补充例句

①大家都为他考上大学高兴。
②为学中文，他从美国来到了中国。
③她不会为男朋友离开中国。
④我为取得好成绩努力了很长时间。
⑤王老师为我给学校写了一封信。
⑥他们一直在为自己的理想努力。

◎ 结构特点

"为¹"后可加名词性或动词性成分,整体作状语。

> (S+)为¹+NP/VP+VP/AP
> 为 学中文,他从美国来到了中国。
> 我 为 取得好成绩 努力了很长时间。
> 大家 都 为 他考上大学 高兴。

56 连词(连接词或短语):或、或者 【二29】

◎ 基本语义及用法

表示选择关系,多连接词或短语。
They indicate an alternative relation, usually connecting words or phrases.

◎ 典型例句和对话

例句	①我星期六或/或者星期天去找你。	②我们可以坐车或/或者走路去图书馆。	③或/或者问他或/或者问我,都可以。
交际实践	(打电话) A:你什么时候来找我? B:星期六或/或者星期天去找你。	(在学校) A:我们怎么去国家图书馆? B:可以坐车或/或者走路去。	(在教室) A:有问题时问谁呢? B:或/或者问他或/或者问我,都可以。

◎ 补充例句

①叫他王老师或/或者王先生都行。
②他怕我没听见或/或者没记住,又说了一遍。
③请给我护照或/或者机票。
④太快或/或者太慢都不好。
⑤多听或/或者多看对学习外语有帮助。
⑥我骑车或/或者打车都可以。

◎ 结构特点

"或、或者"连接词或短语,一般用于陈述句中。

> A + 或/或者 + B
> 他怕我 没听见 或 没记住，又说了一遍。
> 你叫他 王老师 或者 王先生 都行。

💡 小提示

四字格固定短语中只能用"或"，不能用"或者"。例如：
或快或慢、或前或后、或多或少

57 连词（连接分句或句子）(1)：但、但是

◎ 基本语义及用法

表示转折，引出与上文相反或相对的意思。整个句子所要表达的重点在后一分句，即"但、但是"之后的内容。

They indicate a transition, ushering in a meaning contrary to the previous text. The emphasis of the whole sentence is on the latter clause, i.e. the content following 但/但是.

◎ 典型例句和对话

例句	①这家公司挺好的，但/但是离家太远了。	②房间不大，但/但是很干净。	③这家饭店很好吃，但/但是有点儿贵。
交际实践	（在家） A：你现在上班的公司怎么样？ B：这家公司挺好的，但/但是离家太远了。	（在饭店） A：你新租的房子怎么样？ B：房间不大，但/但是很干净。	（在街上） A：这家饭店怎么样？ B：这家饭店很好吃，但/但是有点儿贵。

◎ 补充例句

①要做的事情很多，但/但是钱不多。
②现在已经是冬天了，但/但是北京还不太冷。
③她妹妹很漂亮，但/但是个子不高。
④姐姐工作很忙，但/但是没影响学习。

⑤她会说中文,但/但是不会写汉字。　⑥我会说中文,但/但是说得不太好。

◎ 结构特点

"但、但是"连接两个分句,位于后一分句的句首。

$S_1 + P_1$, 但/但是 + S_2 (/S_1) + P_2
现在 已经是冬天了,但 北京 还不太冷。
房间 小, 但是 很干净。

58 连词(连接分句或句子)(2):那　【二30】

◎ 基本语义及用法

表示顺着前面的情况得出的某个结果或判断,起连接作用。多用于口语。

It indicates a conclusion or judgement made on the basis of the previous situation, acting as a connector. It is often used in spoken Chinese.

◎ 典型例句和对话

例句	①你要走,那刚才怎么不说?	②你不去,那我就一个人去。	③没做饭,那我们就出去吃吧。
交际实践	(在公司) A:经理,我有事要先走。 B:你要走,那刚才怎么不说?	(打电话) A:下个星期我有事,不能跟你去旅行了。 B:你不去,那我就一个人去。	(在家) A:我今天太忙了,还没做饭呢! B:没做饭,那我们就出去吃吧。

◎ 补充例句

①外面下雨了,那还是不出去了。
②你说你有钱,那为什么不拿出来?
③你不放心,那就别给他。
④你那么喜欢,那就买吧。
⑤妈妈不检查,那我们就不做了。
⑥今天天气这么好,那我们就去爬山吧。

◎ 结构特点

"那"一般位于后一分句的句首,也可以接着前一个人所说的话直接说,常常和"就"连用。

S_1+P_1,那$+S_2$($/S_1$)($+$就)$+P_2$
你 要走,那 刚才怎么不说?
你 不去,那 我 就 一个人去。

💡 小提示

"那"前面的分句是推导的前提,往往带有假设性,常与"如果""……的话"等连用。例如:

你如果不放心,那就别给他。
你不喜欢的话,那就还给我。

59 结构助词:得

【二 31】

◎ 基本语义及用法

用在动词后,连接动词和补语。
It is used after a verb to connect the verb and its complement.

◎ 典型例句和对话

例句	①他走得很快。	②她篮球打得很不错。	③我的汉字写得很好。
交际实践	(在街上) A:你为什么不和他一起走? B:他走得很快,我跟不上。	(在体育馆) A:她篮球打得怎么样? B:她篮球打得很不错。	(在教室) A:你觉得汉字难吗? B:我觉得不难,我的汉字写得很好。

◎ 补充例句

①他的足球踢得好吗?
②黑板上的字我看得很清楚。
③他歌唱得不好听。
④老师讲得很好。

⑤黑板上的字你看得清楚吗？　　⑥他中文说得非常流利。

◎ 结构特点

"得"一般用在动词和补语之间，补语一般由形容词性成分充当。

> S + V + 得 + C
> 他 吃 得 很快。

60 动态助词：过 【二32】

◎ 基本语义及用法

用在动词后，表示动作行为在过去曾经发生。
It is used after a verb to indicate the action has happened before.

◎ 典型例句和对话

例句	①我去过中国。	②他学过一点儿中文。	③我喜欢过一个女孩儿。
交际实践	（在公司） A：你去过中国吗？ B：我去过中国，去过一次。	（在教室） A：他学过中文吗？ B：他学过一点儿中文。	（在饭店） A：你以前有女朋友吗？ B：我喜欢过一个女孩儿，但她没有做我的女朋友。

◎ 补充例句

①我看过这本小说。　　　　④你问过老师没有？
②我没有听说过这件事。　　⑤他吃过这个菜吗？
③你没见过他吗？　　　　　⑥你去没去过中国？

◎ 结构特点

"过"用在动词后。

> S + V + 过 (+ O)
> 我 去 过 中国。

小提示

（1）有些动词表示的动作只能发生一次，不可能有第二次，如"出生、出发、开学"等，这样的动词后不能用"过"。例如：

　　＊他在北京出生过。

（2）认知意义动词不能带"过"，如"知道、以为、认为"等。例如：

　　＊他知道过我的名字。

　　＊我认为过他是一个好人。

61 动态助词：着　　　　　　　　　　　　【二33】

◎ **基本语义及用法**

用在动词后，表示动作或状态的持续。

It is used after a verb to indicate the continuation of an action or state.

◎ **典型例句和对话**

例句	①门关着。	②他穿着一件黑色的大衣。	③孩子们在教室里高兴地唱着歌。
交际实践	（在办公室） A：教室里还有人吗？ B：不知道，教室的门关着。	（打电话） A：我看不见大卫，他在哪儿呢？ B：在校门口，他穿着一件黑色的大衣。	（在学校） A：孩子们在教室里高兴地唱着歌。 B：是啊，唱得很好听。

◎ **补充例句**

①灯开着。

②电视开着。

③桌子上放着一本书。

④墙上写着几个汉字。

⑤门口停着一辆红色的车。

⑥他看着电视做饭。

◎ **结构特点**

"着"用在动词后边。

```
S + V + 着(+O)
桌子上  放  着  一本书。
电视   开  着。
```

◎ **小提示**

动态助词"着"表示动作或状态的持续,不表示动作的进行。动态助词"着"和"在、正在"一起使用时,表示动作正在进行。例如:

他听着歌学习,能学好吗?

他正吃着饭呢,过一会儿再去学习。

62 语气助词(1):啊[1] 【二34】

◎ **基本语义及用法**

一般用在句子末尾,增强语气。

It is usually used at the end of a sentence to strengthen the tone.

◎ **典型例句和对话**

例句	①今天真冷啊!	②你吃水果啊!	③谁没交作业啊?
交际实践	(刚出门) A:今天真冷啊! B:是啊,冬天来了。	(在做客) A:你吃水果啊! B:好的,谢谢。	(在教室) A:谁没交作业啊? B:等一下儿,我还没做完。

◎ **补充例句**

①你的汉字写得真好啊!
②这个方法多好啊!
③你孩子没来啊?
④我们都没有时间啊!
⑤你们快过来啊!
⑥你爸爸啊,老是忘带手机。

◎ 结构特点

"啊"一般出现在句末,也可以用在主语后边,表示停顿。

① S + P + 啊
夏天 真热 啊!
谁 没交作业 啊?

② S + 啊,P
你爸爸 啊,老是忘带手机。

63 语气助词(2):吧²

【二 34】

◎ 基本语义及用法

用在疑问句句末,使原来的提问带有揣测、估计的意味。

It is used at the end of an interrogative sentence to give the question a tone of guessing and estimation.

◎ 典型例句和对话

例句	①您是老师吧?	②这是你的手机吧?	③这次考试不难吧?
交际实践	(在路上) A:您是老师吧? B:是的。请问您有什么事?	(在教室) A:这是你的手机吧? B:这不是我的手机,是王小明的。	(考试后) A:这次考试不难吧? B:挺难的,我有几道题不会。

◎ 补充例句

① 这道题不难吧?
② 我这样做对吧?
③ 你是一班的同学吧?
④ 你的作业写完了吧?
⑤ 你们班有三十个人吧?
⑥ 你去过北京吧?

◎ 结构特点

"吧²"位于句末,后用问号。

S + P + 吧²?
这道题 不难 吧?

小提示

"吧²"具有揣测的语气,所以句中经常有表示揣测、估计的副词,如"也许、大概"等。例如:

他们也许去北京了吧?

明天大概七点起床吧?

64 语气助词(3):的²

【二34】

◎ **基本语义及用法**

用在句末,表示肯定或已然。

It is used at the end of a sentence to indicate affirmation or an established fact.

◎ **典型例句和对话**

例句	①我是昨天来的。	②他骑车去的。	③我问过他的。
交际实践	(在公司) A: 你是什么时候来公司的? B: 我是昨天来的。	(在家) A: 他怎么去学校的? B: 他骑车去的。	(在家) A: 这件事,儿子知道吗? B: 知道,我问过他的。

◎ **补充例句**

①他什么时候走的?

②我和大卫一起来的。

③我的票是昨天买的。

④这不可能的。

⑤这件事我知道的。

⑥明天不会下雨的。

◎ **结构特点**

"的²"出现在句末,经常出现在"是……的"句式中。

① S + P + 的²
   我 问过他 的。

② S(+是) + P + 的²
   他 (是) 什么时候走 的?

小提示

"的²"表示肯定时,如果谓语没有修饰成分(如状语、补语等),谓语前要加"是"。例如:

* 这件衣服新的。
  这件衣服是新的。
* 书有的。
  书是有的。

65 其他助词(1):的话 【二35】

◎ **基本语义及用法**

用在表示假设的分句末尾,表示假设语气。
It is used at the end of a clause indicating supposition to express a hypothetical tone.

◎ **典型例句和对话**

例句	①你要来的话,就给我打个电话,我去接你。	②明天天气好的话,我们去公园吧。	③你不喜欢的话,不买也可以。
交际实践	(打电话) A:你明天有时间吗?我有事情找你。 B:有时间,你要来的话,就给我打个电话,我去接你。	(外面正在下雨) A:明天天气好的话,我们去公园吧。 B:好呀!我也想去公园。	(在商场) A:你不喜欢的话,不买也可以。 B:那再看看吧。

◎ **补充例句**

①你有事不能来上课的话,要向老师请假。
②要是可以的话,我想试一下儿。
③明天没事的话,你可以来帮我吗?
④如果不够的话,我就不要了。
⑤来我家写作业吧,如果你有时间的话。
⑥累的话,可以休息一下儿。

◎ **结构特点**

"的话"出现在分句末,表假设的分句一般在前,有时也可以在后。

> ① S_1+P_1+的话,$S_2/(S_1)+P_2$
> 　你　有事不能来上课　的话,要向老师请假。
> 　明天　天气好　的话,我们　去公园吧。
> ② S_1+P_1,如果+$S_2/(S_1)+P_2+$的话
> 　我们　一起复习吧,如果　你　愿意　的话。
> 　你　来我家写作业吧,如果　有时间　的话。

💡 **小提示**

"的话"常与"如果、要是、假如"等词同现,以"如果/要是/假如……的话"的形式出现。句中有"如果、要是、假如"等连词,也可以省去"的话"。例如:

不够的话,我就不要了。

如果不够的话,我就不要了。

如果不够,我就不要了。

66　其他助词（2）：等　【二35】

◎ **基本语义及用法**

用在列举的多项词语后边,表示列举未尽。

It is used after a number of items enumerated to indicate the list is not exhaustive.

◎ **典型例句和对话**

例句	①我去超市买了很多吃的东西,有水果、牛奶、面包等。	②花园里的花有白色、黄色、红色等。	③书包里有课本、电脑、手机、词典等。
交际实践	(在路上) A：你去超市买了什么? B：我去超市买了很多吃的东西,有水果、牛奶、面包等。	(在花园) A：花园里的花都有什么颜色? B：有白色、黄色、红色等。	(在教室) A：你的书包里有什么? B：有课本、电脑、手机、词典等。

◎ 补充例句

①房间里有桌子、椅子、床等。
②我喜欢的运动有篮球、排球、网球等。
③我知道的北京的大学有北京大学、北京语言大学、北京体育大学等。
④我喜欢的课有中文课、英文课、音乐课等。
⑤我喜欢狗、猫、鱼、鸟等动物。
⑥我去过中国的北京、上海、广州等。

◎ 结构特点

"等"出现在两个或两个以上的词语之后，与前面的词语一起作主语或宾语。

> ……A、B（、C……）+ 等
> 房间里有　桌子、椅子、床　等。

◎ 小提示

"等"可重叠使用。例如：
我喜欢的运动有篮球、排球、网球等等。
我喜欢的课有中文课、英文课、音乐课等等。

67　叹词：喂

【二 36】

◎ 基本语义及用法

招呼的声音，用来引起对方的注意。
It is a greeting word used to draw the other party's attention.

◎ 典型例句和对话

例句	①喂，你去哪儿？	②喂，你的书掉了！	③喂，你在图书馆吗？
交际实践	（在学校门口） A：喂，你去哪儿？ B：我去超市，你呢？	（在教室） A：喂，你的书掉了！ B：谢谢！	（打电话） A：喂，你在图书馆吗？我想去找你。 B：我在，你来吧。

◎ 补充例句

①喂,您好!请问是办公室吗?
②喂,请问,李老师在吗?
③喂,你的同学来找你了。
④喂,这是我的手机,不是你的。
⑤喂,小心车!
⑥喂,你的朋友呢?

◎ 结构特点

在句子前独立使用,可用于打电话、打招呼或提示对方注意等。

> 喂,S + P
> 喂,你 去哪儿?

◎ 小提示

面对面打招呼时,"喂"一般不能用于比自己年长的对象。

68 固定短语:不一会儿

【二42】

◎ 基本语义及用法

表示时间很短。
It indicates the time is short.

◎ 典型例句和对话

例句	①今天的作业我不一会儿就做完了。	②我们走到车站,不一会儿,公交车就来了。	③刚才人还少,不一会儿就来了这么多人。
交际实践	(在教室) A:今天的作业我不一会儿就做完了。 B:你写得真快。	(在教室) A:你们今天怎么来得这么早? B:我们走到车站,不一会儿,公交车就来了。	(在饭店) A:今天怎么这么多人排队? B:刚才人还少,不一会儿就来了这么多人。

◎ 补充例句

①他不一会儿就回来了。
②饭不一会儿就做好了。
③教室里不一会儿就坐满学生了。
④电影不一会儿就开始了。
⑤不一会儿，妈妈就洗好衣服了。
⑥上午下雨了，不过不一会儿就停了。

◎ 结构特点

"不一会儿"可以用在主语和动词性成分之间，也可以出现在主语前边。

① S + 不一会儿 + VP
我们　不一会儿　就吃完了。

②不一会儿，S(+就) + VP
不一会儿，妈妈　就　洗好衣服了。

69 固定短语：什么的 【二43】

◎ 基本语义及用法

用在一个成分或几个并列的同类成分之后，表示列举未尽。含有较重的口语色彩。
It is used after one element or several elements of the same kind to indicate the list is not exhaustive. It is often used in spoken Chinese.

◎ 典型例句和对话

例句	①考试前多做点儿练习什么的。	②我去超市买了一些水果、面包什么的。	③你要不要喝点儿咖啡、茶什么的？
交际实践	（在教室） A：这些课文和笔记我已经看了很多遍了。 B：考试前多做点儿练习什么的。	（在家） 妈妈：你昨天下午干什么了？ 女儿：我去超市买了一些水果、面包什么的。	（去朋友家做客） 主人：你要不要喝点儿咖啡、茶什么的？ 客人：请给我来一杯茶吧。

◎ **补充例句**

①明天开会的人比较多，请多准备一些桌子、椅子什么的。
②他喜欢打篮球、游泳、爬山什么的。
③今天家里要来客人，你再多买点儿水果什么的。
④这个礼物可以送给你的朋友、家人什么的。
⑤姐姐的桌上到处都是课本、作业本什么的。
⑥他不喜欢学习，就喜欢看电影什么的。

◎ **结构特点**

"什么的"用在列举的物品或事物后边，前面列举的事物可以是一项，也可以是多项。

> A（、B、C……）+ 什么的
> 考试前多做点儿　练习　什么的。
> 姐姐的桌上到处都是　课本、作业本　什么的。
> 他喜欢　打篮球、游泳、爬山　什么的。

💡 **小提示**

在用"……什么的"结构时，列举的事项必须是同类的。例如：

＊他喜欢打篮球、学习、爬山什么的。

他喜欢的体育运动是打篮球、游泳、爬山什么的。

70 固定短语：越来越　【二44】

◎ **基本语义及用法**

表示性质或状态随着时间的推移而变化。
It indicates the quality or state changes with time.

◎ 典型例句和对话

例句	①天气越来越热了。	②我越来越喜欢学习中文。	③你写的字越来越漂亮了。
交际实践	（在办公室） A：天气越来越热了。 B：是的，夏天要来了。	（在学校） A：我越来越喜欢学习中文。 B：我也是。	（在教室） 学生：老师，这是我的作业。 老师：真不错，你写的字越来越漂亮了。

◎ 补充例句

①我说得越来越流利了。
②小树长得越来越高。
③中文越来越受欢迎了。
④她越来越漂亮。
⑤留学生越来越多了。
⑥他的身体越来越好了。

◎ 结构特点

① S + 越来越 + Adj / VP（+ 了）
　天气　越来越　冷　了。
　我　越来越　喜欢学习中文。

② S + V + 得 + 越来越 + Adj（+ 了）
　我　说　得　越来越　流利　了。

💡 小提示

（1）"越来越"后面多为形容词，动词一般为表示心理情感的动词，如喜欢、爱等。
（2）"越来越"后面的形容词不能再受程度副词"很、非常、太"等修饰。例如：
　　＊小树越来越很高。
　　　小树越来越高。

71 固定格式：还是……吧

◎ 基本语义及用法

表示经过比较，有所选择，用"还是……吧"表示所选择的一项。
It indicates the latter is a better choice compared with the former case.

◎ **典型例句和对话**

例句	①打车太贵了，你还是坐地铁吧。	②外边下雨了，我们还是在房间看电视吧。	③快考试了，我们还是好好学习吧。
交际实践	（在家） 妹妹：电影院有点儿远，我想打车去。 哥哥：打车太贵了，你还是坐地铁吧。	（在家） A：我们出去走走吧。 B：外边下雨了，我们还是在房间看电视吧。	（在学校） A：星期天你想去动物园玩儿吗？ B：快考试了，我们还是好好学习吧。

◎ **补充例句**

①果汁卖完了，我们还是喝咖啡吧。

②我们还是去看电影吧，我看不懂京剧。

③现在太晚了，你还是明天再去看他吧。

④我不喜欢吃香蕉，你还是给我苹果吧。

⑤跳舞有点儿难，我还是学唱歌吧。

⑥去国外的飞机票太贵了，我们还是在国内旅游吧。

◎ **结构特点**

①……，S + 还是 + VP + 吧
打车太贵了，你 还是 坐地铁 吧。

②S + 还是 + VP + 吧，……
我们 还是 去看电影 吧，我看不懂京剧。

💡 **小提示**

"还是"一般放在主语后，但如果前后两个分句主语不同，"还是"要放在第二个分句主语的前面。例如：

＊打车太贵了，还是你坐地铁吧。

打车太贵了，你还是坐地铁吧。

我怕说不清楚，还是你来说吧。

72 固定格式：又……又…… 【二 46】

◎ **基本语义及用法**

表示同时具有两种性质或两种情况。
It indicates two qualities or situations exist at the same time.

◎ **典型例句和对话**

例句	①这个饭馆的菜又好吃又便宜。	②这球鞋又贵又不好看。	③她又爱画画儿又爱游泳。
交际实践	（在饭馆） A：你为什么喜欢来这个饭馆？ B：这个饭馆的菜又好吃又便宜。	（在商场） A：你觉得这双球鞋怎么样？ B：这球鞋又贵又不好看。	（在教室） A：你姐姐有什么爱好？ B：她又爱画画儿又爱游泳。

◎ **补充例句**

①这个公园又大又漂亮。
②坐飞机又安全又方便。
③工作了一天，我又饿又渴。
④他长得又高又帅。
⑤你的作业写得又快又好。
⑥她又唱又跳，开心极了。

◎ **结构特点**

出现在"又……又……"格式中的通常是形容词、动词性成分等。

① S + 又 + Adj_1 + 又 + Adj_2
这个饭馆的菜 又 好吃 又 便宜。

② S + 又 + VP_1 + 又 + VP_2
她 又 唱 又 跳，开心极了。
她 又 爱画画儿 又 爱游泳。

💡 **小提示**

（1）"又……又……"中出现的成分多属于同类的性状或动作，且感情色彩相同。"又……又……"中的形容词不能再被程度副词"很"等修饰。例如：

　　*这个饭馆的菜又好吃又贵。

＊这个饭馆的菜又很好吃又很便宜。

这个饭馆的菜又好吃又便宜。

（2）"又……又……"还可以用来表达说话人的主观情感。例如：

这个房间很大，也很干净。（一般陈述）

这个房间又大又干净。（主观情感）

73 固定格式：(在)……以前 / 以后 / 前 / 后　【二47】

◎ **基本语义及用法**

表示早于或晚于某个特定时间发生了某事。早于某个特定的时间点，用"以前"或"前"；晚于某个特定的时间点，用"以后"或"后"。

It indicates something happens before or after a specific time. 以前 or 前 is used when it happens before the specific time, otherwise 以后 or 后 is used.

◎ **典型例句和对话**

例句	①在来中国以前，我只学过一点儿中文。	②吃完午饭以后，我常常会睡一会儿。	③你运动前应该活动一下儿身体。	④我明天下课后就去你那儿。
交际实践	（在教室） A：你的中文说得真不错！ B：哪里哪里，在来中国以前，我只学过一点儿中文。	（在饭店） A：吃完午饭以后，你会做什么？ B：吃完午饭以后，我常常会睡一会儿。	（在体育馆） A：我打算去运动一下儿。 B：你运动前应该活动一下儿身体。	（打电话） A：你明天什么时候来找我？ B：我明天下课后就去你那儿。

◎ **补充例句**

①同学们在下课以前做完了这些练习。

②三年以前，我还是中学生。

③学习中文以后，我喜欢上了中国。

④你吃饭前应该好好洗手。

⑤睡觉前别吃零食。

⑥放学后一起去看电影吗？

◎ **结构特点**

（在+）T / VP + 以前 / 以后 / 前 / 后
在　来中国　以前，我只学过一点儿中文。
三年　以前，我还是中学生。

◎ **小提示**

"以前、以后、前、后"一般放在某一特定时间点后。例如：
* 在中国以前，我只学过一点儿中文。
　在来中国以前，我只学过一点儿中文。
* 我明天后就去你那儿。
　我明天下课后就去你那儿。

74 结果补语1：动词+错/懂/干净/好/会/清楚/完

【二49】

◎ **基本语义及用法**

表示动作的结果。
It indicates the result of an action.

◎ **典型例句和对话**

例句	①我没看懂这个句子。	②衣服我洗干净了。	③你听清楚老师的话了吗？
交际实践	（在教室） 老师：同学们有什么问题吗？ 学生：老师，我没看懂这个句子。	（在家） 孩子：衣服我洗干净了。 妈妈：会自己洗衣服了，真的长大了。	（在教室） A：你听清楚老师的话了吗？ B：我听清楚了。

◎ 补充例句

①你写错了两个汉字。
②我们准备好了。
③你学会这道题了没有？
④我学会游泳了。
⑤今天的练习做没做完？
⑥他吃完早饭了。

◎ 结构特点

结果补语用于动词后，一般由单个的形容词或动词充当，如"对、错、好、干净、清楚、懂、会、完"等。

①肯定形式：
S + V + 结果补语（+ O）
我 洗 干净 衣服 了。
我 走 累 了。
他 吃 完 早饭 了。

②否定形式：
S + 没 + V + 结果补语（+ O）
他 没 吃 完 饭。

③正反疑问形式：
a. S + V + 没 + V + 结果补语（+ O）？
今天的练习 做 没 做 对？
b. S + V + 结果补语（+ O）（+ 了）+ 没有？
你 学 会 这道题 了 没有？

💡 小提示

（1）动词和结果补语之间结合得很紧密，中间不能插入其他成分。例如：

＊我走了累。
我走累了。
＊他吃早饭完了。
他吃完早饭了。

（2）"动词 + 结果补语"的肯定形式后边可以出现动态助词"了[1]"，句末可以出现语气助词"了[2]"；但否定形式后边不能出现动态助词"了[1]"，句末也不能出现语气助词"了[2]"。例如：

＊他没吃完早饭了。
他没吃完早饭。
他吃完早饭了。

75 趋向补语1（简单趋向补语的趋向意义用法）：动词＋来/去；动词＋上/下/进/出/起/过/回/开

【二 50】

◎ **基本语义及用法**

趋向动词表示动作使人或物移动的方向。由"来、去、上、下、进、出、起、过、回、开"等单音节趋向动词充当的补语，我们称之为简单趋向补语。

Directional verbs indicate the direction towards which an action makes a person or object move. A monosyllabic directional verb like 来, 去, 上, 下, 进, 出, 起, 过, 回 or 开, etc., when acting as a complement, is called a simple directional complement.

（1）"来、去"作趋向补语的意义："来"表示通过动作使人或物朝着说话人的位置移动，如"向我走来"；"去"表示通过动作使人或物朝着背离说话人的位置移动，如"给他拿去"。

来/去 as a directional complement: 来 means the action makes the person or object move towards the speaker, e.g. 向我走来 (walking towards me); 去 means the action makes the person or object move away from the speaker, e.g. 给他拿去 (take [it] to him).

（2）"上、下"作趋向补语的意义："上"表示通过动作使人或物由低的位置向高的位置移动，如"走上二楼"；"下"表示通过动作使人或物由高的位置向低的位置移动，如"从车上拿下东西"。

上/下 as a directional complement: 上 means the action makes the person or object move from a lower position to a higher one, e.g. 走上二楼 (walk up to the second floor); 下 means the action makes the person or object move from a higher position to a lower one, e.g. 从车上拿下东西 (get stuff off the car).

（3）"进、出"作趋向补语的意义："进"表示通过动作使人或物进入某个空间或范围，如"走进房间"；"出"表示通过动作使人或物离开某个空间或范围，如"走出房间"。

进/出 as a directional complement: 进 means the action makes the person or object enter a closed space or domain, e.g. 走进房间 (walk into the room); 出 means the action makes the person or object leave a closed space or domain, e.g. 走出房间 (walk out of the room).

（4）"起"作趋向补语的意义：表示通过动作使人或物离开某个水平面，由低的位置向高的位置移动。"起"与"上"都表示使人或物由低向高移动，不同之处在于："上"有移动的终点，后边会有处所词语；"起"没有这个要求。如："爬上十九楼""拿起书包走了"。

起 as a directional complement: It means the action makes the person or object leave a certain surface and move from a lower position to a higher one. Both 起 and 上 indicate a person or object's upward movement, yet 上 has a terminal of movement, followed by a word of location, while 起 has no such requirement. For example, 爬上十九楼 (climb up to the 19th floor), 拿起书包走了 (took the schoolbag and went away).

（5）"过"作趋向补语的意义："过"表示随着动作，人或物经过或通过某个地方，如"走过马路""飞过大海"。

过 as a directional complement: It means the person or object passes by or through a place as the action goes on, e.g. 走过马路 (walk across the road), 飞过大海 (fly across the sea).

（6）"回"作趋向补语的意义："回"表示通过动作使人或物回到原来的位置，如"拿回房间""走回家"。

回 as a directional complement: It means the action makes the person or object return to the original position, e.g. 拿回房间 (take [it] back to the room), 走回家 (walk home).

（7）"开"作趋向补语的意义："开"表示通过动作使人或物脱离接触，如"打开书包"。

开 as a directional complement: It means the action makes the person or object open, e.g. 打开书包 (open the schoolbag).

◎ **典型例句和对话**

例句	①你给他带去吧。	②你爬上十九楼了没有？	③车开进学校了，我们快过去吧。
交际实践	（在家） A：李明不在学校，这件礼物怎么给他？ B：你家离他家不远，你给他带去吧。	（在大楼前） 游客A：你爬上十九楼了没有？ 游客B：我没爬上十九楼，到十楼就不行了。	（在楼上） A：车开进学校了，我们快过去吧。 B：等一下儿，我马上就来。

◎ **补充例句**

①词典明天给你拿来。
②你看，他向书店走去了。
③妈妈走上二楼，从包里拿出一封信。
④老师走进教室了没有？
⑤电脑他没放回房间。
⑥你打开包给我看看。

◎ **结构特点**

简单趋向补语一般用在动词后边。

① 肯定形式：
S + V + 趋向补语（+ O）
车 开 进 学校 了。

② 否定形式：
S + 没 + V + 趋向补语（+ O）
我 没 爬 上 十九楼。

③ 正反疑问形式：
a. S + V + 没 + V + 趋向补语（+ O）?
你 爬 没 爬 上 十九楼?
b. S + V + 趋向补语（+ O）+ 了 + 没有?
你 爬 上 十九楼 了 没有?

小提示

（1）如果谓语动词表示已经实现的动作，宾语一般在"来、去"的后边。例如：
昨天他带来了一个相机。
如果谓语动词表示没有实现的动作，宾语一般在"来、去"的前边。例如：
明天我带一个相机来。

（2）除了"来、去"，其他简单趋向补语跟动词之间不能插入任何成分。例如：
＊我爬了上十九楼。
＊我爬十九楼上了。
我爬上了十九楼。

76 状态补语1：动词 + 得 + 形容词性词语

◎ **基本语义及用法**

状态补语表示对已经发生或正在发生的动作状态进行的描写和评价。

A state complement describes and comments on the state of an action that has already happened or is going on.

◎ **典型例句和对话**

例句	①她跑得很快。	②我们玩儿得很高兴。	③你们昨天休息得好不好?
交际实践	(在操场) A：小雨跑得快吗? B：她跑得很快。	(在房间) A：听说你们去长城了，玩儿得怎么样? B：我们玩儿得很高兴。	(在教室) 老师：你们昨天休息得好不好? 学生：我们休息得挺好的。

◎ **补充例句**

①老师说得非常慢。
②我吃得挺饱的。
③他们说得不流利。
④这些衣服洗得干干净净的。
⑤你的手洗得干净不干净?
⑥同学们考得怎么样?

◎ **结构特点**

状态补语一般用在动词后边，动词和状态补语中间有结构助词"得"。充当状态补语的可以是单个形容词，但一般是形容词性短语。

①肯定形式：
S + V + 得 + AP
你们 做 得 不错。
老师 说 得 非常慢。
②否定形式：
S + V + 得 + 不 + Adj
我 走 得 不 快。

③正反疑问形式：
S + V + 得 + Adj + 不 + Adj？
你们 休息 得 好 不 好?
你的手 洗 得 干净 不 干净?
④特殊疑问形式：
S + V + 得 + 怎么样?
同学们 考 得 怎么样?

💡 **小提示**

（1）"动词 + 得 + 状态补语"后边不能带宾语。例如：
　　*我洗得很干净这件衣服。
　　这件衣服洗得很干净。

（2）由单个形容词充当的状态补语一般只用于疑问形式或用于口头表扬、喝彩。例如：

小雨跑得快吗？
你做得对。
说得好！

77 数量补语1：动词+动量补语 【二52】

◎ 基本语义及用法

表示动作或行为发生的次数。
It indicates the number of times that an action or behavior happens.

◎ 典型例句和对话

例句	①我去过一次。	②我们休息一下儿。	③我看了两遍了。
交际实践	（在教室） A：你去过长城吗？ B：我去过一次。	（在体育馆） A：打球太累了。 B：我们休息一下儿。	（在书店） A：这本书很有意思，你看过吗？ B：看过，我看了两遍了。

◎ 补充例句

①你等一下儿，他马上回来。
②我们在这里坐一下儿。
③这些汉字写三遍。
④他参加过两次。
⑤他们来过两回。
⑥那件衣服只穿过一次。

◎ 结构特点

动量补语由"数词+动量词"充当，常用的动量词参见"附录"。动量补语一般用于动词后，动词和动量补语之间可以用动态助词"了¹、过"。

S + V + 动量补语
我们 休息 一下儿。
我 去过 两次。
这些汉字 写 三遍。

💡 小提示

（1）动宾短语后边不能直接带动量补语。例如：

＊你们要写汉字三遍。

这里的"汉字"应该放到动词的前边。例如：

汉字你们要写三遍。

你们汉字要写三遍。

或者用别的结构表达，参见第337页三级"80. 数量补语3（动词＋动量补语）：宾语和动量补语共现"。

（2）带动量补语的句子，一般很少用否定式。如需否定，可以在动词前用"没"或"不是"否定。例如：

我只去过一次，没去过两次。

这本书我不是看了两遍，是看了三遍。

78 数量补语2：形容词＋数量补语 【二53】

◎ 基本语义及用法

形容词后的数量补语常用于比较，表示比较项在某种性质、状态、程度上的差别。

A quantity complement following an adjective is usually used for comparison, indicating the difference between the items compared in terms of the quality, state or degree.

◎ 典型例句和对话

例句	①我比弟弟大两岁。	②昨天很热，今天凉快一点儿。	③她的中文比我流利一些。
交际实践	（看照片） A：这是你哥哥还是你弟弟？ B：这是我弟弟，我比弟弟大两岁。	（打电话） 妈妈：北京这几天天气怎么样？ 孩子：昨天很热，今天凉快一点儿。	（在出租车上） A：你们的中文说得真不错！ B：她的中文比我流利一些。

◎ 补充例句

①前几天很冷，今天暖和一些了。

②他以前身体不太好，现在好一点儿了。

③他的成绩比我高五分。
④我比他重一公斤。
⑤这条路比那条路远一点儿。
⑥这种面包比那种好吃多了。

◎ 结构特点

形容词后的数量补语一般由数量短语和表示数量的"一点儿、一些、多"充当。"形容词+数量补语"一般用于比较句，或者前边有对照的句子。

① A + 比 + B + Adj + 数量补语
我 比 弟弟 大 两岁。
她的中文 比 我 流利 一些。
这种面包 比 那种 好吃 多 了。

②（……，）S + Adj + 数量补语
他以前身体不太好，现在 好 一点儿 了。
前几天很冷，今天 暖和 一些 了。

◎ 小提示

数量补语不能放在形容词前。例如：
*我两岁比弟弟大。
*我比弟弟两岁大。
　我比弟弟大两岁。

79 主谓句3：名词谓语句 【二54】

◎ 基本语义及用法

由名词或名词性短语直接作谓语的句子，通常表示天气、年龄、籍贯、时间、数量、价钱等等。

It is a sentence whose predicate is a noun or noun phrase, usually indicating weather, age, native place, time, quantity, price, etc.

◎ 典型例句和对话

例句	①明天阴天。	②他中国人。	③现在八点二十分。
交际实践	（在家） A：明天的天气怎么样？ B：明天阴天。	（在教室） A：他哪国人？ B：他中国人。	（在办公室） A：现在几点？ B：现在八点二十分。

◎ 补充例句

①明天晴天吗?
②她二十岁。
③后天他生日。
④北边图书馆,南边医院。
⑤今天星期天。
⑥这本书十块钱。

◎ 结构特点

①肯定形式:
S + NP
他 中国人。
明天 阴天。

②否定形式:
S + 不是 + NP
他 不是 中国人。

③正反疑问形式:
S + 是不是 + NP?
他 是不是 中国人?

 小提示

名词谓语句描写主语的状况、特征、属性时,中间一般不用"是"。例如:

*她是二十岁。

她二十岁。

这女孩儿大大的眼睛,高高的个子。

80 "有"字句2(1):表示评价、达到 〔二 55〕

◎ 基本语义及用法

由动词"有"充当谓语核心的句子,可以表示评价、达到。
It is a sentence where 有 is the core of the predicate, indicating evaluation or attainment.

◎ 典型例句和对话

例句	①他有一米八高。	②他有三十多岁。	③从我家到学校只有两公里。
交际实践	(在体育馆) A:你哥哥有多高? B:他有一米八高。	(在教学楼) A:你知道张老师多大吗? B:他有三十多岁。	(在学校) A:你家离学校远不远? B:不远。从我家到学校只有两公里。

◎ **补充例句**

①她有一米七。
②他没有五十岁。
③那头猪有两百斤。
④这瓶酒有五百块。
⑤那条路有三百米长。
⑥从北京到天津没有二百五十公里。

◎ **结构特点**

①肯定形式：
S+有+NumP（+Adj）
他　有　一米八（高）。
他　有　三十多岁。

②否定形式：
S+没有+NumP（+Adj）
他　没有　一米八（高）。
他　没有　三十多岁。

③正反疑问形式：
S+有+没有+NumP（+Adj）？
他　有　没有　一米八（高）？
他　有　没有　三十多岁？

81 "有"字句2（2）：表示比较　　【二55】

参见第196页"87.比较句2（4）：A有B（+这么/那么）+形容词"。

82 存现句1：表示存在　　【二56】

（1）"处所+有+数量短语+名词"参见第78页一级"67.'有'字句1（2）：表示存在"。

（2）"处所+动词+着（+数量短语）+名词"。

◎ **基本语义及用法**

表示在某个处所，某人或某事物以某种状态存在。
It indicates someone or something exists in a certain state somewhere.

◎ **典型例句和对话**

例句	①桌子上放着一本词典。	②教室前边站着一位老师。	③桌子上放着书、笔和本子。
交际实践	(在家) A：你看，桌子上放着一本词典。 B：那是我昨天在书店买的中文词典。	(在教学楼) A：教室里有人吗？ B：有人，教室前边站着一位老师。	(在教室) A：小王坐哪儿？ B：前面第一排，桌子上放着书、笔和本子。

◎ **补充例句**

①床上放着几件衣服。
②办公室里坐着一位老师。
③你看，床上睡着一个人。
④纸上写着几个字。
⑤外边停着两辆车。
⑥黑板上画着一张地图。

◎ **结构特点**

> L + V + 着 + NumP + N
> 桌子上　放　着　一本　词典。

💡 **小提示**

这类存现句的谓语动词后一般都是存在的人或事物，对听话人来说是未知的新信息。例如：

他走进门，看到桌子上放着一本词典。

你看，床上睡着一个人。

83 连动句1：表示前后动作先后发生 【二 57】

◎ **基本语义及用法**

由两个或两个以上的动词或动词性短语充当谓语的句子，表示主语先后发生两个或多个动作行为。

It is a sentence whose predicate consists of two or more verbs or verb phrases, indicating the subject performs two or more actions in sequence.

◎ **典型例句和对话**

例句	①他开门出去了。	②我们吃完饭去图书馆吧。	③他去商店买水果了。
交际实践	（在办公室） A：小王在办公室吗？ B：不在，他开门出去了。	（在学校） A：吃完饭打算干什么？ B：我们吃完饭去图书馆吧。	（在家） 妈妈：你爸爸干什么去了？ 儿子：他去商店买水果了。

◎ **补充例句**

①我们去教室上课。
②她明天来医院看你。
③你进来打电话吧。
④他回家吃饭。
⑤下午哥哥去医院看病。
⑥她去图书馆借了一本书。

◎ **结构特点**

> $S + VP_1 + VP_2$
> 她　明天　来医院　看你。

💡 **小提示**

（1）连动句中的多个动词性成分的顺序一般不能颠倒。例如：
　　＊他们旅行去中国。
　　他们去中国旅行。
（2）动态助词要用在最后一个动词后边。例如：
　　＊她去了图书馆借一本书。
　　她去图书馆借了一本书。

84 比较句 2（1）：A 比 B + 形容词 + 数量补语　【二58】

◎ **基本语义及用法**

在"比"字句谓语形容词的后面加上数量短语，指出 A 和 B 的具体差异。

A quantity phrase is added after the adjectival predicate in a 比 sentence to specify the difference between A and B.

◎ **典型例句和对话**

例句	①姐姐比我大两岁。	②房间外边比里边凉快一些。	③这件衣服比那件衣服贵180元。
交际实践	（看照片） A：你姐姐比你大多少？ B：姐姐比我大两岁。	（在家） 儿子：今天好热！ 妈妈：出去走走吧，房间外边比里边凉快一些。	（在商店） 顾客：请问，这两件衣服哪件更贵？ 店员：这件衣服比那件衣服贵180元。

◎ **补充例句**

①这条路比那条路长一千米。
②我妈妈比我重三公斤。
③这些水果比那些贵五块。
④图书馆里比教室里安静一些。
⑤这本书比那本书便宜六元。
⑥他到机场比我们早十分钟。

◎ **结构特点**

> A + 比 + B + Adj + 数量补语
> 房间外边　比　里边　凉快　一些。
> 姐姐　比　我　大　两岁。

 小提示

该句型中数量补语的位置在形容词后，不能出现在形容词前。例如：

＊姐姐比我三岁大。

姐姐比我大三岁。

85 比较句2（2）：A 比 B + 更 / 还 + 形容词 【二58】

◎ **基本语义及用法**

A 和 B 都达到了比较高的程度，同时 A 比 B 高。
Both A and B have achieved a high degree, and the degree of A is higher than that of B.

◎ **典型例句和对话**

例句	①他的手机比我的更贵。	②今天比昨天还凉快。	③飞机比火车更方便。
交际实践	（在教室） A：你们昨天新买的手机一样贵吧？ B：他的手机比我的更贵。	（在学校） A：昨天下雨了，今天气温正合适。 B：今天比昨天还凉快。	（在办公室） A：你坐飞机去北京吗？ B：是的，飞机比火车更方便。

◎ **补充例句**

①她的分数比我的还高。
②这个手机比那个更便宜。
③今天的练习比考试更难。
④他的中文比我还流利。
⑤她的小狗比我的还可爱。
⑥这道题比那道还简单。

◎ **结构特点**

> A + 比 + B + 更/还 + Adj
> 他的手机　比　我的　更　贵。
> 今天　比　昨天　还　凉快。

◎ **小提示**

"更/还+形容词"不能出现在"比"的前面，只能出现在"比"的后面。例如：
＊他的手机更/还贵比我的。
　他的手机比我的更/还贵。

86　比较句2（3）：A 不如 B（+ 形容词）　【二58】

◎ **基本语义及用法**

表示前面提到的人或事物比不上后面所说的。
It indicates the person / thing mentioned before is inferior to that mentioned later.

◎ **典型例句和对话**

例句	①我的中文成绩不如班长。	②火车不如飞机快。	③这篇课文不如那篇课文有意思。
交际实践	（在教室） A：你和班长谁的中文成绩好？ B：我的中文成绩不如班长。	（在公司） 经理：会议明天早上8点在上海举行，坐火车能赶上吗？ 员工：火车不如飞机快，我今晚就出发。	（在学校） A：这篇课文不如那篇课文有意思。 B：是啊，还有好多生词。

◎ **补充例句**

①那件衣服不如这件合适。
②这个手机不如那个便宜。
③哥哥不如弟弟认真。
④坐汽车不如坐火车安全。
⑤这家店不如那家有名。
⑥昨天不如今天凉快。

◎ **结构特点**

> A + 不如 + B + Adj
> 火车　不如　飞机　快。

◎ **小提示**

"不如"句的形容词一般是说话人希望的、意义比较积极的词语，如"高、大、长、多、好、快、便宜"等，不能是消极、意思不好的词语。例如：

＊飞机不如火车慢。——火车不如飞机快。
＊哥哥成绩不如弟弟差。——弟弟成绩不如哥哥好。

87 比较句2（4）：A 有 B（+这么/那么）+ 形容词【二58】

◎ **基本语义及用法**

表示 A 在性状、程度上与 B 一致，差别不大。
It indicates A is about the same as B in trait or degree.

◎ 典型例句和对话

例句	①你哥哥有你高吗?	②她家的院子有球场那么大。	③你妹妹的中文有你这么流利吗?
交际实践	（在学校） A：你哥哥有你高吗? B：我哥哥比我还高。	（在办公室） A：大家都说这个女孩儿的家里很有钱。 B：没错，听说她家的院子有球场那么大。	（下课后） A：你妹妹的中文有你这么流利吗? B：我妹妹刚刚开始学中文，说得不太好。

◎ 补充例句

①这本书有那本好看吗?
②中餐有西餐这么好吃吗?
③房间里开了灯有白天那么亮。
④教室没有图书馆那么安静。
⑤今天外面有冬天那么冷。
⑥这次考试没有上次难。

◎ 结构特点

①肯定形式：
A + 有 + B（+ 这么 / 那么）+ Adj
她家的院子 有 球场 那么 大。

②否定形式：
A + 没有 + B（+ 这么 / 那么）+ Adj
教室 没有 图书馆 那么 安静。
这本书 没有 那本书 好看。

💡 小提示

表示比较的"有"字句多用否定形式和疑问形式。例如：
教室没有图书馆那么安静。
你有哥哥高吗?

88 比较句 3（1）：A 跟 / 和 B 一样 / 相同 【二59】

◎ 基本语义及用法

用来表示在爱好、心理活动、能力等方面，A 与 B 相同。
It indicates A and B are the same in such aspects as hobbies, mental activities, abilities, etc.

◎ 典型例句和对话

例句	①我的爱好跟姐姐一样。	②他的想法跟我相同。	③哥哥的手机和我的不一样。
交际实践	（在体育馆） A：你姐姐篮球打得真好！你也爱好打篮球吗？ B：我的爱好跟姐姐一样。	（在办公室） 经理：你同意小王的意见吗？ 员工：完全同意，他的想法跟我相同。	（在家） 妈妈：你哥哥怎么又没带手机？ 弟弟：这是我的，哥哥的手机和我的不一样。

◎ 补充例句

①我跟她一样，都是这个学校的学生。
②他住的地方跟我一样。
③新同学的姓跟我相同，都姓李。
④这个包的颜色跟那个不一样。
⑤这件衣服的颜色跟那件一样吗？
⑥你的书和他的相同吗？

◎ 结构特点

①肯定形式：
　A+跟/和+B+一样/相同
　我的爱好　跟　姐姐　一样。
　他的想法　和　我　相同。

②否定形式：
　A+跟/和+B+不一样/不同
　我的爱好　跟　姐姐　不一样。
　他的想法　和　我　不同。

③正反疑问形式：
　A+跟/和+B+一样/相同+不一样/不相同？
　他的想法　和　我　一样　不一样？
　他的想法　跟　我　相同　不相同？

89 比较句3（2）：A 跟/和 B 一样 + 形容词　【二59】

◎ 基本语义及用法

表示 A 和 B 在某方面程度相同。

It indicates A and B are of the same degree in a certain aspect.

◎ **典型例句和对话**

例句	①姐姐跟妹妹一样可爱。	②哥哥和弟弟不一样高。	③这次考试跟上次一样难。
交际实践	（在学校） A：你们喜欢姐姐还是妹妹？ B：**姐姐跟妹妹一样可爱**，大家都很喜欢她们。	（在家） 客人：你的大儿子也和小儿子一样高吗？ 妈妈：**哥哥和弟弟不一样高**，差好多呢。	（在教室门口） A：**这次考试跟上次一样难**。 B：是的，我好多题都不会做。

◎ **补充例句**

①他的球鞋跟我的一样好看。
②这个包跟那个包一样大。
③中餐跟西餐一样好吃。
④地铁和公交车一样方便。
⑤这个电影和那个一样有意思。
⑥这些水果和那些不一样重。

◎ **结构特点**

①肯定形式：
　A＋跟/和＋B＋一样＋Adj
　姐姐　跟　妹妹　一样　可爱。
②否定形式：
　A＋跟/和＋B＋不＋一样＋Adj
　哥哥　和　弟弟　不　一样　高。

③正反疑问形式：
　A＋跟/和＋B＋一样＋不一样＋Adj？
　哥哥　和　弟弟　一样　不一样　高？

💡 **小提示**

（1）"A跟/和B一样＋形容词"结构中的"一样"不能换成"相同"。例如：
　　＊姐姐跟妹妹相同可爱。
　　姐姐跟妹妹一样可爱。
（2）这个结构中的形容词不能受程度副词修饰。例如：
　　＊姐姐和妹妹一样很可爱。
　　姐姐和妹妹一样可爱。

90 "是……的"句1：强调时间、地点、方式、动作者等

【二60】

◎ **基本语义及用法**

强调已经发生的事或完成动作的时间、地点、方式、动作者等。

It emphasizes the time, place, manner, agent, etc. of an action that has already happened or been completed.

◎ **典型例句和对话**

例句	①我是昨天到北京的。	②他是在网上买的手机。	③这件事是老师告诉我的。
交际实践	（在马路上） A：好久没见了，你什么时候来北京的？ B：我是昨天到北京的。	（在办公室） A：他的新手机是在商店里买的吗？ B：不是，他是在网上买的手机。	（在学校） A：你知道这件事了？谁告诉你的？ B：这件事是老师告诉我的。

◎ **补充例句**

①这本书是昨天借的。
②这银行卡是在包里找到的。
③我们是坐飞机来的。
④他是骑自行车去的。
⑤今天的晚饭是爸爸做的。
⑥这个问题是经理提的。

◎ **结构特点**

强调的时间、地点、方式、动作者等要放在"是……的"中。"是"可以省略，"的"不能省略。"的"一般出现在句尾，也可以出现在动词和宾语的中间。

① S(+是)+时间/地点/方式/动作者等+VP+的
　我　是　昨天　到北京　的。（强调时间"昨天"）
　他　（是）在网上　买　的。（强调地点"在网上"）
　我们（是）坐飞机　来　的。（强调方式"坐飞机"）
　这件事　是　老师　告诉我　的。（强调动作者"老师"）

② S（+是）+时间/地点/方式/动作者等+V+的+O
他 是 在网上 买 的 手机。
我 昨天 到 的 北京。

💡 **小提示**

"是……的"句和谓语带"了"的句子都表示过去已经发生的动作，但两者的意义不同。例如：

他昨天来了。（对听话人来说，"昨天来了"是新信息）

他是昨天来的。（对听话人来说，"他来了"是已知信息，但"昨天"是新信息，说话人要强调"来"的时间）

91 双宾语句（1）：主语+动词+宾语1+宾语2 【二61】

◎ **基本语义及用法**

双宾语句是句中谓语动词带着两个宾语的句子。间接宾语一般指人，直接宾语一般指事物。双宾语句中的动词（"教、给、送、借、还、找、问、告诉、通知、称、叫"等）多具有"给予、取得、等同"等语义。

A double-object sentence is the one in which the predicate takes two objects. The indirect object is usually a person, and the direct object is usually an object. The verb in a double-object sentence, such as 教 (teach), 给 (give), 送 (give as a gift), 借 (lend), 还 (return), 找 (give [change]), 问 (ask), 告诉 (tell), 通知 (notify), 称 (call [sb. sth.]), 叫 (call [sb. sth.]), etc., usually has the meanings of "giving", "obtaining" or "being equivalent".

◎ **典型例句和对话**

例句	①我给妹妹一本书。	②爸爸送我一辆汽车。	③李老师教我们中文。
交际实践	（在家） 妈妈：你送妹妹的生日礼物是什么？ 儿子：我给妹妹一本书。	（在公司） A：昨天是我的生日，爸爸送我一辆汽车。 B：那你以后上班就方便了！	（在学校） A：谁教你们中文？ B：李老师教我们中文。

◎ 补充例句

①我送他一支笔。
②哥哥还我一张门票。
③我想问你一个问题。
④我给妈妈一个礼物。
⑤老师告诉我考试成绩。
⑥经理通知我们开会时间。

◎ 结构特点

O_1 是间接宾语，指人；O_2 是直接宾语，指事物。

$S + V + O_1 + O_2$
我　给　妹妹　一本书。

💡 小提示

（1）直接宾语（宾语2）前面通常要加上数量短语。例如：
　　＊我给妹妹书。
　　我给妹妹一本书。
（2）间接宾语（宾语1）和直接宾语（宾语2）一前一后，两个宾语前后位置不能互换，间接宾语在前，直接宾语在后。例如：
　　＊我爸爸送一辆汽车我。
　　我爸爸送我一辆汽车。

92 双宾语句（2）：主语 + 动词 + 给 + 宾语1 + 宾语2

【二61】

◎ 基本语义及用法

这类双宾语句中的动词多为单音节动词（如"借、送、还、发、卖、让、租、交"等），具有"给予"义，后接"给"形成"单音节动词 + 给 + 双宾语"结构。
The verb in a double-object sentence is usually monosyllabic, e.g. 借 (lend), 送 (give as a gift), 还 (return), 发 (send), 卖 (sell), 让 (give way), 租 (rent), 交 (hand over), etc., often having the meaning of "giving". It is followed by 给 to form the "monosyllabic verb + 给 + double objects" construction.

◎ 典型例句和对话

例句	①朋友借给我一千块钱。	②姐姐送给我一个手机。	③我让给老人一个座位。
交际实践	（在办公室） A：交了学费以后，你租房子的钱不够了吧？ B：还好，朋友借给我一千块钱，我下个月还他。	（在教室） A：昨天你姐姐送了什么礼物给你？ B：姐姐送给我一个手机。	（在教室） A：今天公交车上人多吗？ B：多，我还让给老人一个座位。

◎ 补充例句

①她让给我一次机会。
②他卖给我一辆自行车。
③她租给我一间房。
④朋友还给我三百块钱。
⑤妹妹分给我几个饺子。
⑥同事发给我上次旅行的照片。

◎ 结构特点

O_1是间接宾语，指人；O_2是直接宾语，指事物。

S + V + 给 + O_1 + O_2
姐姐　送　给　我　一个手机。

💡 小提示

（1）在这个结构中，"给"前面的动词一般为单音节动词（如"借、送、还、发、卖、让、租、交"等）。例如：

　　我让给老人一个座位。
　　她租给我一间房。

（2）直接宾语前面通常要加上数量短语。例如：

　　＊朋友借给我钱。
　　　朋友借给我一千块钱。
　　＊姐姐送给我手机。
　　　姐姐送给我一个手机。

93 承接复句（1）：不用关联词语 【二62】

◎ **基本语义及用法**

由两个或多个分句构成，各个分句按时间先后顺序叙述几件连续发生的事情，或按一定的顺序叙述几个相关联的事情。

It is composed of two or more clauses, which narrate several successive events in time order or express several related meanings in a certain order.

◎ **典型例句和对话**

例句	①吃了晚饭，我们出去走走。	②他回房间拿了衣服，去教室上课了。	③他刚离开公司，去车站坐车了。
交际实践	（在家） 女儿：吃完晚饭我们干什么？ 爸爸：吃了晚饭，我们出去走走。	（在家） 妈妈：儿子今天下午回来过吗？ 爸爸：他回房间拿了衣服，去教室上课了。	（在办公室） A：王经理呢？ B：他刚离开公司，去车站坐车了。

◎ **补充例句**

①上完网球课，我回家洗了个澡。
②病人吃了午饭，下午感觉有些难受。
③他收到短信，去银行取钱了。
④你先去，我们马上来。
⑤她在门外和我说了几句话，打车走了。
⑥他拿了瓶牛奶，交了钱离开了。

◎ **结构特点**

两个分句可以是同一个主语，也可以是两个不同的主语。

① $S + P_1, P_2$
他　回房间拿了衣服，去教室上课了。

② $P_1, S + P_2$
吃了晚饭，我们　出去走走。

③ $S_1 + P_1, S_2 + P_2$
你　先去，我们　马上来。

小提示

（1）承接复句中的几个分句必须按照先后顺序排列，前后语义相承接，顺序不能前后颠倒。例如：

*我们出去走走，吃了晚饭。

吃了晚饭，我们出去走走。

（2）在承接复句中，如果前后两个分句的主语是相同的，只需要出现一次。例如：

*我们吃了晚饭，我们出去走走。

吃了晚饭，我们出去走走。

我们吃了晚饭，出去走走。

94 承接复句（2）：用关联词语：先……，再/然后……

【二 62】

◎ 基本语义及用法

两个分句由"先、再/然后"连接，用分句的排列顺序来表示动作或情况的先后顺序，表示主语按照时间顺序先后进行两个动作行为，两个动作行为相承接。

The two clauses are connected by 先 and 再/然后, their order indicating the order in which the actions or situations take place. It means the subject performs two actions one after the other in time order.

◎ 典型例句和对话

例句	①你先去超市买东西，再回家。	②我先去吃午饭，然后回房间休息。	③我先做作业，然后去打球。
交际实践	（在家） 妈妈：今天下班以后，你先去超市买东西，再回家。 爸爸：好的，还需要什么你提前打电话。	（在酒店） 服务员：先生，你现在要回房间吗？ 客人：我先去吃午饭，然后回房间休息。	（在学校） A：你下午准备干什么？ B：我先做作业，然后去打球。

◎ **补充例句**

①你先去买门票,再来这里找我。
②我打算先吃饭,再去商店买东西。
③你应该先办护照,再买机票。
④你先说,然后我再说。
⑤我们先坐飞机,然后坐火车。
⑥我先去看一下儿,然后你们再过来。

◎ **结构特点**

两个分句可以是同一个主语,也可以是两个不同的主语。

① S + 先 + P_1,再/然后 + P_2
我们 先 坐飞机,再/然后 坐火车。

② S_1 + 先 + P_1,然后 + S_2 + 再 + P_2
我 先 去看一下儿,然后 你们 再 过来。

💡 **小提示**

(1)前后分句的位置不能随意调换。

(2)前后两个分句的主语相同时,第二个分句的主语可以省略。例如:
　　*我们先坐飞机,我们然后坐火车。
　　我们先坐飞机,然后坐火车。

(3)前后分句的主语不同时,"先"应放在主语1后面,"然后"应放在主语2前面。例如:
　　*先你说,再我然后说。
　　你先说,然后我再说。

95 递进复句(1):不用关联词语 【二63】

◎ **基本语义及用法**

　　一般由两个分句构成,后一个分句所表述的内容比前一个分句在某些方面意思更进一层。

It is usually composed of two clauses, the latter expressing a further meaning than the former.

◎ 典型例句和对话

例句	①那个地方我去过了，去过两次了。	②他弟弟会说中文，说得很流利。	③明天气温很低，可能会下雪。
交际实践	（在饭馆） A：那个地方我去过了，去过两次了。 B：那么有名的体育馆，有机会我也去参观一下儿。	（在学校） A：他弟弟会说中文吗？ B：他弟弟会说中文，说得很流利。	（在家） A：我们明天去爬山，怎么样？ B：明天气温很低，可能会下雪。我们别出门了。

◎ 补充例句

①我认识他，知道他的很多故事。
②她会画画儿，画得很好。
③他们的关系很好，像家人一样。
④外面下雨了，下得很大。
⑤我学过中文，能用中文写信。
⑥他上课常常迟到，有时不交作业。

◎ 结构特点

两个分句可以是同一个主语，也可以是两个不同的主语。

① $S + P_1，P_2$
　他　会说中文，说得很流利。

② $S_1 + P_1，S_2 + P_2$
　天　黑了，外面　下着雨，你明天再去吧。

💡 小提示

（1）递进复句中，后一个分句的意义必须在某个方面比前一个分句的意义或程度更进一层，二者的语义关系不能颠倒。例如：

　＊他说得很流利，会说中文。
　　他会说中文，说得很流利。

（2）在递进复句中，如果前后两个分句的主语是相同的，那么第二个分句的主语可以省略，二者不必重复出现。例如：

＊他会说中文，他说得很流利。

他会说中文，说得很流利。

96 递进复句（2）：用关联词语：……，更/还……【二63】

◎ 基本语义及用法

递进复句中的后一分句可以用关联副词"更、还"表达进一层的意义。
The latter clause in a progressive complex sentence can express a further meaning using the connective adverb 更/还.

◎ 典型例句和对话

例句	①昨天很冷，今天更冷了。	②班长学习很好，还经常帮助同学。	③他是我们的老师，更是我们的朋友。
交际实践	（打电话） 妈妈：你那里的天气怎么样？ 女儿：昨天很冷，今天更冷了。	（在图书馆） A：你们班长学习怎么样？ B：班长学习很好，还经常帮助同学。	（在教室） A：你们为什么喜欢张老师？ B：他是我们的老师，更是我们的朋友。

◎ 补充例句

①孩子们要有好的学习成绩，更要有好的学习习惯。
②别人没做，我们更应该去做。
③我们不能只想自己，更应该想到别人。
④我们要学习好，还要身体好。
⑤这件大衣样子不错，还很便宜。
⑥要努力工作，还要懂得休息。

◎ 结构特点

两个分句可以是同一个主语，也可以是两个不同的主语。

① $S + P_1$，更/还 $+ P_2$
班长 学习很认真，还 经常帮助同学。

② $S_1 + P_1$，$S_2 +$ 更/还 $+ P_2$
昨天 很冷，今天 更 冷了。

💡 **小提示**

两个分句的主语如果不同，第二个分句的主语不能省略，且要位于"更、还"的前面。例如：

* 昨天很冷，更今天冷了。

昨天很冷，今天更冷了。

97 递进复句（3）：用关联词语：不但……，而且……

【二 63】

◎ 基本语义及用法

递进复句中，前后两个分句可以用"不但……，而且……"表达进一层的意义。

The two clauses in a progressive complex sentence can express a further meaning using "不但……，而且……".

◎ 典型例句和对话

例句	①她不但会说中文，而且说得很好。	②不但他不喜欢这个电影，而且我也不喜欢。	③最近不但天气凉快了，而且空气也好了。
交际实践	（在学校） A：她不但会说中文，而且说得很好。 B：因为她在中国生活过三年。	（在家） 儿子：爸爸好像不太喜欢这个电影。 妈妈：不但他不喜欢这个电影，而且我也不喜欢。	（在办公室） A：今天天气真不错。 B：是的，最近不但天气凉快了，而且空气也好了。

◎ 补充例句

①这个手机不但颜色漂亮，而且用着也很方便。

②他不但想去看篮球赛，而且想去听音乐会。

③那个女孩儿不但读完了高中，而且考上了大学。

④他不但会唱歌，而且唱得很好。

⑤她不但找到了工作，而且买了新房子。

⑥不但我们班的同学喜欢他，而且别的班的同学也喜欢他。

◎ **结构特点**

两个分句可以是同一个主语，也可以是两个不同的主语。

① S + 不但 + P₁，而且 + P₂
她 不但 会说中文，而且说得很好。

② 不但 + S₁ + P₁，而且 + S₂ + P₂
不但 他 不喜欢这个电影，而且 我 也不喜欢。

💡 **小提示**

（1）"不但……，而且……"中，可以不用"不但"，单用"而且"，但是一般不单用"不但"。例如：

＊她不但会说中文，说得很好。

她会说中文，而且说得很好。

（2）两个分句的主语如果相同，第一个分句的主语应该放在"不但"的前边，第二个分句的主语一般要省略。例如：

＊不但她会说中文，而且说得很好。

她不但会说中文，而且说得很好。

＊她不但会说中文，她而且说得很好。

她不但会说中文，而且说得很好。

两个分句的主语如果不同，第一个分句的主语应该放在"不但"的后边，第二个分句的主语放在"而且"的后边。例如：

＊她不但会说中文，我而且也会说。

不但她会说中文，而且我也会说。

（3）"不但"和"而且"后面的内容在评价上应该是相同的，或者都是正面的评价，或者都是负面的评价。例如：

＊我们的房间不但很脏，而且很安静。

我们的房间不但很干净，而且很安静。

98 选择复句（1）：不用关联词语

【二64】

◎ **基本语义及用法**

由两个或多个分句构成，各个分句列出几件事或几种情况，让听话者从中选择一种。

It is composed of two or more clauses, listing several things or situations for the listener to choose from.

◎ 典型例句和对话

例句	①这次旅行你坐火车，坐飞机？	②我们星期六去，星期天去？	③你去，他去？
交际实践	（在办公室） A：这次旅行你坐火车，坐飞机？ B：我想坐飞机。	（在家） A：我们星期六去，星期天去？ B：都可以，听你的。	（在办公室） 经理：你们商量好了吗？谁去开会？你去，他去？ 员工A：还是我去吧。

◎ 补充例句

①明天早上你想喝咖啡，喝牛奶？
②明天咱们去打球，去买东西？
③今天去，明天去？哪一天都行。
④吃西餐，吃中餐？我都可以。
⑤去打球，去游泳？你快选吧！
⑥这些钱，你买手机，买电脑？

◎ 结构特点

① (S+)P_1，P_2？
　你　想喝咖啡，喝牛奶？

② S_1+P_1，S_2+P_2？
　你　去，他　去？

💡 小提示

（1）选择复句的两个分句所表述的内容应该是密切相关或属于同一个类别的，两个分句的语义不能毫无关联。例如：

　　＊明天早上你想喝咖啡，准备考试？
　　明天早上你想喝咖啡，喝牛奶？

（2）如果两个分句的主语相同，第二个分句的主语一般要省略，不必重复出现。例如：

　　＊我们星期六去，我们星期天去？
　　我们星期六去，星期天去？

99 选择复句（2）：用关联词语：（是）……，还是……

【二 64】

◎ **基本语义及用法**

由两个分句构成，这两个分句由"还是"连接，分别列出两种情况，让听话者从中选择一种。

It is composed of two clauses connected by 还是, listing two situations for the listener to choose from.

◎ **典型例句和对话**

例句	①你是坐火车来的，还是坐飞机来的？	②周末你们想去打排球，还是想去打篮球？	③你想买手机，还是想买相机？
交际实践	（在公司） 经理：你是坐火车来的，还是坐飞机来的？ 员工：我是坐飞机来的。	（在教室） A：周末你们想去打排球，还是想去打篮球？ B：我们一起去打篮球吧。	（在商场） 店员：你想买手机，还是想买相机？ 顾客：我都想看看。

◎ **补充例句**

①明天是晴天，还是下雨？
②你是喝水，还是喝茶？
③咱们去看电影，还是去听音乐会？
④你去买水果，还是他去买水果？
⑤是他过来，还是我们过去？
⑥今天是你去超市买东西，还是我去？

◎ **结构特点**

① S（+是）+P$_1$，还是+P$_2$？
他 是 喝水，还是 喝茶？
你 想买手机，还是 想买相机？

②（是+）S$_1$+P$_1$，还是+S$_2$+P$_2$？
是 他 过来，还是 我们 过去？
你 去买水果，还是 他 去买水果？

💡 **小提示**

如果两个分句的主语相同，第二个分句的主语一般要省略。例如：

* 你坐火车来的，你还是坐飞机来的？

　你坐火车来的，还是坐飞机来的？

100 转折复句（1）：不用关联词语 【二 65】

◎ 基本语义及用法

转折复句一般由两个分句构成，第二个分句所表述的内容在第一个分句所表述内容的基础上发生了转折，让听话者感到意外。

An adversative complex sentence is usually composed of two clauses, the second of which expresses something not expected by the listener, that is, what's expressed in the first clause has taken a turn.

◎ 典型例句和对话

例句	①这件衣服样子不错，有点儿贵。	②这次去饭店，我们花钱不多，吃得很不错。	③那个公园不大，非常漂亮。
交际实践	（在商场） 店员：您看看这件衣服怎么样？ 顾客：这件衣服样子不错，有点儿贵。	（在家） A：这次去饭店，我们花钱不多，吃得很不错。 B：有机会我们再去。	（在学校） A：你家旁边那个公园怎么样？ B：那个公园不大，非常漂亮。

◎ 补充例句

①他请我去他家里吃饭，我没有去。

②我去了医院，医生已经下班了。

③老师提出了一个问题，没有人回答。

④她是外国人，中文很好。

⑤这件衣服很舒服，颜色不太好看。

⑥他的工作很累，收入很高。

◎ 结构特点

① $S + P_1, P_2$

　这件衣服　样子不错，有点儿贵。

② $S_1 + P_1, S_2 + P_2$

　我　去了医院，医生　已经下班了。

213

小提示

（1）在转折复句中，如果两个分句的主语相同，第二个分句的主语一般要省略。例如：

　　*这件衣服样子不错，这件衣服有点儿贵。

　　这件衣服样子不错，有点儿贵。

（2）在转折复句中，如果两个分句的主语不同，第二个分句的主语不能省略，必须出现。例如：

　　*我去了医院，已经下班了。

　　我去了医院，医生已经下班了。

101 转折复句（2）：用关联词语：虽然……，但是/可是……；……，不过…… 【二65】

◎ **基本语义及用法**

用关联词语"虽然……，但是/可是……"连接两个分句，前一个分句陈述一个事实，后一个分句说出了一个相反或部分相反的事实。

用关联词语"不过"连接两个分句构成的转折复句，前一个分句陈述一个事实，后一个分句在前面事实的基础上发生转折。

The adversative complex sentence "虽然……，但是/可是……" is composed of two clauses. The first clause states a fact, and the second clause gives a contrary or partly contrary fact.

The adversative complex sentence "……，不过……" is also composed of two clauses. The first clause states a fact, and the second clause indicates a turn despite the situation.

◎ **典型例句和对话**

例句	①那个公园虽然不大，但是非常漂亮。	②虽然明天可能下雨，可是我还是想去那儿看看。	③这个房间不太大，不过住着很舒服。
交际实践	（在家） A：那个公园虽然不大，但是非常漂亮。 B：那我们周末就去看看吧。	（在学校） A：明天可能下雨，你还去故宫吗？ B：虽然明天可能下雨，可是我还是想去那儿看看。	（租房子） A：这个房间有点儿小。 B：这个房间不太大，不过住着很舒服。

◎ 补充例句

① 我虽然会说中文，但是说得不太好。
② 这本书虽然很好，但是有点儿贵。
③ 这件衣服很舒服，可是颜色不太好看。
④ 虽然我爷爷80多岁了，可是身体很好。
⑤ 她的工作很累，不过收入很高。
⑥ 她是外国人，不过中文很好。

◎ 结构特点

① S + 虽然 + P_1，但是/可是 + P_2
这本书　虽然　很好，但是有点儿贵。
② 虽然 + S_1 + P_1，但是/可是 + S_2 + P_2
虽然　明天　可能下雨，可是我　还是想去爬山。
③ S + P_1，不过 + P_2
这个房间　不太大，不过住着很舒服。
④ S_1 + P_1，不过 + S_2 + P_2
她的工作　很累，不过　收入很高。

小提示

（1）在"虽然……，但是/可是……"中，可以省略"虽然"，单用"但是、可是"，语气较为缓和。例如：

＊那个公园虽然不大，非常漂亮。
那个公园虽然不大，但是非常漂亮。
那个公园不大，但是非常漂亮。

（2）在"虽然……，但是/可是……"和"……，不过……"中，如果两个分句的主语相同，第二个分句的主语一般省略。例如：

＊那个公园虽然不大，但是那个公园非常漂亮。
那个公园虽然不大，但是非常漂亮。
虽然那个公园不大，但是非常漂亮。

（3）在"虽然……，但是/可是……"和"……，不过……"中，如果两个分句的主语不同，第二个分句的主语不能省略，而且要放在"但是、可是、不过"的后边。例如：

＊虽然明天可能下雨，但是还是想去爬山。
虽然明天可能下雨，但是我还是想去爬山。
明天虽然可能下雨，但是我还是想去爬山。

＊我去了银行，银行不过已经下班了。

＊我去了银行，不过已经下班了。

我去了银行，不过银行已经下班了。

102 假设复句（1）：不用关联词语 【二66】

◎ 基本语义及用法

一般由两个分句构成，第一个分句表示某种假设的前提，第二个分句表示在第一个分句的前提下能够得到的结果。

It is usually composed of two clauses, the first giving a presupposition, and the second indicating the result that can be realized from it.

◎ 典型例句和对话

例句	①明天不下雨，我们出去玩儿。	②这次考试通过，你可以和朋友去旅行。	③礼物收到了，给我打个电话！
交际实践	（在家） A：明天不下雨，我们出去玩儿。 B：好的，明天下雨，我们就在家休息。	（在家） 妈妈：这次考试通过，你可以和朋友去旅行。 儿子：没有通过，我接着在家复习。	（打电话） 妈妈：礼物收到了，给我打个电话！ 女儿：没问题，我知道了。

◎ 补充例句

①你有时间，我们可以一起去看电影。

②我们先看看有多少东西，东西很多，我们打车回家。

③你考上大学，你妈妈一定会非常高兴。

④我们去看看那个房子，房子太远，我们不租。

⑤你先看看机票价格，机票太贵，我们去坐火车。

⑥你看看明天的天气，外边不热，我们去打球。

◎ 结构特点

$S_1 + P_1, S_2 + P_2$

房子 太远，我们 不租。

你 有时间，我们 可以一起去看电影。

> **小提示**
>
> 在不用关联词语的假设复句中，第一个分句提出假设，第二个分句表示结果，二者的顺序一般不能调换。例如：
>
> * 我们在家休息，明天下雨。
>
> 明天下雨，我们在家休息。

103 假设复句（2）：用关联词语：如果……，就……；……的话，就……

【二66】

◎ **基本语义及用法**

用"如果……，就……"和"……的话，就……"连接两个分句，第一个分句表示假设的前提，第二个分句表示在第一个分句的前提下能够得到的结果。"的话"带有口语色彩。

Two clauses are connected by "如果……，就……" or "……的话，就……". The first clause gives a presupposition, and the second clause indicates the result that can be realized from it. 的话 is a bit colloquial.

◎ **典型例句和对话**

例句	①如果你下午有时间，我们就一起去超市吧。	②明天天气不好的话，我就不去公园了。	③你不饿的话，我们就等一会儿再吃午饭。
交际实践	（在学校） A：如果你下午有时间，我们就一起去超市吧。 B：好的，没问题。	（在学校） A：明天天气不好的话，我就不去公园了。 B：来我家一起看书吧。	（在商场） A：你不饿的话，我们就等一会儿再吃午饭。 B：好的，等一会儿吧。

◎ **补充例句**

①如果你不想去，就不用去了。
②如果你的房子太远，我们就不租了。
③如果明天天气好，我就去爬山。
④我去北京的话，就去找你玩儿。
⑤外边不热的话，我们就去打球。
⑥东西太多的话，我们就打车回家。

◎ **结构特点**

① 如果 + S + P_1，就 + P_2
  如果 你 不想去，就 不用去了。
② S + 如果 + P_1，就 + P_2
  你 如果 不想去，就 不用去了。
③ 如果 + S_1 + P_1，S_2 + 就 + P_2
  如果 你 下午有时间，我们 就 一起去超市吧。
④ S + P_1 + 的话，就 + P_2
  我 去北京 的话，就 去找你玩儿。
⑤ S_1 + P_1 + 的话，S_2 + 就 + P_2
  你 不饿 的话，我们 就 等一会儿再吃午饭。

💡 **小提示**

（1）在"如果……，就……"和"……的话，就……"中，如果两个分句的主语相同，第二个分句的主语一般要省略。例如：
  *如果你不想去，你就不用去了。
  如果你不想去，就不用去了。
  你如果不想去，就不用去了。

（2）在"如果……，就……"和"……的话，就……"中，如果两个分句的主语不同，第二个分句的主语不可以省略，而且应该放在"就"的前边。例如：
  *如果明天天气好，就去爬山。
  *如果明天天气好，就我去爬山。
  如果明天天气好，我就去爬山。
  明天如果天气好，我就去爬山。
  *明天天气不好的话，就我在房间里休息。
  明天天气不好的话，我就在房间里休息。

104 条件复句：只要……，就……

【二67】

◎ **基本语义及用法**

表示在前面的条件下，就能产生后面的结果。第一个分句表示某种条件，第二个分句表示在该条件下产生的结果。

It indicates the former condition will surely lead to the latter result. The first clause indicates a certain condition, and the second clause indicates the result that will be produced under this condition.

◎ 典型例句和对话

例句	①只要你认真学习，就一定能取得好成绩。	②只要你通过这次考试，我就送你一件礼物。	③只要明天不下雨，咱们就去海边玩儿。
交际实践	（在教室） 老师：只要你认真学习，就一定能取得好成绩。 学生：好的，我会努力的。	（在家） 爸爸：只要你通过这次考试，我就送你一件礼物。 儿子：太好了，我一定努力！	（在家） 爸爸：只要明天不下雨，咱们就去海边玩儿。 女儿：真的吗？我太高兴了！

◎ 补充例句

①你只要打开电视，就能看见那个明星。
②你只要感觉不舒服，就赶快去医院。
③只要老师点头，我们就能办成这件事。

④只要你来，我就高兴。
⑤只要外边不热，我们就去打球。
⑥只要你的房子不贵，我就租。

◎ 结构特点

①只要 + S + P_1，就 + P_2
　只要　你　认真学习，就一定能取得好成绩。
②S + 只要 + P_1，就 + P_2
　你　只要　感觉不舒服，就赶快去医院。

③S_1 + 只要 + P_1，S_2 + 就 + P_2
　你　只要　通过考试，我就　送你一件礼物。
④只要 + S_1 + P_1，S_2 + 就 + P_2
　只要　他　不提这件事，你就　装不知道。

💡 小提示

（1）如果两个分句的主语相同，主语只用出现一次，可以在第一个分句出现，也可以在第二个分句出现，不必同时出现。例如：
　　＊只要你认真学习，你就一定能取得好成绩。
　　只要你认真学习，就一定能取得好成绩。

你只要认真学习，就一定能取得好成绩。

只要认真学习，你就一定能取得好成绩。

（2）如果两个分句的主语不同，第二个分句的主语不可以省略，而且必须放在"就"的前边。例如：

*只要你通过考试，就送你一件礼物。

*只要你通过考试，就我送你一件礼物。

只要你通过考试，我就送你一件礼物。

你只要通过考试，我就送你一件礼物。

105　因果复句（1）：不用关联词语　【二68】

◎ 基本语义及用法

一般由两个分句构成，第一个分句表示某种原因，第二个分句表示由该原因导致的结果。

It is usually composed of two clauses, the first indicating a certain reason and the second indicating the result it will cause.

◎ 典型例句和对话

例句	①我今天太忙了，午饭都没吃。	②那个学生病了，没来上课。	③我昨天晚上没睡觉，现在太累了。
交际实践	（在家） A：我今天太忙了，午饭都没吃。 B：那我们早点儿吃晚饭吧。	（在办公室） 老师A：那个学生病了，没来上课。 老师B：下课我们去看他吧。	（在办公室） A：我昨天晚上没睡觉，现在太累了。 B：快回家休息一下儿吧。

◎ 补充例句

①明天有考试，他想早一点儿睡觉。

②今天下雨，我们没去打球。

③她睡着了，没听见电话。

④这个电影太好看了，我想再看一次。

⑤太累了，我不想做饭了。

⑥那件衣服太贵了，我没买。

◎ **结构特点**

① $S_1 + P_1，P_2$
我 今天太忙了，没时间吃午饭。

② $S_1 + P_1，S_2 + P_2$
那件衣服 太贵了，我 没买。

◎ **小提示**

（1）如果两个分句的主语相同，第二个分句的主语一般省略。例如：
* 她睡着了，她没听见电话。
  她睡着了，没听见电话。

（2）如果两个分句的主语不同，第二个分句的主语不可以省略，必须出现。例如：
* 那件衣服太贵了，没买。
  那件衣服太贵了，我没买。

106 因果复句（2）：用关联词语：因为……，所以……

【二 68】

◎ **基本语义及用法**

用"因为……，所以……"连接两个分句，前一分句表示原因，后一分句表示结果。

Two clauses are connected by "因为……，所以……". The first clause indicates the reason, and the second clause indicates the result it will cause.

◎ **典型例句和对话**

例句	①因为很累，所以我今天不想做饭了。	②因为明天有考试，所以我想早一点儿睡觉。	③因为那件衣服太贵了，所以我没买。
交际实践	（在家） 儿子：妈妈，我们今天为什么去外面吃饭？ 妈妈：因为很累，所以我今天不想做饭了。	（在家） 爸爸：你为什么今天这么早就睡觉了？ 儿子：因为明天有考试，所以我想早一点儿睡觉。	（在商场） 丈夫：你不是很喜欢那件衣服吗？怎么没买？ 妻子：因为那件衣服太贵了，所以我没买。

◎ **补充例句**

①因为我今天太忙了,所以没时间吃午饭。

②因为图书馆没有这本书,所以我去书店买了一本。

③因为她睡着了,所以没听见电话响。

④因为我们经常通信,所以他的事我都知道。

⑤因为收入太低,所以他不在这家公司干了。

⑥因为今天下雨,所以我们没去爬山。

◎ **结构特点**

①因为 + P_1,所以 + S + P_2
　因为　很累,所以　我　今天不想做饭了。

②因为 + S + P_1,所以 + P_2
　因为　我　今天太忙了,所以　没时间吃午饭。

③因为 + S_1 + P_1,所以 + S_2 + P_2
　因为　那件衣服　太贵了,所以　我　没买。

💡 **小提示**

(1)"因为……,所以……"中,"因为、所以"都可以省略。例如:

今天下雨,所以我们没去爬山。

因为今天下雨,我们没去爬山。

今天下雨,我们没去爬山。

(2)如果两个分句的主语相同,主语可以放在前一个分句,也可以放在后一个分句,两个分句的主语不必同时出现,但是第二个分句的主语只能放在"所以"的后边。例如:

* 因为很累,我所以今天不想做饭。

因为很累,所以我今天不想做饭。

因为我很累,所以今天不想做饭。

我因为很累,所以今天不想做饭。

(3)如果两个分句的主语不同,两个分句的主语都不能省略,第二个分句的主语只能放在"所以"的后边。例如:

* 因为图书馆没有这本书,我所以去书店买了一本。

因为图书馆没有这本书,所以我去书店买了一本。

107 紧缩复句：一……就…… 【二 69】

◎ **基本语义及用法**

表示前后两个动作紧接着发生，或者在某种条件下一定会出现某种结果，二者间隔时间非常短，甚至中间没有停顿。

It indicates that two actions happen one after the other and a certain condition will surely lead to a certain result. The two actions are very close in time, even without any pause.

◎ **典型例句和对话**

例句	①我一起床就去洗脸。	②我一下课就去打网球了。	③我一喝酒就脸红。
交际实践	（在学校） A：你每天起床后第一件事做什么？ B：我一起床就去洗脸。	（在教室） A：你昨天下午干什么去了？ B：我一下课就去打网球了。	（在饭店） A：你喝什么？ B：喝茶吧，我一喝酒就脸红。

◎ **补充例句**

①他一考就过。
②这道题她一看就明白了。
③这个方法一学就会。
④他一放假就回北京了。
⑤我一起床，妈妈就去准备早饭。
⑥我一想起这件事就开心。

◎ **结构特点**

"一……就……"有两种语法意义：①表示后一个动作紧接着前一个动作发生，比如"我一到北京就给你打电话"；②表示前一个动作或行为引起后一个动作或行为，比如"老师一讲，我就明白了"。"一……就……"可以只有一个主语，也可以有两个不同的主语。

① $S + 一 + VP_1 + 就 + VP_2$
　我　一　起床　就　去洗脸。

② $S_1 + 一 + VP_1，S_2 + 就 + VP_2$
　我　一　起床，妈妈　就　去准备早饭。

小提示

"一……就……"前后两部分的主语不同时,主语要分别放在"一"和"就"的前边。例如:

*他一起床,就我去准备早饭。

他一起床,我就去准备早饭。

108 持续态:动词+着(1):表示状态的持续 【二70】

◎ 基本语义及用法

"动词+着"可以表示某种状态的持续。

"V+着" can indicate the continuation of a state.

◎ 典型例句和对话

例句	①灯一直亮着。	②电脑开着。	③我站着。
交际实践	(在学校门口) A:教室里还有人吗? B:灯一直亮着,一定有人。	(在办公室) A:你的电脑关机了吗? B:电脑开着,你用吧。	(在公交车上) A:这里有一个座位,你快坐吧。 B:我站着,你坐吧。

◎ 补充例句

①灯没亮着。
②电脑没开着。
③他一直坐着。
④她还饿着呢。
⑤天还热着吗?
⑥他一直睡着吗?

◎ 结构特点

①肯定形式:
  S + V + 着
  灯 一直 亮 着。
②否定形式:
  S + 没 + V + 着
  电脑 没 开 着。
③正反疑问形式:
  a. S + V (+着) + 没 + V + 着?
     电脑 开 没 开 着?
  b. S + V + 着 + 没有?
     电脑 开 着 没有?

小提示

（1）动词必须是持续性动词（如"开、亮"等），不能是瞬间动词（如"买、打"等）。例如：

* 电脑买着。
电脑开着。

（2）表示动作状态持续的句子中不能用表示动作完成的"了"。例如：

* 门关着了。
门关着。

（3）否定形式必须在动词前加"没"，不能用"不"。例如：

* 电脑不开着。
电脑没开着。

109 持续态：动词 + 着（2）：表示动作的持续 【二70】

◎ 基本语义及用法

"动词 + 着"还可以表示某种动作的持续。

"V + 着" can indicate the continuation of an action.

◎ 典型例句和对话

例句	①外边下着雪呢。	②他们说着、笑着，不一会儿就到学校了。	③我正吃着饭呢。
交际实践	（在家） A：外边下着雪呢，你别去超市了。 B：好的，我明天再去吧。	（在办公室） A：他们昨天很晚才回到学校的吧？ B：他们说着、笑着，不一会儿就到学校了。	（打电话） A：你在干什么呢？ B：我正吃着饭呢。

◎ 补充例句

①我们在路上慢慢地走着。
②他骑着自行车往前走。
③孩子们唱着歌，从外边进来了。
④他大声喊着我的名字。
⑤他还打着球吗？
⑥她还一直等着你吗？

◎ 结构特点

①肯定形式：
S + V + 着 (+O)
我们 在路上慢慢地 走 着。
她 一直 等 着 你。

②否定形式：
S + 没 + VP
外面 没 下雨。

💡 小提示

（1）动词必须是持续性动词，不能是瞬间动词（如"买、寄、死"等）。

＊我们在路上慢慢地买着。
我们在路上慢慢地走着。

＊他正在邮局寄着信。
他正在邮局寄信。

（2）否定形式在动词前加"没"，不能用"不"，动词后不加"着"。例如：

＊他没骑着自行车。
＊他不骑着自行车。
他没骑自行车。

110 经历态：用动态助词"过"表示 【二71】

◎ 基本语义及用法

"动词 + 过"表示主语已经经历过某事。

"V + 过" indicates the subject has already experienced something.

◎ 典型例句和对话

例句	①他学过中文。	②我吃过饺子。	③我看过这个电影。
交际实践	（在教室） A：他看得懂中文报纸吗？ B：看得懂，他学过中文。	（在饭店） A：你吃过饺子吗？ B：我吃过饺子，很好吃。	（在电影院门口） A：你觉得这个电影怎么样？ B：我看过这个电影，挺好看的。

◎ 补充例句

①我想过出国旅游的事情。
②他当过班长。
③他没学过中文。
④我没吃过饺子。
⑤你查过成绩了吗？
⑥你去过北京没有？

◎ 结构特点

①肯定形式：
S + V + 过 + O（+了）
他 学 过 中文。

②否定形式：
S + 没 + V + 过 + O
他 没 学 过 中文。

③正反疑问形式：
a. S + V + 过 + O + 没有？
你 去 过 北京 没有？
b. S + V + 没 + V + 过 + O？
你 去 没 去 过 北京？

💡 小提示

"没 + 动词 + 过"中的"没"不能用"不"替换。例如：
＊他不学过中文。
他没学过中文。

111 序数表示法

【二 72】

◎ 基本语义及用法

序数是表示次序的数目。
An ordinal number is a numeral that indicates order.

◎ 典型例句和对话

例句	①李明第一，我第二。	②这是我第一次来北京。	③我住8号楼205房间。
交际实践	（在学校） A：这次你们考得怎么样？ B：李明第一，我第二。	（在教室） A：你以前来过北京吗？ B：没有，这是我第一次来北京。	（在教室） A：你住哪儿？ B：我住8号楼205房间。

◎ **补充例句**

①他考了第二名。
②你是我的第一个中国朋友。
③这是我第二次去长城。
④他在304办公室。
⑤你可以坐302路公交车去动物园。
⑥我的房间在3楼。

◎ **结构特点**

（1）序数的基本表示法是在基数词前边加"第"。

> 第+基数词（+M）
> 第 三 天
> 第 七 次
> 第 一
> 第 二

（2）有时候序数不用"第"表示，用"数词+量词/名词"表示。例如：

楼号：5号楼、9号楼、15号楼。
楼层：1楼、3楼、5层、7层。
房间：305房间，103办公室。
车次：26路（公交车）、302路（公交车），51次（列车）、101次（列车）。
组织：一年级、三年级，二班、四班、一组、二组。
排行：二哥、三姐、四弟、五妹。

💡 **小提示**

口语中，房间号、公交车号（三位数及以上）中的"1"通常读作"yāo"。例如：
103（办公室）读作：yāo líng sān
701（路公交车）读作：qī líng yāo

112 概数表示法1：数词+多+量词；数词+量词+多

【二73】

◎ **基本语义及用法**

概数就是表示一个大概的数目。"多"用在数词后边，表示略多于前面数词表示的数目。

An approximate number indicates a rough amount. 多 is used after a numeral to indicate the number is slightly larger than that denoted by the numeral.

◎ 典型例句和对话

例句	①包里有三十多本书呢。	②教室里有一百多个学生。	③这个本子三块多。
交际实践	（在路上） A：你的包怎么这么重？ B：包里有三十多本书呢。	（在教室） A：今天人怎么这么多？ B：是啊，教室里有一百多个学生。	（在教室） A：你的本子很好看，多少钱？ B：这个本子三块多。

◎ 补充例句

①他吃了十多个包子。
②这条马路五百多米长。
③那个手机两千多块钱。
④我买了两斤多水果。
⑤这本书十块多钱。
⑥他的孩子五岁多。

◎ 结构特点

具体来说，"多"有两个位置：在数词和量词中间或在量词后边。整个结构可以作定语、谓语。

① Num + 多 + M (+N)
包里 有 三十 多 本 书 呢。
他 三十 多 岁。

结构①中的数词有限制，只能是"十"的倍数。也就是说，只能是整十、整百、整千的数字。

② Num + M + 多 (+N)
我 买了 两 斤 多 水果。
他的孩子 五 岁 多。

结构②对数词没有限制。

小提示

"数词+量词+多(+名词)"表示只比前面数词表示的数目多一些零头,如"三块多"指的是比"三块"多几毛钱,"两斤多"指的是比"两斤"多几两。如果某事物只能用整数来计量,那就不可以用这个结构。例如:

* 他买了三本多书。

　他买了三本书。

* 我们班有十个多人。

　我们班有十多个人。

113 用"就"表示强调 【二74】

◎ 基本语义及用法

表示强调,确实如此,无法改变。

It emphasizes that something is truly so and cannot be changed.

◎ 典型例句和对话

例句	①教学楼就在前边。	②你看,这就是我们上课的教室。	③这就是他家。
交际实践	(在学校) A:请问教学楼在哪里? B:教学楼就在前边。	(在学校) A:你看,这就是我们上课的教室。 B:这个教室真大!	(在小明家门口) A:请问,小明家是在这儿吗? B:是的,这就是他家。

◎ 补充例句

①我就想吃面条儿,别的都不想吃。
②别找了,你要找的人就在这儿。
③就这件衣服了,我不想再选了。
④教室里就只有她一个人。
⑤地铁站就在这个超市旁边。
⑥那就是王老师的办公室。

◎ 结构特点

(S+) 就 + VP/NP
教学楼　就　在前边。
就　这件衣服了，我不想再选了。

"是……的"表示强调参见第 200 页 "90. '是……的' 句 1：强调时间、地点、方式、动作者等"。

114 用"好吗、可以吗、行吗、怎么样"提问

◎ 基本语义及用法

前面的句子提出某一想法或建议，后边用"好吗、可以吗、行吗、怎么样"礼貌地询问对方的意见。

An idea or suggestion is put forward in the first half of the sentence, followed by 好吗 / 可以吗 / 行吗 / 怎么样 to ask about the other party's opinion.

◎ 典型例句和对话

例句	①我们明天八点出发，好吗？	②你的词典借我用用，行吗？	③我们今天吃面条儿，怎么样？
交际实践	（打电话） A：我们明天八点出发，好吗？ B：好的，明天见。	（在教室） A：你的词典借我用用，行吗？ B：没问题。	（在饭店） A：我们今天吃面条儿，怎么样？ B：好的，我喜欢面条儿。

◎ 补充例句

①你来开车，好吗？
②你明天早点儿来，可以吗？
③你再说一遍，可以吗？
④我们去外边吃晚饭，行吗？
⑤我们在地铁站见面，怎么样？
⑥我们星期天去看电影，怎么样？

◎ 结构特点

> S + P，好吗 / 可以吗 / 行吗 / 怎么样？
> 我们　明天八点出发，好吗？
> 你　明天早点儿来，可以吗？
> 我们　去外边吃晚饭，行吗？
> 我们　在地铁站见面，怎么样？

◎ 小提示

"好吗、可以吗、行吗、怎么样"只能对未发生的事情进行提问，不能对已发生的事情进行提问。例如：

* 我们八点出发了，好吗？

　我们八点出发，好吗？

115 用"什么时候、什么样、为什么、怎么样、怎样"提问

【二 76】

◎ 基本语义及用法

询问时间、原因、方式、性质、状态以及特点。

They are used to ask about the time, reason, manner, quality, state or characteristics.

◎ 典型例句和对话

例句	①你为什么没去上课？	②明天天气怎么样？	③你明天怎样去学校？
交际实践	（打电话） A：你为什么没去上课？ B：我生病了。	（在家） A：明天天气怎么样？ 电视上怎么说？ B：不太好，明天会下雨。	（在超市） A：你明天怎样去学校？ B：坐公交车吧。

◎ 补充例句

①你们什么时候见面？
②咱们什么时候去图书馆？
③你喜欢什么样的朋友？
④他为什么想学中文？
⑤晚上吃面条儿怎么样？
⑥她是个怎样的人？

◎ 结构特点

①对时间提问：
　S＋什么时候＋VP？
　你们　什么时候　见面？
②对原因提问：
　S＋为什么＋VP？
　他　为什么　想学中文？
③对方式提问：
　S＋怎样＋VP？
　你　明天　怎样　去学校？
④对性质、状态、特点提问：
　a. S＋V＋什么样/怎样＋的＋N？
　　她　是　个　什么样/怎样　的　人？
　b. S＋怎么样？
　　明天天气　怎么样？

小提示

用"什么时候、什么样、为什么、怎么样、怎样"提问的疑问句都是特殊疑问句，句末可以加语气助词"呢"，但不能加语气助词"吗"。例如：

＊明天天气怎么样吗？
　明天天气怎么样？
　明天天气怎么样呢？

116 用"呢"构成的省略式疑问句"代词/名词＋呢？"提问

【二 77】

◎ 基本语义及用法

这是个省略式疑问句，询问的具体内容承前省略。例如"我去医院，你呢？"，意思是"我去医院，你去哪儿？"或"我去医院，你去不去？"，具体意思要看语境。

This is an elliptical question in which the specific content asked about is omitted because the context is given previously. For example, "我去医院，你呢" (I'm going to the hospital, and you?) means "I'm going to the hospital. Where are you going?" or "I'm going to the hospital. Will you go with me?". The specific meaning depends on the context.

◎ **典型例句和对话**

例句	①我去医院，你呢？	②书在桌子上，笔呢？	③我会中文，你呢？
交际实践	（在学校） A：我去医院，你呢？ B：我去图书馆。	（在教室） A：书在桌子上，笔呢？ B：在那儿，掉在地上了。	（在教室） A：我会中文，你呢？ B：我不会，你教我吧。

◎ **补充例句**

①我在家里，你呢？
②这件衣服太贵了，那件呢？
③火车票卖没了，机票呢？
④我昨天回来的，你们呢？
⑤篮球太难了，排球呢？
⑥你明天有考试，后天呢？

◎ **结构特点**

> S + P，Pron/N + 呢？
> 我　去医院，你　呢？
> 书　在桌子上，笔　呢？
> 这件衣服　太贵了，那件　呢？

◎ **小提示**

（1）省略式疑问句"代词/名词+呢？"必须有前文相照应，不能单独成句。

（2）省略式疑问句"代词/名词+呢？"中的语气助词"呢"不能省略，也不能用"吗"替换。例如：

  ＊我去医院，你？
  ＊我去医院，你吗？
  　我去医院，你呢？

117　用"是不是"提问

[二78]

◎ **基本语义及用法**

说话人对某个事实或情况已经有猜测或估计，就用"是不是"构成的疑问句进行提问，以得到进一步的确认。

The speaker has had a guess or estimation of a certain fact or situation, and raises a question with an interrogative sentence containing 是不是 for further confirmation.

◎ 典型例句和对话

例句	①你今天是不是买了很多水果？	②是不是你拿了我的笔？	③你要去体育馆打球，是不是？
交际实践	（在家） A：你今天是不是买了很多水果？ B：不是我买的，是我朋友送的。	（在教室） A：是不是你拿了我的笔？ B：我没拿，我刚刚看见你放书包里了。	（在路上） A：你要去体育馆打球，是不是？ B：是的，我们一起去吧。

◎ 补充例句

①她是不是很漂亮？
②你是不是有很多中国朋友？
③是不是你没去上课？
④是不是小王借走了这本书？
⑤我们明天八点考试，是不是？
⑥这些东西送到您家里，是不是？

◎ 结构特点

"是不是"有三个位置：放在主语和谓语中间，放在句首，放在句末。

① S + 是不是 + P ?
　你　是不是　有很多中国朋友？
　她　是不是　很漂亮？

② 是不是 + S + P ?
　是不是　你　拿了我的笔？

③ S + P, 是不是？
　你　要去体育馆打球，是不是？

小提示

用"是不是"提问时，句末语气助词可以用"呢"，但不能用"吗"。例如：
* 你是不是有很多中国朋友吗？
　你是不是有很多中国朋友（呢）？
* 她是不是很漂亮吗？
　她是不是很漂亮（呢）？

118 用"吧"提问

【二 79】

◎ **基本语义及用法**

用在疑问句的末尾,表示对某种事实、情况的不确定,希望得到对方确认。

It is used at the end of an interrogative sentence to express one's uncertainty about a certain fact or situation and hope for the other party's confirmation.

◎ **典型例句和对话**

例句	①您是经理吧?	②你以前学过中文吧?	③这是他的书吧?
交际实践	(在饭店) 顾客:您是经理吧?我的菜一直没上。 经理:您等等,我去帮您看看。	(在飞机上) A:你中文说得真好!你以前学过中文吧? B:我在北京大学学过一年。	(在教室) A:这是他的书吧? B:是,上面有他的名字。

◎ **补充例句**

①这些都是学生的家长吧?
②那件衣服是你新买的吧?
③这么晚了,他今天不会来了吧?
④你等很久了吧?
⑤这是你的儿子吧?
⑥你忘记时间了吧?

◎ **结构特点**

"吧"放在句末。

> S + P + 吧?
> 您　是经理　吧?

◎ **小提示**

用"吧"提问,表示说话人已经有一定猜测或判断,希望得到对方的确认。例如:
他是经理吧?(说话人已有一定判断)
他是经理吗?(单纯询问)

119 口语格式：该……了

【二80】

◎ **基本语义及用法**

表示这个时间某人应该做某事，或者这个时间某件事情应该发生、某种情况应该出现，用于口语。

It indicates that it's time for somebody to do something, or something should happen or some situation should occur at this time. It is used in spoken Chinese.

◎ **典型例句和对话**

例句	①十点了，该睡觉了。	②明天有听写，我该复习生词了。	③快吃吧，饭该凉了。
交际实践	（在家） 妈妈：十点了，该睡觉了。 儿子：好的，我马上睡。	（在教室） A：明天有听写，我该复习生词了。 B：我们一起复习吧。	（在家） A：快吃吧，饭该凉了。 B：好的，我马上就来。

◎ **补充例句**

①八点了，该上课了。
②工作一天了，你也该休息休息了。
③天黑了，咱们该回家了。
④我们该走了，一会儿要下雨了。
⑤我该准备晚饭了，孩子们就要回来了。
⑥天阴了，该下雨了。

◎ **结构特点**

> (S+) 该 + VP / Adj + 了
> 十一点了，(你) 该 睡觉 了。
> 你快吃吧，饭 该 凉 了。

小提示

"该……了"只能用于尚未发生的事情，不能用于已经发生的事情。例如：

* 天黑了，咱们该回了家。

　天黑了，咱们该回家了。

120 口语格式：要 / 快要 / 就要……了 【二 81】

◎ 基本语义及用法

表示某事很快会发生，或者某种情况很快就要出现变化。用于口语。

It indicates something will happen soon, or some situation will change soon. It is used in spoken Chinese.

◎ 典型例句和对话

例句	①要下雨了。	②我们快要放假了。	③他们明天就要考试了。
交际实践	（在公园） A：要下雨了，咱们回家吧。 B：好的，走吧。	（在学校） A：我们快要放假了，你们呢？ B：我们也快要放假了。	（在家） 爸爸：他们怎么还不睡觉？ 妈妈：他们明天就要考试了，正在看书呢。

◎ 补充例句

①我要睡觉了。
②饭要凉了。
③春节快要到了。
④火车快要开了。
⑤我们就要到电影院了。
⑥明天她就要离开北京了。

◎ 结构特点

(S +) 要 / 快要 / 就要 + VP / Adj + 了
（我们）要 / 快要 / 就要　放假　了。
饭　　要 / 快要 / 就要　凉　了。

💡 **小提示**

（1）"要 / 快要 / 就要……了"只能用于尚未发生的事情，不能用于已经发生的事情。例如：

　　＊她就要离开了北京。
　　 她就要离开北京了。

（2）"要、就要"前边可以出现表示时间的词语，"快要"前边不能出现表示时间的词语。例如：

　　＊他们明天快要考试了。
　　 他们明天要考试了。
　　 他们明天就要考试了。

三级语法点

第一章

1 能愿动词：敢

◎ 基本语义及用法

指有勇气做某事，或者对某个判断很有信心。

It indicates the courage to do something or the confidence in a certain judgement.

◎ 典型例句和对话

例句	①这儿有两米高，你敢跳下去吗？	②我不敢在这条河里游泳。	③我敢说他一定不知道这件事。
交际实践	（在游泳馆） A：这儿有两米高，你敢跳下去吗？ B：不敢，太高了，我害怕。	（在公园） A：这里的水很深，我不敢在这条河里游泳。 B：我也不敢，我们不在这儿游了。	（在学校） A：怎么会这样？我敢说他一定不知道这件事。 B：我也觉得他不知道，因为他看起来很高兴。

◎ 补充例句

①我敢说他明天一定会来。
②这次他考得不好，他不敢告诉父母。
③老师会记录成绩的，她敢不交作业吗？
④我们提过这个要求，他没敢答应。
⑤路上不安全，我没敢让他开车。
⑥你敢不敢跟我比一比？

◎ 结构特点

"敢"放在动词性成分前面。

①肯定形式：
S + 敢 + VP
我　敢　说他一定不知道这件事。

②否定形式：
S + 不 / 没 + 敢 + VP
我　不　敢　在这条河里游泳。
路上不安全，我　没　敢　让他开车。

③正反疑问形式：

S + 敢不敢 + VP？

这儿有两米高，你 敢不敢 跳下去？

◎ 小提示

"敢不敢"放在疑问句中时，句末可以用语气助词"呢"，但不能用"吗"。例如：
* 这儿有两米高，你敢不敢跳下去吗？
这儿有两米高，你敢不敢跳下去（呢）？

2 能愿动词：需要

【三04】

◎ 基本语义及用法

指要求得到、必须有，或者应该、必须。
It refers to "need to or must have" or "should; must".

◎ 典型例句和对话

例句	①她生病了，需要休息。	②我们不需要买吃的，家里有很多。	③我需要借一本字典。
交际实践	（在学校） A：小刘怎么没来上课？ B：她生病了，需要休息。	（在超市） A：去卖食品的那边看看吧。 B：我们不需要买吃的，家里有很多。	（在图书馆） A：你在找什么？ B：我有一个字不认识，我需要借一本字典。

◎ 补充例句

①我需要你帮我修一下儿电脑。
②这个问题需不需要讨论一下儿？
③他受伤了，需要别人照顾。
④我需要换一件小一点儿的衣服。
⑤她自己可以做，不需要我们帮她。
⑥去那个饭店吃饭需要提前打电话约时间。

◎ 结构特点

"需要"放在动词性成分的前面。

① 肯定形式：
S + 需要 + VP
她 需要 休息。

② 否定形式：
S + 不需要 + VP
我们 不需要 买吃的，家里有很多。

③ 正反疑问形式：
S + 需不需要 + VP？
这个问题 需不需要 讨论一下儿？

💡 小提示

表示否定时，只能说"不需要"，不能说"没需要"。例如：
* 她说没需要借这本书，她家里有。
  她说不需要借这本书，她家里有。

3 动宾式离合词：帮忙、点头、放假、干杯、见面、结婚、看病、睡觉、洗澡、理发、说话 【三05】

◎ 基本语义及用法

离合词既可以作为一个词使用，如"我们见面了"；又可以拆开，插入动态助词"了¹、着、过"、补语"完、好"和数量短语等成分，如"我们见了一面"。从内部构造看，大部分离合词属于动宾式，就是由一个动词性成分加上一个名词性成分。

A separable verb can be used as an independent word, e.g. 我们见面了 (We met), or be separated by an aspect particle such as 了¹, 着 or 过, a complement such as 完 or 好, a numeral measure phrase, etc., e.g. 我们见了一面 (We met once). In terms of the internal structure, most separable verbs are verb-object structures, i.e. a verbal element followed by a nominal element.

◎ **典型例句和对话**

例句	①他经常帮我的忙。	②他点了一下儿头，表示同意。	③我想放了假就去旅行。
交际实践	（在家） 儿子：这是我的好朋友，他经常帮我的忙。 妈妈：太感谢你了，我儿子在家里常常提到你。	（在教室） A：小明同意吗？ B：他点了一下儿头，表示同意。	（在学校） A：这个假期你有什么打算？ B：我想放了假就去旅行。

◎ **补充例句**

①来，我们一起干一杯。
②我跟她见过面了，今天你们见面了吗？
③他结婚以前工作，结了婚以后就不工作了。
④病人看完病去拿药了。
⑤时间还早，你再睡一会儿觉吧。
⑥不如我们握个手，这件事情就算结束了。

◎ **结构特点**

（1）离合词是中间可以插入其他成分的特殊结构，合的时候像词，分开的时候像短语。动宾式离合词一般作谓语，不能带宾语。如果动作涉及另一个对象，需要把涉及的对象插入离合词中间或者用介词引入。

① S + 离合词（+了）
我们　昨天　见面　了。

② S + Prep + N/Pron + 离合词（+了）
我们　和　朋友　见面　了。

（2）离合词中可以插入其他成分（动态助词"了¹、着、过"、补语"完、好"、数量短语等）。为描写方便，我们用 VO 代表动宾式离合词。

① S + V + 了¹/着/过/补语/NumP + O（+了²）
病人　看　完　病　了。
你　睡　一会儿　觉　吧。

② S + Prep + N/Pron + V + 了¹/着/过/补语/NumP + O（+了²）
我　跟　她　见　过　面　了。

③ S + V + N/Pron + 的 + O
他　经常　帮　我　的　忙。

小提示

（1）动宾式离合词的后面不能直接加宾语，涉及的另一对象要通过助词"的"或介词"和、跟"引入。例如：

*他经常帮忙我。
他经常帮我的忙。
*我见面她了。
*我见过面她了。
我跟她见过面了。

（2）动宾式离合词的重叠形式不是"ABAB"，而是"AAB"。例如：

*他点头点头，表示同意。
他点点头，表示同意。
星期天我常常跟朋友散散步、爬爬山，有时也游游泳。

4 动补式离合词：打开、看见、离开、完成 【三06】

◎ 基本语义及用法

从内部构造看，还有一部分离合词属于动补式，就是由一个动词性成分加上一个动词性或形容词性成分，后面的成分是对前面成分的补充说明。

In terms of the internal structure, there are also some verb-complement type of separable verbs, which means a verbal element followed by a verbal or adjectival element, the latter element being a supplementary explanation of the former.

◎ 典型例句和对话

例句	①你的文件我打不开，你能再给我发一下儿吗？	②黑板上的字很小，我们都看不见。	③我们完不成这个任务。
交际实践	（在公司） A：你的文件我打不开，你能再给我发一下儿吗？ B：好的，我马上发。	（在教室） 老师：黑板上这些字看得见吗？ 学生：黑板上的字很小，我们都看不见。	（在公司） A：快下班了，你们今天能完成这个任务吗？ B：我们完不成这个任务，今天晚上得继续工作了。

◎ **补充例句**

① 你把门打开,他才进得来。
② 雨太大了,我看不见前面的路。
③ 孩子才一岁多,还离不开妈妈。
④ 时间太紧张了,我完不成今天的作业了。
⑤ 你大点儿声,我怕他听不见。
⑥ 我们去这个商店,就碰不见他们了。

◎ **结构特点**

动补式离合词一般作谓语,中间能插入"得"或"不"构成可能补语。为描写方便,我们用 VC 代表动补式离合词。

> (S+)V+得/不+C
> 黑板上的字很大,我们 都 看 得 见。
> 孩子才一岁多,还 离 不 开 妈妈。

💡 **小提示**

动补式离合词不能重叠。

5 疑问代词的非疑问用法(1):任指用法 【三07】

◎ **基本语义及用法**

"谁、什么、哪儿、怎么、几"等疑问代词有时候不表示疑问,而是表示任指,也就是用来指称任何人、任何事物、任何地点、任何方式等。

Sometimes the interrogative pronouns 谁, 什么, 哪儿, 怎么 or 几 do not indicate a question, but refer to an arbitrary element, which can be any person, thing, place, manner, etc.

◎ 典型例句和对话

例句	①谁都喜欢她。	②你什么时候来都可以。	③他们几点来就几点开始。
交际实践	（在办公室） 老师A：小王总是帮助其他同学，**谁都喜欢她**。 老师B：老师们也很喜欢她！	（在办公室） A：您下午在办公室吗？我想请教您一个问题。 B：我一直在。**你什么时候来都可以**。	（在会议室） A：早上的会议几点开始？ B：老板和经理还没来，**他们几点来就几点开始**。

◎ 补充例句

①谁想参加比赛谁就报名。
②他们各做各的，谁也不帮谁。
③弟弟什么都想买。
④我哪儿都没去过。
⑤你怎么做我就怎么做。
⑥你怎么去都可以。

◎ 结构特点

①……QPr+都……
谁 都 喜欢 她。
你 吃 什么 都 行。
你 怎么 去 都 可以。

②……QPr……+就+……QPr……
他们 几 点 来 就 几 点 开始。
你 怎么 做 我 就 怎么 做。

③谁+……V+谁
他们 各 做 各 的，谁 也 不 帮 谁。

💡 小提示

（1）"疑问代词+都"可以表示任何人、任何事情、任何东西或任何方式等，不需要回答。例如：

谁都喜欢她。（任何人）
我吃什么都行。（任何食物）
你什么时候来都可以。（任何时间）
我哪儿都没去过。（任何地方）
你怎么去都可以。（任何方式）

（2）"疑问代词……+就+……疑问代词"中，前后两个疑问代词必须相同。例如：

*谁想参加比赛你就报名。

谁想参加比赛谁就报名。

*老师说怎样复习大家就怎么复习。

老师说怎样复习大家就怎样复习。

（3）"谁+……动词+谁"还可以用于一定范围内的两两相对任指，也就是说，两个"谁"指代的是不同的人，如："他们各做各的，谁也不帮谁。"

6 疑问代词的非疑问用法（2）：不定指用法 【三07】

◎ **基本语义及用法**

疑问代词用在陈述句中，指称不能确定或不愿具体说明的人或事物，如"谁"指某一个人或某些人，"什么"指某些东西。

An interrogative pronoun can be used in a declarative sentence to refer to somebody or something that the speaker cannot identify or doesn't want to specify. For example, 谁 refers to a person or some people, 什么 refers to something.

◎ **典型例句和对话**

例句	①要是你一个人搬不动，就请谁来帮一下儿吧。	②你们先吃点儿什么再去公园吧。	③我好像在哪儿见过你。
交际实践	（在教学楼） 老师：要是你一个人搬不动，就请谁来帮一下儿吧。 学生：放心吧，我一个人就可以。	（在家） 女儿：今天人一定很多，我想和爸爸早点儿出发。 妈妈：现在时间还早，你们先吃点儿什么再去公园吧。	（在学校） A：你好！我好像在哪儿见过你。 B：你不记得我了？我们一起参加过比赛。

◎ **补充例句**

①我们可能在哪里见过面。

②教室里好像有谁在唱歌。

③我们哪天去爬长城吧。

④我想去超市买点儿什么。

⑤今天没有谁来过。

⑥他看电视的时候，喜欢吃点儿什么。

◎ 结构特点

① ……V / Prep + QPr……
我想去超市买点儿什么。
今天没有谁来过。
我好像在哪儿见过你。

② ……哪（+M）（+N）+ VP
我们哪天去爬长城吧。

◎ 小提示

疑问代词的不定指用法，不要求回答。例如：
我们哪天去爬长城吧。（某一天）
我好像在哪儿见过你。（某个地方）
要是你一个人搬不动，就请谁来帮一下儿吧。（某个人）

7 指示代词（1）：各、各位、各种

◎ 基本语义及用法

"各"指某一范围内所有的个体，与量词"位"和"种"组合为"各位、各种"，表示不止一个，强调所指个体的不同点。

各 refers to all the individuals within a certain scope. When combined with the measure word 位 or 种, it means "more than one" and emphasizes the difference among the individuals.

◎ 典型例句和对话

例句	①我们班的同学来自世界各国。	②各位朋友，下午好！	③这儿有各种颜色的花，真漂亮。
交际实践	（在学校） A：你们班的同学都来自哪里？ B：我们班的同学来自世界各国。	（在音乐厅） A：各位朋友，下午好！我是小王。 B：我是小李，欢迎大家来看我们的表演。	（在公园） A：春天到了，公园里的花都开了。 B：这儿有各种颜色的花，真漂亮。

◎ **补充例句**

①他各门功课的成绩都很不错。
②老板按照各人的能力分配任务。
③欢迎各位积极报名参加运动会。
④感谢各位媒体朋友对我们公司的长期支持与关注。
⑤你应该参加各种校园活动,认识一些新朋友。
⑥春节期间,各地都举行了庆祝活动。

◎ **结构特点**

代词"各"一般不单独使用,可以修饰量词,还可以直接修饰名词,多与组织、机构等名词直接连用。

> 各 + M/N
> 他 各 门 功课的成绩都很不错。
> 各 位 请注意,考试马上结束。
> 学校要求 各 部门 及时开展教育工作。

"各位"可以作定语、主语和宾语。

> 各位 朋友,晚上好!
> 各位 一定听说过这个故事。
> 谢谢 各位。

8 指示代词(2):每

【三08】

◎ **基本语义及用法**

表示特定范围内的任何一个或一组,侧重"全体、全部",强调个体之间的共同性。
It refers to anyone or any group within a specific scope, meaning "every; all" and emphasizing the commonality among the individuals.

◎ **典型例句和对话**

例句	①我每个星期天都去爬山。	②每位员工都要参加这次会议。	③我差不多每两年回一次家乡。
交际实践	（在教室） A：你周末都干什么？ B：我每个星期天都去爬山。	（在公司） A：我家里有点儿事，周末的会议可以不参加吗？ B：办公室已经发了通知，每位员工都要参加这次会议。	（在火车上） A：你每年都回家乡吗？ B：我差不多每两年回一次家乡。

◎ **补充例句**

① 每一本书都很好看。
② 我每天都很开心。
③ 他每次都会提前来。
④ 我们每三个月交一次房租。
⑤ 他那里保存着每年的检查报告。
⑥ 世界上每十个人中就有两个会说中文。

◎ **结构特点**

"每"不能单独使用，常用在数量短语前，数词是"一"时常常省略。"每＋数量短语"可以作定语、状语。

> 每（+Num）+ M
> 每　位　员工都要参加这次会议。
> 每　一　本　书都很好看。
> 我　每　两　年　回一次家乡。

💡 **小提示**

（1）"每"侧重表示由个体组成的全体，后边一般要用副词"都"。例如：
　　*爸爸做的每道菜很好吃。
　　爸爸做的每道菜都很好吃。

（2）"每（+数词）+量词"作状语时，表示某动作经常发生或某情况有规律地重复；即使动作或情况已经在过去发生或实现，动词后边也不能用动态助词"了[1]"。例如：

＊我每年生日都收到了很多礼物。

我每年生日都收到很多礼物。

（3）"每（+一）+量词"作"人、月、星期、小时"等名词的定语时，"一"和量词都可以省略，如"每一个人、每个人、每人""每一个月、每个月、每月"。

9 指示代词（3）：任何　【三08】

◎ 基本语义及用法

指随便什么，无论什么。
It means "whatever; no matter what".

◎ 典型例句和对话

例句	①我们任何时候都要注意保护环境。	②我没有收到任何通知。	③这里任何一本书你都可以借走。
交际实践	（课堂上） 老师：大家从这个影片中感受到了什么？ 学生：环境非常重要。我们任何时候都要注意保护环境。	（在公司） A：你昨天怎么没来参加会议？ B：什么会议？我没有收到任何通知。	（在图书馆） 学生：老师，这本书我可以借走吗？ 老师：只要有学生证，这里任何一本书你都可以借走。

◎ 补充例句

①考试结束前任何人都不能随便离开座位。
②我们能克服任何困难。
③明天是星期天，学校不安排任何活动。
④除了学习，他不关心任何事。
⑤任何时候我们都要努力学习。
⑥现在交通这么发达，你可以去任何地方。

◎ 结构特点

"任何"主要修饰名词，除"人、事"外一般不修饰单音节名词。

任何 + N
任何 人 都不能随便离开座位。
我没有收到 任何 通知。

小提示

"任何"后面常有"都"或"也",跟"任何"呼应。例如:
任何时候我们都要注意保护环境。
任何困难也难不倒我们。

10 程度副词(1):比较

◎ **基本语义及用法**

表示某事物的性质或某种心理活动的程度不太高。
It indicates a certain quality of something or a mental activity is not very high in degree.

◎ **典型例句和对话**

例句	①今天比较暖和。	②这个饭馆价格比较便宜。	③我比较喜欢游泳。
交际实践	(在家) 孩子:我今天想穿裙子。 爸爸:今天比较暖和,适合穿裙子。	(在街上) A:我们去哪个饭馆? B:这个饭馆价格比较便宜,味道也好,我们去这家吃吧。	(在讨论运动爱好) A:你喜欢什么运动? B:我比较喜欢游泳。

◎ **补充例句**

①我比较紧张。
②他的能力比较强。
③这个地方的经济比较发达。
④我比较满意这儿的环境。
⑤蓝色比较适合你。
⑥王飞跑得比较快。

◎ **结构特点**

"比较"一般用在形容词、心理动词前,作状语。

① S + 比较 + Adj
今天 比较 暖和。

② S + 比较 + V心理 + O
我 比较 喜欢 游泳。

 **小提示**

"比较"一般不用于否定句。例如：
*他不比较高。
　他比较高。

11　程度副词（2）：更加

◎ **基本语义及用法**

用于比较。表示双方在性质上都达到一定的程度，但其中一方的程度比另一方高。多用于书面语。

It is used for comparison, meaning that both of the two parties compared reach a certain degree in terms of a certain quality, but one is higher in degree than the other. It is often used in written Chinese.

◎ **典型例句和对话**

例句	①她以前学习就很努力，现在更加努力了。	②我的身体比以前更加健康了。	③管理专业更加适合你。
交际实践	（在家） 爸爸：小红最近学习怎么样？ 妈妈：她以前学习就很努力，现在更加努力了。	（在路上） 朋友：听说你一直在坚持运动。 大卫：是啊，我的身体比以前更加健康了。	（在学校） 学生：老师，我想学习经济专业。 老师：经济专业不错，不过我觉得管理专业更加适合你。

◎ **补充例句**

①这个问题更加麻烦了。
②他的工作经验更加丰富了。
③爷爷比去年更加精神一些。
④我们的生活一定会更加美好。

⑤现在我比以前更加关心父亲的健康情况了。

⑥经过一年的学习，现在他更加喜欢这个专业了。

◎ 结构特点

"更加"一般用在形容词和心理动词前，作状语；"更加+形容词"后还可以出现数量补语"一些"。

① S + 更加 + Adj（+ 一些）(+ 了)
他 现在 更加 努力 了。
爷爷 比去年 更加 精神 一些。

② S + 更加 + V (心理) + O（+ 了）
他 更加 喜欢 这个专业 了。
管理专业 更加 适合 你。

💡 小提示

"更加"一般不修饰单音节词，只修饰双音节词。例如：
* 这里的花更加美。
  这里的花更美。
  这里的花更加美丽了。
* 我们要更加好地工作。
  我们要更好地工作。
  我们要更加努力地工作。

12 程度副词（3）：还³   【三12】

◎ 基本语义及用法

表示某事物性质或某种行为在程度上勉强过得去，基本达到要求。
It means a certain quality of something or an action is passable and up to par.

◎ 典型例句和对话

例句	①这个房间不干净，那个房间还干净一些。	②我这次考得还可以。	③你还会说几句英语，我是一句也不会。
交际实践	（在旅馆） A：这个房间不干净，那个房间还干净一些。 B：好，我们要那个房间。	（在路上） A：你考得怎么样？ B：我这次考得还可以。	（在机场） A：你还会说几句英语，我是一句也不会。 B：放心吧，下飞机后会有人来接我们的。

◎ 补充例句

①这个地方还不错。
②这儿离车站还不算远。
③那个饭馆有点儿吵，这个饭馆还安静一点儿。
④东西挺多的，不过放得还算整齐。
⑤这个服装还行吧。
⑥他还知道给你买花，我男朋友什么都没买。

◎ 结构特点

"还³"一般用于形容词或动词性成分前，作状语。用于比较或对照时，形容词后可以出现"一点儿、一些"。

① S + 还³ + Adj（+ 一点儿/一些）
这个地方 还 不错。
那个房间 还 干净 一点儿/一些。

② S + 还³ + VP
你 还 会说几句英语。
我的成绩 还 可以。

💡 小提示

"还³"和形容词之间经常用"算"。例如：
这个饭馆还算安静。

13 程度副词（4）：相当 【三12】

◎ **基本语义及用法**

表示某种事物性质或某种心理活动达到较高的程度，比一般的标准高。

It indicates that a certain quality of something or a mental activity reaches a relatively high degree, higher than the normal standard.

◎ **典型例句和对话**

例句	①这个公园的景色相当漂亮。	②我对这次实习相当满意。	③今天的演出相当精彩。
交际实践	（在公园门口） A：我以前没来过这个公园。 B：这个公园的景色相当漂亮，而且门票非常便宜。	（在公司） A：你的实习结束了，有什么感受？ B：我对这次实习相当满意。不但应用了学过的知识，还了解了新的情况。	（在家） A：你回来了，今天的京剧怎么样？ B：今天的演出相当精彩。我建议你去看看。

◎ **补充例句**

①今天的演出相当成功。
②这个任务的难度相当地大。
③我们的工作取得了相当丰富的成果。
④这部电影让观众相当感动。
⑤这些照片拍得相当自然。
⑥同学们相当喜欢课外活动。

◎ **结构特点**

"相当"一般用在形容词或心理动词的前边，作状语。

① S + 相当 + Adj
这个公园的景色　相当　漂亮。

② S + 相当 + V$_{心理}$ + O
同学们　相当　喜欢　课外活动。

小提示

"相当"后面可以用助词"地"。例如:
这个任务的难度相当地大。

14 范围、协同副词(1): 光　【三 13】

◎ **基本语义及用法**

表示限定某个范围,除此之外没有其他的。多用于口语。
It defines a scope beyond which there is nothing else. It is often used in spoken Chinese.

◎ **典型例句和对话**

例句	①他每天光玩儿不学习。	②你别光想着看电视。	③我们不能光看到别人的缺点。
交际实践	(在办公室) 老师A:今天王小明又没有做作业。 老师B:他每天光玩儿不学习,根本没有时间做作业。	(在家) 孩子:妈妈,我能不能看一会儿电视? 妈妈:你别光想着看电视,先把作业做完。	(在学校) 学生:大卫很爱表现,还经常批评别人,我们都不喜欢他。 老师:我们不能光看到别人的缺点,大卫也有很多优点。

◎ **补充例句**

①他常常光说不做。
②他光吃米饭,不吃菜。
③衣服光好看不行,还要价格便宜。
④你别光伤心了,再想想办法吧。
⑤光学费就花了三千多块。
⑥教室里不光他一个人,还有别人。

◎ **结构特点**

"光"一般用在动词性、形容词性成分前,作状语;也可以用于名词性成分前。

①S+光+VP/AP
他每天光玩儿不学习。
你别光伤心，想想有没有什么办法。

②光+NP
教室里不光他一个人，还有别人。

◎ **小提示**

"光"用在名词性成分前时，后边常有"就+动词+数量短语"。例如：
光学费就花了三千多块。
光米饭就吃了两碗。

15 范围、协同副词（2）：仅、仅仅 【三13】

◎ **基本语义及用法**

表示限定某个范围，除此之外没有其他的。多用于书面语。
It defines a scope beyond which there is nothing else. It is often used in written Chinese.

◎ **典型例句和对话**

例句	①今天来上课的仅有五个学生。	②仅王明一个人就交了三篇文章。	③这次旅行仅仅花了三千块。
交际实践	（在办公室） 老师A：最近很多人感冒了。 老师B：是啊，今天来上课的仅有五个学生。	（在办公室） 老师A：你们班有人参加作文比赛吗？ 老师B：有不少人参加，仅王明一个人就交了三篇文章。	（在房间） A：你去了这么多地方，一定花了很多钱吧？ B：没有，这次旅行仅仅花了三千块。

◎ **补充例句**

①今天我们仅讨论这个问题。
②体育馆仅对校内教师和学生开放。
③仅我们学校就有五百人。
④我跟她仅仅见过两次面。
⑤今年商品的出口数量仅仅达到去年的一半。
⑥仅仅孩子的学费就是他半年的工资。

◎ **结构特点**

"仅、仅仅"一般用在动词性成分前,作状语;也可以用在名词性成分的前面。

① S + 仅/仅仅 + VP
今天 我们 仅 讨论这个问题。
这次旅行 仅仅 花了三千块。

② 仅/仅仅 + NP
仅 我们学校 就有五百人。
仅仅 孩子的学费 就是他半年的工资。

◎ **小提示**

(1)"仅"多用于书面语。例如:

他父亲去世时,年仅三十岁。

(2)"仅、仅仅"用在名词性成分前面时,后边一般有"就+动词+数量短语"。

例如:

仅我们学校就有五百人。

仅仅中文作业我就做了一个小时。

16 范围、协同副词(3):就³

[三 13]

◎ **基本语义及用法**

表示限定范围,除此之外没有其他。

It defines a scope beyond which there is nothing else.

◎ **典型例句和对话**

例句	①我就拿了一支笔。	②他就会说英文,不会说中文。	③我们就电脑还没买。
交际实践	(在教室) A:我忘了带笔,你能借我一支吗? B:不好意思,我就拿了一支笔。	(在车上) 司机:你朋友会说中文吗? 乘客:他就会说英文,不会说中文。	(在家) 妈妈:你和弟弟上学的东西都准备好了吗? 哥哥:大部分东西都准备好了,我们就电脑还没买。

262

◎ **补充例句**

①他就会说好听的话，什么活儿都不干。
②我就要这条裤子，不要别的。
③教室里就他一个人。
④我们班就他知道这个消息。
⑤他们就一个儿子。
⑥书架上就那么几本书。

◎ **结构特点**

（1）"就³"一般用在动词性成分的前边，作状语。

S + 就³ + VP
我　就　拿了一支笔。
他　就　会说英文，不会说中文。

（2）"就³"也可以用在名词性成分前。

S + 就³ + NP
教室里　就　他一个人。
我们　就　电脑　还没买。

◎ **小提示**

"就³"一般要重读。

17 范围、协同副词（4）：至少

【三13】

◎ **基本语义及用法**

限定范围，表示最低限度。
It defines a scope, indicating the minimum limit.

◎ **典型例句和对话**

例句	①教室里至少有五十个人。	②她至少四十岁了。	③你至少应该听听他的理由。
交际实践	（在教室） A：今天怎么有这么多人来听课？ B：是啊，教室里至少有五十个人。	（在看电影） A：这个女演员真年轻啊！ B：年轻吗？她至少四十岁了。	（在家） 妈妈：我不明白，儿子为什么要在外面租房子？ 爸爸：别急，你至少应该听听他的理由。

◎ **补充例句**

①你至少要写五遍汉字。
②从这儿到车站，至少要走十分钟。
③每年的学费至少两万块。
④这篇文章至少五千字。
⑤你至少听说过他的名字吧？
⑥至少，我们应该去看看他。

◎ **结构特点**

（1）"至少"一般用在动词性成分前，作状语；动词后边经常有数量短语。

> ① S + 至少 + VP
> 　你　至少　听说过他的名字吧？
> 　你　至少　应该听听他的理由。
>
> ② S + 至少 + V + NumP + N
> 　教室里　至少　有
> 　五十个　人。
> 　我们　每个星期　至少
> 　打　两次　电话。

（2）在口语中，"至少"后边也可以直接加数量短语。

> S + 至少 + NumP（+N）
> 这篇文章　至少　五千　字。
> 她　至少　四十岁　了。

💡 **小提示**

"至少"可以放在主语前边，这时"至少"后常有停顿。例如：
至少，我们应该去看看他。
别人怎么样我不知道，至少，我没听说过这件事。

18 时间副词（1）：本来 【三14】

◎ **基本语义及用法**

原先，先前。

It means "originally; formerly".

◎ **典型例句和对话**

例句	①会议本来在星期一举行，但是现在改时间了。	②我本来打算当老师，但是现在改主意了。	③本来我们计划去爬山，但是突然下雨了，只能取消了。
交际实践	（在公司） A：会议是在星期一举行吗？ B：会议本来在星期一举行，但是现在改时间了。	（在学校） 老师：你毕业以后想做什么？ 学生：我本来打算当老师，但是现在改主意了。	（在家） 妈妈：今天是周六，你怎么没出去玩儿？ 女儿：本来我们计划去爬山，但是突然下雨了，只能取消了。

◎ **补充例句**

①本来这座山上的树是绿的，现在变成黄的了。
②他本来成绩很好，但是迷上了电子游戏以后就不行了。
③他本来想买电脑，但是钱不够。
④这种小事本来就不应该麻烦别人。
⑤他本来身体很差，后来经常运动，变得越来越好了。
⑥他本来是农民，现在是成功的商人。

◎ **结构特点**

"本来"主要作状语，可用在主语后边，也可以用在主语前边。

①S + 本来 + P

会议 本来 在星期一举行，但是现在改时间了。
他 本来 身体很差，现在很结实。

②本来 + S + P

本来 他 想买电脑，但是钱不够。

19 时间副词（2）：才² 【三14】

◎ **基本语义及用法**

指刚刚，表示事情或者动作是在说话前不久发生的。

It means "just now", indicating the event or action happened not long before the time of speaking.

◎ **典型例句和对话**

例句	①他才起床，让我们等一下儿。	②你怎么才来就要走？	③我才回来。
交际实践	（在家） 妈妈：吃早饭了，你哥哥呢？ 弟弟：他才起床，让我们等一下儿。	（在家） 主人：你怎么才来就要走？ 客人：公司有人找我，我得赶紧走。	（在家） 女儿：家里的水果吃光了，方便面也没有了，我们去超市吧。 妈妈：我才回来，休息一下儿再去。

◎ **补充例句**

①小声点儿，他才睡着。
②我才要去你家里找你，你就来了。
③我等了半天，你怎么才来？
④他才来公司不久，认识的人不多。
⑤他才回国，还没有开始找工作。
⑥他才放下电话，就听见说话声了。

◎ **结构特点**

"才²"在句中作状语，放在动词性成分前。

S + 才² + VP
我　才　回来。
他　才　起床，让我们等一下儿。

20 时间副词（3）：曾经

【三.14】

◎ **基本语义及用法**

表示某种动作、行为或者情况是以前某段时间存在或发生过的。
It indicates a certain action, behavior or situation once existed or happened in the past.

◎ **典型例句和对话**

例句	①我曾经学过一年中文。	②我曾经是这个学校的学生。	③你曾经来过这里吗？
交际实践	（在教室） A：你看得懂中国电影吗？ B：看得懂，我曾经学过一年中文。	（在学校门口） A：你怎么对这个学校这么熟？ B：我曾经是这个学校的学生。	（在火车站） A：你曾经来过这里吗？ B：我在这里工作过十年。

◎ **补充例句**

①我曾经去过北京。
②他曾经是一个农民，现在当上了老板。
③几年前曾经下过一场雪。
④这个演员曾经很有名。
⑤他们曾经在这里工作了一年。
⑥他曾经学过游泳。

◎ **结构特点**

"曾经"作状语，放在主语后面、动词性或者形容词性成分的前面；动词性成分后经常用动态助词"了¹、过"。

①肯定形式：
a. S + 曾经 + V + 过/了¹ + O/时量补语
　我　曾经　去　过　北京。
　他们　曾经　在这里
　工作了　一年。

b. S + 曾经 + AP
　这个演员　曾经　很有名。

②否定形式：
　S + 不 + 曾 + V + 过 + O
　我　不　曾　去　过　北京。

21 时间副词（4）：从来 [三14]

◎ **基本语义及用法**

指向来、一向，表示动作、行为或情况从过去到现在一直没变。
It means "all along", indicating an action, behavior or situation has been always so from past to present.

◎ **典型例句和对话**

例句	①他从来不喝酒。	②我从来没吃过这种食物。	③他的房间从来都很干净。
交际实践	（在商店） A：我们给他买一瓶酒怎么样？ B：他从来不喝酒。	（在饭店门口） A：我带你去吃饺子吧。 B：太好了，我从来没吃过这种食物。	（在办公室） A：小李是一个很爱干活儿的人吧？ B：是的。他的房间从来都很干净。

◎ **补充例句**

①这种事我从来没听说过。
②她从来都是这么乐观。
③我从来都没去过北京。
④他们对工作从来都那么认真。
⑤我从来不觉得是你的错。
⑥姐姐从来没学过中文。

◎ **结构特点**

"从来"用在主语后面、形容词性或者动词性成分的前面，作状语。"从来"后边经常用"都"或否定副词"不、没"。

①肯定形式：
S + 从来 + 都 + AP / VP
他的房间 从来 都 很干净。
我跟他比赛 从来 都 是输。

②否定形式：
S + 从来 + 没 / 没有 / 不 + AP / VP
我 从来 没 吃过这种食物。
他 从来 没有 这样认真过。
我 从来 不 觉得是你的错。

💡 **小提示**

"从来+没/没有+AP"结构中,如果在形容词性成分前如加上"这么、这样"等,意思就完全改变了。例如:

他从来没有认真过。(现在也不认真)

他从来没有这样认真过。(现在比以前任何时候都认真)

22 时间副词(5):赶紧

【三14】

◎ **基本语义及用法**

表示抓紧时机,紧急。

It means "losing no time and hurrying up".

◎ **典型例句和对话**

例句	①听到这个消息,他赶紧跑回家去了。	②你赶紧去追,他还没走远。	③赶紧走吧,别晚了。
交际实践	(在办公室) A:听说他妈妈进医院了。 B:是的。听到这个消息,他赶紧跑回家去了。	(在办公室) A:刚才开会的时候,我朋友来过了? B:是啊,你赶紧去追,他还没走远。	(在家) A:还有半小时电影就要开始了。 B:赶紧走吧,别晚了。

◎ **补充例句**

①你累了一天了,赶紧坐下休息吧。

②孩子病得不轻,要赶紧送医院。

③你赶紧通知大家,明天的会议改时间了。

④下雨了,我要赶紧去学校接孩子。

⑤比赛马上开始了,你赶紧再准备准备。

⑥听到有人叫他的名字,他赶紧去开门。

◎ **结构特点**

"赶紧"用在动词性成分的前面,作状语;可以用于陈述句,也可以用于祈使句。

> S + 赶紧 + VP
> 听到有人叫他的名字,他 赶紧 去开门。

💡 小提示

(1)"赶紧"不能放在主语前面。例如:
 * 听到有人叫他的名字,赶紧他去开门。
 听到有人叫他的名字,他赶紧去开门。

(2)"赶紧"一般不用在否定句中,但表祈使义的否定句中可以用"赶紧"。例如:
 * 他不赶紧去开门。
 * 他没/没有赶紧去开门。
 还不赶紧去开门!

23 时间副词(6):赶快 【三 14】

◎ **基本语义及用法**

强调加快速度。
It emphasizes the fast speed.

◎ **典型例句和对话**

例句	①他很不舒服,我们要赶快送他去医院。	②你赶快决定吧,想好了告诉我。	③他还没上车,你赶快去找找他。
交际实践	(在教室) A:小王怎么了? B:他很不舒服,我们要赶快送他去医院。	(在办公室) A:对不起,我还没想好要不要报名。 B:你赶快决定吧,想好了告诉我。	(在火车上) A:火车要开了,他人呢? B:他还没上车,你赶快去找找他。

◎ **补充例句**

①我们要赶快走,马上要下雨了。
②你赶快给你妈妈打电话,她还在等你的消息。
③时间不早了,我们赶快走吧。
④你要赶快改掉这个坏习惯。
⑤如果一切都准备好了,我们就赶快出发吧。
⑥听到老师叫他,他赶快跑了出去。

◎ 结构特点

"赶快"在主语后、动词性成分前，作状语；可以用于陈述句，也可以用于祈使句。

S + 赶快 + VP

他还没上车，你 赶快 去找找他。

小提示

（1）"赶快"不能放在主语前面。例如：
* 他很不舒服，赶快我们要送他去医院。
  他很不舒服，我们要赶快送他去医院。

（2）"赶快"多用于祈使句，表示催促，一般不用在否定句中。例如：
* 你不赶快决定去不去。
* 你没/没有赶快决定去不去。
  你赶快决定去不去。

24 时间副词（7）：立刻 【三14】

◎ 基本语义及用法

表示动作行为或情况紧接着某个时候发生。一般用于书面语，也可用于口语。

It indicates an action or situation happens soon after another action or situation. It is usually used in both spoken and written Chinese.

◎ 典型例句和对话

例句	①经理来电话，叫我立刻去她的办公室。	②接到老师的电话，他立刻去学校了。	③这条街修过以后，立刻就变得不一样了。
交际实践	（在办公室） A：经理来电话，叫我立刻去她的办公室。 B：那你快去吧。	（在家） 妈妈：马上吃饭了，儿子呢？ 爸爸：接到老师的电话，他立刻去学校了。	（在教室） A：这条街的变化真大，我都快认不出了。 B：是啊。这条街修过以后，立刻就变得不一样了。

◎ **补充例句**

①一说到结婚，他的脸立刻红了。
②她说要用我的电脑，我立刻就借给她了。
③她一进教室，大家立刻笑了起来。
④下课以后，同学们立刻走出教室。
⑤一放假，我的心情立刻变好了。
⑥老师讲完方法后，他立刻就做出了这道题。

◎ **结构特点**

"立刻"放在主语后、动词性或形容词性成分前，作状语。

> S + 立刻 + VP / AP
>
> 接到老师的电话，他　立刻　去学校了。
> 一说到结婚，他的脸　立刻　红了。

💡 **小提示**

"立刻"多用于书面语，且不能放在句末。例如：

＊经理来电话，叫我去她的办公室立刻。

　经理来电话，叫我立刻去她的办公室。

25 时间副词（8）：连忙

【三14】

◎ **基本语义及用法**

强调动作的连续、相连或紧接着。

It emphasizes the continuousness, connection or immediate succession of actions.

◎ 典型例句和对话

例句	①看到一位老人上车，我连忙站起来让他坐。	②我连忙点头表示同意。	③看他不舒服，我们连忙把他送到了医院。
交际实践	（在公交车上） A：你不是有座位吗？怎么站着？ B：刚看到一位老人上车，我连忙站起来让他坐。	（在教室） A：你对昨天老师提出的建议有什么想法吗？ B：没有意见。老师一说，我连忙点头表示同意。	（在家） 妈妈：今天怎么回来这么晚？ 儿子：有个同学生病了，看他不舒服，我们连忙把他送到了医院，现在还在做检查呢。

◎ 补充例句

①事故发生后，公司连忙展开了调查。

②她看见我，连忙跑过来，紧紧握住了我的手。

③大家问他去不去，他连忙点头。

④已经快九点了，我连忙出门打车。

⑤上课了，同学们连忙走进教室。

⑥经理说要给我发文件，我连忙打开电脑。

◎ 结构特点

"连忙"用在主语后、动词性成分前，作状语；一般用于陈述句。

> S + 连忙 + VP
> 看到一位老人上车，我　连忙　站起来让他坐。

💡 小提示

"连忙"只用于陈述句，不能用于祈使句，也不能用于未发生的动作。例如：

*有话连忙说！

有话赶快/赶紧说！

26 时间副词（9）：始终 【三14】

◎ 基本语义及用法

表示从开始到结束的整个过程持续不变。一般用于书面语。
It indicates remaining unchanged from beginning to end. It is often used in written Chinese.

◎ 典型例句和对话

例句	①她在中国留学的时候，始终坚持每天说中文。	②我们始终保持着联系。	③他始终都没有忘记"坚持"二字。
交际实践	（在学校） A：她的中文说得真好！有什么好的经验吗？ B：她说她在中国留学的时候，始终坚持每天说中文。	（在公司） A：你怎么会有小张的电话？ B：虽然他离开公司了，但我们始终保持着联系。	（在家） 妈妈：这次比赛儿子终于成功了！ 爸爸：太好了！他始终都没有忘记"坚持"二字。

◎ 补充例句

①他失败了很多次，但始终没有失去信心。
②我在学校门口等了很久，他始终没有出现。
③经理始终认真对待工作，才有今天的成功。
④孙老师对这件事情的态度始终没有改变。
⑤不论是冬天还是夏天，他始终坚持体育运动。
⑥这么多年过去了，他始终没有失去目标。

◎ 结构特点

"始终"放在主语后、动词性成分前，作状语。

> S + 始终 + VP
> 在中国留学的时候，她　始终　坚持每天说中文。

小提示

"始终"不能放在主语前面。

* 始终经理认真对待工作。

  经理始终认真对待工作。

27 时间副词（10）：已

【三 14】

◎ **基本语义及用法**

强调动作行为已经完成，或实现某种变化。一般用于书面语。

It emphasizes that the action has already been completed or a change has been attained. It is usually used in written Chinese.

◎ **典型例句和对话**

例句	①我们已做好下个月的工作计划。	②这个问题已讨论过了。	③这间教室里已安装了新设备。
交际实践	（在开会） 经理：你们这个月的工作完成得怎么样了？ 员工：这个月的工作完成了，我们已做好下个月的工作计划。	（在教室） A：这个问题大家讨论了吗？ B：这个问题已讨论过了。我们决定明天公布结果。	（在学校） A：这间教室和以前的有什么不同？ B：您看，这间教室里已安装了新设备。

◎ **补充例句**

①那个问题我们已想出解决办法。
②这个任务已顺利完成。
③时间已过，没有办法了。
④事情已结束，不要再想了。
⑤上课前，我已打开电脑。
⑥活动已结束，我们可以离开了。

◎ **结构特点**

"已"在主语后、动词性或形容词性成分前，作状语。

> S + 已 + VP / AP
> 我们　已　做好了下个月的工作计划。

小提示

"已"不能放在句首或句末。例如：

* 已这个问题讨论过了。
* 这个问题讨论过了已。

这个问题已讨论过了。

28 时间副词（11）：早已

【三 14】

◎ **基本语义及用法**

表示事情发生的时间过去很久了，与"已"比，"早已"带有一定描述性，强调时间过去得久。

It indicates that something has been completed since a long time ago. Compared with 已, 早已 is descriptive, emphasizing that a long time has passed.

◎ **典型例句和对话**

例句	①他早已离开北京了。	②考试早已结束，你来晚了。	③他早已不在这儿工作了。
交际实践	（在学校） A：你的朋友还在北京吗？ B：这学期的课程已经结束了，他早已离开北京了。	（在学校门口） 老师：考试早已结束，你来晚了。 学生：我不是故意的，我记错了考试时间。	（在公司） 客户：你好，我想找李经理，请问他的办公室在几楼？ 员工：对不起。他早已不在这儿工作了。

◎ **补充例句**

①你的信我早已收到了。
②你要的东西，我早已给你准备好了。
③这件事他们早已知道了，你不用再说了。
④他早已学会如何使用这个电脑了。
⑤老师进来的时候，教室里早已安静了。
⑥这部电影我们早已看过了。

◎ 结构特点

"早已"在主语后、动词性或形容词性成分前，作状语。

> S + 早已 + VP/AP
> 他　早已　离开北京了。
> 教室里　早已　安静了。

◎ 小提示

"早已"不能放在句末或者主语前面。例如：
* 他离开北京了早已。
* 早已他离开北京了。
　他早已离开北京了。

29　频率、重复副词（1）：通常 【三15】

◎ 基本语义及用法

表示在一般情况下，行为、事情有规律地发生，表示动作的一贯性，与"特殊情况"（例外）相对。

It indicates that under usual circumstances, an activity or event takes place regularly, showing the consistency of an action, contrary to "special circumstances" (exceptions).

◎ 典型例句和对话

例句	①李经理通常很早就到公司。	②王老师通常是不会晚到的。	③周末他通常去父母家。
交际实践	（在公司） A：怎么这么早办公室的灯就开了？ B：应该是李经理，李经理通常很早就到公司。	（在教室） 学生：王老师怎么还没来？ 班长：我去办公室看看，王老师通常是不会晚到的。	（在办公室） A：周末看电影要不要请小王一起去？ B：周末他通常去父母家，不过可以问问他。

◎ **补充例句**

①通常他早晨六点半起床。
②她下班后通常先去超市买点儿水果,然后再回家。
③我们公司通常每周一早上9点开会。
④他通常坐地铁回家。
⑤他通常不会生那么大气。今天发生了什么?
⑥放假的时候,你通常会做什么?

◎ **结构特点**

"通常"作状语,可以放在主语前,也可以放在主语后。

①S + 通常 + VP
　李经理　通常　很早就到公司。

②通常 + S + VP
　通常　他　早晨六点半起床。

💡 **小提示**

用"通常"的句子如果表示否定,"不"只能放在"通常"后面。例如:

*他不通常会生那么大气。

他通常不会生那么大气。

30 频率、重复副词(2):往往

【三15】

◎ **基本语义及用法**

表示根据过去的经验,某种情况在一定条件下一般存在或经常发生,有一定的规律性,一般用于陈述客观情况,不能用于陈述主观意愿。

It indicates that according to previous experience, a certain situation usually exists or frequently occurs under a certain condition, showing some regularity. It is usually used for objective situations rather than subjective wishes.

◎ **典型例句和对话**

例句	①为了记住一个汉字，他往往要写很多遍。	②他星期天往往去图书馆看书。	③冬天，北方往往会下雪。
交际实践	（在中文课上） A：他的汉字写得真好！ B：为了记住一个汉字，他往往要写很多遍。	（在家） 妈妈：儿子去哪儿了？ 爸爸：你忘了？他星期天往往去图书馆看书。	（在学校） A：北方的冬天是什么样子的？ B：冬天，北方往往会下雪，到处一片白色，美极了。

◎ **补充例句**

①他夏天往往去游泳。
②春节时，我们一家往往去爷爷奶奶家过年。
③天气好的时候，我们往往在院子里喝下午茶。
④他每天早上很早出门，往往到晚上八九点钟才回家。
⑤休息的时候，他往往一个人去公园散步。
⑥起床后，他往往会先喝一杯水。

◎ **结构特点**

"往往"用在主语后、动词性成分前，作状语。

S + 往往 + VP
为了记住一个汉字，他　往往　要写很多遍。

◎ **小提示**

"往往"是对到现在为止出现的情况的总结，所以常用于过去的事情，不能用于将来发生的情况；"往往"也没有否定形式，不受否定词修饰。例如：

﹡他明年夏天的时候往往去游泳。
﹡他夏天往往不去游泳。
　他夏天往往去游泳。

31 频率、重复副词（3）：总 【三15】

◎ 基本语义及用法

表示频率很高，且持续不变，一直、一向。
It indicates the frequency is high and remains unchanged, meaning "always; all along".

◎ 典型例句和对话

例句	①我总弄不明白什么时候用"把"字句，常常一说就错。	②我算了好几次，总也算不对。	③她总在最后一刻走进教室。
交际实践	（下课后） A：我总弄不明白什么时候用"把"字句，常常一说就错。 B：这个我会，我来帮助你。	（在教室） A：这道计算题太难了，我算了好几次，总也算不对。 B：是挺难的，我们去问问老师吧。	（上课前） A：快上课了，小张还没来。 B：看！她来了！她总在最后一刻走进教室。

◎ 补充例句

①老师教了很多次了，他总学不会。
②我很想跟你一起吃饭，但总也没时间。
③爸爸总买一些没有用的东西。
④晚饭后，他总要到公园散步。
⑤妈妈总能明白我的想法。
⑥他上课时不专心，总喜欢跟同学说话。

◎ 结构特点

"总"用在主语后、动词性成分前，作状语。

> S + 总 + VP
> 晚饭后，他　总　要到公园散步。

◎ 小提示

"总"后面是"也"时，不管"总"的前面有没有表示转折意义的"但"，"也"

后面的动词都只能用否定形式。例如：

*我很想跟你一起吃饭，但总也有时间。
　我很想跟你一起吃饭，但总也没时间。
*我算了好几次，总也算对。
　我算了好几次，总也算不对。

32 频率、重复副词（4）：总是　【三 15】

◎ **基本语义及用法**

表示一直如此，经常如此。
It means "always so; frequently so".

◎ **典型例句和对话**

例句	①他去机场总是提前两小时出发。	②她说的话总是这么有道理。	③爷爷身体不太好，总是生病。
交际实践	（在办公室） A：小王出发了吗？ B：他已经走了。他去机场总是提前两小时出发。	（在家） A：老师说的话你想通了吗？ B：早想通了。她说的话总是这么有道理。	（在学校） A：你爷爷奶奶身体怎么样？ B：爷爷身体不太好，总是生病；奶奶身体不错。

◎ **补充例句**

①早点儿起床，别总是让我等你。
②他对我们的态度总是这么亲切。
③努力的人总是会比别人得到更多的机会。
④别人劝他，他总是不听。
⑤经理总是能指出大家工作中存在的问题。
⑥他学习总是这样努力。

◎ **结构特点**

"总是"放在主语后、动词性或者形容词性成分前，作状语。

① S + 总是 + VP	② S + 总是 + 这么/那么（这样/那样）+ AP / VP
他 去机场 总是 提前两小时出发。 别人劝他，他 总是 不听。	他对我们的态度 总是 这么亲切。 她说的话 总是 这么 有道理。

💡 小提示

当"总是"后面是形容词时，形容词前面往往要加"这么、那么、这样、那样"等修饰语。例如：

他对我们的态度总是这么亲切。

他学习总是这样努力。

33 关联副词：再²

【三 16】

◎ **基本语义及用法**

表示一个动作发生在另一个动作之后。
It indicates that one action happens after another action.

◎ **典型例句和对话**

例句	①我们做完作业再玩儿游戏。	②你洗了手再吃水果。	③你看完小说再看电影。
交际实践	（在教室） A：我们先别写作业了，玩儿游戏吧。 B：我们做完作业再玩儿游戏。	（在家） A：妈妈，我想吃点儿水果。 B：好的。你洗了手再吃水果吧。	（讨论电影） A：这部电影还有小说，先看哪个呢？ B：你看完小说再看电影，这样更有意思。

◎ **补充例句**

①你先洗干净，然后再吃。

②我先去北京大学，再去北京语言大学。

③好好休息，感冒好了再上班。

④你把这个工作做完再走。

⑤你看完这个节目再走。

⑥我先吃完饭再去找你。

◎ **结构特点**

"再²"常用来连接两个动词性短语,第一个动词性短语前可以加"先";前后两个动作的主语可以相同,也可以不同。

$S_1(+先)+VP_1+S_2(/S_1)+再^2+VP_2$
你 先 进来,我 再 说这件事。
我 先 去北京大学,再 去北京语言大学。
你 洗完手 再 吃水果。

◎ **小提示**

"再²"前的动词后经常加"完、了"等,有时"再²"前还可加"然后"。
*你先洗干净,再然后吃。
　你先洗干净,然后再吃。
　你洗完手再吃水果。

34 方式副词(1):互相、相互　　【三17】

◎ **基本语义及用法**

表示二者之间进行相同的动作或具有相同的关系。
It means A and B perform the same action on each other or have the same relationship.

◎ **典型例句和对话**

例句	①大家要互相帮助。	②我们应该相互关心,相互照顾。	③同学们互相不认识,很少说话。
交际实践	(在教室) A:我叫阿里,法国人,认识你们很高兴。 B:认识你我也很高兴。以后大家要互相帮助。	(在公司) A:这次麻烦您了,我真不知道怎么感谢您。 B:不客气,大家是同事,我们应该相互关心,相互照顾。	(打电话) A:开学第一天,你们班的新同学怎么样? B:不太清楚。同学们互相不认识,很少说话。

◎ **补充例句**

①同学们互相/相互打了招呼。
②老师让我们互相/相互检查有没有写错的字。
③很难说是谁影响了谁，很可能是两个人互相/相互影响。
④姐姐和我互相/相互不喜欢对方。
⑤我们是一个组的，应该互相/相互配合，互相/相互信任。
⑥同学们应该互相/相互交流，互相/相互学习。

◎ **结构特点**

"互相、相互"在动词性成分前，作状语；句子的主语要求是复数形式，或者用介词"跟、和"引入另一个对象。

> S + 互相/相互 + VP
> 我们　互相/相互　认识。
> 姐姐和我　互相/相互　不喜欢对方。

💡 **小提示**

（1）"互相、相互"与动词之间能加入其他成分。
　　 那次吵架之后，他们互相不再说话。
（2）"互相、相互"一般不修饰单个的单音节动词。
　　 *互相认
　　 互相认识
　　 互相打招呼
（3）与能愿动词共现时，"互相、相互"位于能愿动词后。
　　 她们虽然来自一个国家，但说的话不同，不能互相交流。

35　方式副词（2）：尽量

【三17】

◎ **基本语义及用法**

表示力求在一定范围内达到最大的限度。
It indicates striving to reach the maximum limit within a scope.

◎ **典型例句和对话**

例句	①志愿者要尽量自己克服困难。	②我们要尽量发现对方的优点。	③我们尽量早一点儿去吧。
交际实践	（志愿者考试） A：遇到困难可以找谁呢？ B：志愿者要尽量自己克服困难。	（在房间） A：我发现王一有很多缺点。 B：是的，但是我们要尽量发现对方的优点。	（商量出发时间） A：我们明天几点出发？ B：我们尽量早一点儿去吧。七点吧，怎么样？

◎ **补充例句**

①尽量把你知道的都告诉我们。
②虽然工作很忙，但学习时间要尽量保证。
③只要我能做到的，我尽量做到。
④跟留学生说话要尽量慢一点儿。
⑤我会尽量多准备一点儿。
⑥你自己的事尽量自己做吧。

◎ **结构特点**

"尽量"主要在动词性或形容词性成分前，作状语。

> S + 尽量 + VP / AP
> 只要我能做到的，我　尽量　做到。
> 你　尽量　慢一点儿。

💡 **小提示**

"尽量"与动词、形容词之间若有其他状语，这两个状语的位置不能互换。例如：

*你自己尽量做吧。
　你尽量自己做吧。
*慢点儿尽量走。
　尽量慢点儿走。

36 方式副词（3）：亲自 【三 17】

◎ 基本语义及用法

强调动作、行为由自己直接进行，用来修饰动词，作状语。

It emphasizes that an action or behavior is done by oneself, used as an adverbial modifier before a verb.

◎ 典型例句和对话

例句	①校长亲自联系学生实习的公司。	②麻烦您亲自去一趟，好好和他谈谈。	③过几天我一定亲自去向您请教。
交际实践	（讨论如何找实习） A：我们怎么找公司实习啊？ B：不用担心，校长亲自联系学生实习的公司。	（在公司） A：他不愿意把这个任务交给我们。 B：麻烦您亲自去一趟，好好和他谈谈。	（打电话） A：我们有时间再见。 B：好，过几天我一定亲自去向您请教。

◎ 补充例句

①他亲自带领我们参观了大使馆。
②情况很紧急，你亲自去一趟吧。
③市长亲自来检查卫生情况。
④我们领导亲自写文件，不用我写。
⑤这道菜是你亲自做的？
⑥领导亲自主持了这场会议。

◎ 结构特点

"亲自"用在动词性成分前，作状语。

> S + 亲自 + VP
> 校长　亲自　来检查卫生。

💡 小提示

"亲自"指一般应该由别人做的事情因为某种原因自己做了，强调事情的特殊性，所以不能用在一般应该由自己做的事情上。例如：

＊学生亲自写作业。（作业本来就应该是学生自己完成）
　领导亲自写文件，不用我写。（本应该"我"写，结果却是领导自己写了）

37 情态副词（1）：大概

◎ 基本语义及用法

表示对数量、时间不是很精确的估计，也表示对情况的估计。

It indicates an inaccurate estimation of quantity or time, or a guess of the situation.

◎ 典型例句和对话

例句	①他大概十五岁。	②我大概星期五回北京。	③他病了，今天大概不会来上课了。
交际实践	（在学校） A：你看那个人有多大？ B：他大概十五岁。	（打电话） 妈妈：你什么时候回来？ 儿子：我大概星期五回北京。	（在教室） A：王小明今天怎么没来上课？ B：他病了，今天大概不会来上课了。

◎ 补充例句

①王老师大概五十岁。
②我大概下周去中国。
③我们大概走了十分钟。
④我讲了大概一个小时。
⑤明天大概要下雨。
⑥这道题大概没错，你再问问老师。

◎ 结构特点

① S + 大概 + NumP / T（+ VP）
　他　大概　十五岁。
　我　大概　星期五　回北京。
② S + 大概 + V + NumP / T
　王一　大概　有　二十多岁。
　我们　大概　走了　十分钟。
③ S + V + 大概 + NumP / T
　我　讲了　大概　一个小时。
④ S + 大概 + VP
　明天　大概　要下雨。

小提示

"大概"表示对数量、时间的估计时,一般不放在主语前。例如:

* 大概他十五岁。

他大概十五岁。

38 情态副词(2):恐怕

【三 18】

◎ **基本语义及用法**

表示估计,往往带有担心的情绪。
It indicates an estimation, usually showing one's worry.

◎ **典型例句和对话**

例句	①我头有点儿疼,恐怕是感冒了。	②他出国恐怕已经有三年多了吧。	③这样做恐怕很危险。
交际实践	(在家) 妈妈:儿子,你怎么了? 儿子:我头有点儿疼,恐怕是感冒了。	(在饭店) A:王一出国多久了? B:他出国恐怕已经有三年多了吧。	(在公司) A:我们把汽车停在门口吧? B:这样做恐怕很危险。

◎ **补充例句**

①他恐怕走了三天了。
②我感冒了,恐怕明天不能去学校。
③这道题恐怕是你做错了。
④恐怕明天会下雨。
⑤你这么做,经理恐怕不会同意。
⑥咱们不做作业,光玩儿游戏,妈妈恐怕会生气。

◎ **结构特点**

(1)"恐怕"表示对数量的估计时,语义上修饰的是后面的数量短语。

① S + 恐怕 + NumP(+N)+ VP
我 恐怕 一个 小时 才能 写完作业。
我 恐怕 一个 都吃不完。

② S + 恐怕 + V + NumP(+N)
我 恐怕 站了 一个 小时。

（2）"恐怕"表示对情况的估计或估计兼担心时，后面往往有动词性成分，此时"恐怕"可在主语前，也可在主语后。

①S + 恐怕 + VP
明天　恐怕　会下雨。
这个运动　恐怕　会很危险。

②恐怕 + S + VP
恐怕　经理　不会同意。
恐怕　他　会很伤心。

小提示

"恐怕"后面是动词性或形容词性成分时，表示对情况估计的同时兼表担心，"大概"不表担心。例如：

咱们不做作业，光玩儿游戏，妈妈恐怕会生气。（估计兼担心）
咱们不做作业，光玩儿游戏，妈妈大概会生气。（估计）

39　语气副词（1）：白

[三19]

◎ 基本语义及用法

在动词谓语前，表示做的事情没有效果。
It is used before the verbal predicate to indicate that something is done in vain.

◎ 典型例句和对话

例句	①老师不在办公室，我白去了。	②你说也白说，他根本不听。	③我白费力气了。
交际实践	（在教室） A：你找到老师了吗？ B：老师不在办公室，我白去了。	（在公司） A：我昨天跟王一说了很多。 B：你说也白说，他根本不听。	（在家） A：我还是想吃饭。 B：说了这么半天，我白费力气了。这么晚了，别吃了。

◎ 补充例句

①昨天他不在家，我白去了。
②我不知道今天银行不开门，白来了。
③这件事我是不是白说了？
④我真是白疼你了。
⑤我白浪费感情了。
⑥作业不是这个，我白写了。

◎ **结构特点**

```
S + 白 + VP + 了
我  白  费力气  了。
我  白  去  了。
```

◎ **小提示**

"S+白+VP+了"后面的小句,其行为结果应该与说话人预想的不一致。例如:

*我白跑了,他在家。

我白跑了,他不在家。

40 语气副词(2):并[1]

◎ **基本语义及用法**

加强否定语气,一般放在"不、没有"等词前面,表达与已知相反的认识,强调事实不是对方所说或一般所认为的那样。

It strengthens the tone of negation, usually used before words like 不 or 没有. It expresses a negative opinion, implying the actual situation.

◎ **典型例句和对话**

例句	①这次考试并没有他们说的那么简单。	②我并没有错。	③这件事并不是你想的那样。
交际实践	(考试后) A:你觉得这次考试简单吗? B:这次考试并没有他们说的那么简单。	(在公司) A:你先跟小王说对不起吧。 B:为什么我说?我并没有错。	(在家) A:我知道的这件事背后的原因就是这样。 B:这件事并不是你想的那样。

◎ **补充例句**

①他并没有告诉我这件事。

②他并不愿意相信我。

③他并没有离开，你为什么伤心呢？
④我并不觉得你是为了我好。
⑤他并不会为了这件事感动。
⑥你听我说，事实并不是这样的。

◎ 结构特点

"并¹"后面接"不、没、没有"等否定副词，加强否定语气。

S + 并¹ + 不 / 没 / 没有 + VP
他　并　不　　愿意相信我。
他　并　没有　告诉我这件事。

◎ 小提示

"并¹"常用于转折句。例如：
她躺在床上，但是头脑并没有休息。
我跟他说明了理由，可是他并不愿意相信我。

41 语气副词（3）：当然

【三.19】

◎ 基本语义及用法

表示肯定，合于事理或情理。
It indicates affirmation, meaning being consistent with reason or morality.

◎ 典型例句和对话

例句	①学生当然应该做作业。	②哥哥当然比弟弟大。	③当然，成绩也是重要的。
交际实践	（在家） A：我觉得自己会了，可以不做作业吗？ B：不可以，学生当然应该做作业。	（在公司） A：哥哥和弟弟谁大？ B：哥哥当然比弟弟大，你想什么呢？	（在教室） A：你觉得学习态度和成绩哪个重要？ B：学习态度更重要。当然，成绩也是重要的。

◎ 补充例句

①贵的鱼当然好吃。
②你们不去，我们当然也不去。
③长时间站着，腿当然疼。
④我是小学生了，当然会写这个字。
⑤当然，你也可以先玩儿一会儿游戏。
⑥他没有认真听课，当然不会做这道题。

◎ 结构特点

"当然"修饰动词性或形容词性成分，加强肯定语气。

① S + 当然 + VP / AP	② 当然，S + P
学生　当然　应该做作业。 贵的鱼　当然　好吃。	当然，你也可以先玩儿一会儿游戏。

💡 小提示

"当然"在意义和用法上还可以细分为以下三类：

（1）加强肯定语气。例如：
　　你们不去，我们当然也不去。
（2）与"可是"等词搭配，表示轻度的转折。例如：
　　我去当然是可以的，可是我不太认识路。
（3）表示对上文加以补充。例如：
　　运动对身体很有好处。当然，一定要坚持。

42　语气副词（4）：到底

[三 19]

◎ 基本语义及用法

用于疑问句，表示进一步追究。
It is used in interrogative sentences to indicate a further inquiry.

◎ **典型例句和对话**

例句	①他到底是老师还是学生？	②那里到底冷不冷？	③你到底去哪儿了？
交际实践	（校园里） A：他到底是老师还是学生？ B：他是老师。	（校园里） A：你一会儿说冷，一会儿说不冷。那里到底冷不冷？ B：不太冷。	（在房间） A：我们找了你一天。你到底去哪儿了？ B：我就在图书馆学习啊。

◎ **补充例句**

①你明天到底来不来？
②他到底是不是经理？
③你到底想去留学，还是想在国内工作？
④学校到底哪一天放假？
⑤到底是谁告诉你的？
⑥北京的东西到底便宜还是不便宜？

◎ **结构特点**

"到底"用于疑问句，后面接表示疑问的词语或结构。

① S+到底+V/Adj+不+V/Adj？
　你　明天　到底　来　不　来？
② S+到底+是+A+还是+B？
　你　到底　是　老师　还是　学生？

③ S+到底+V+QPr？
　你　到底　去　哪儿了？

💡 **小提示**

（1）表示疑问的词语必须放在"到底"后边。例如：
　　＊谁到底去？
　　　到底谁去？
（2）带"吗"的疑问句不能用"到底"。例如：
　　＊你到底去吗？
　　　你到底去不去？

43 语气副词（5）：反正 【三 19】

◎ **基本语义及用法**

表示坚决肯定的语气，或强调在任何情况下都不会改变结果。

It indicates a tone of resolute affirmation or emphasizes that the result won't change under any circumstances.

◎ **典型例句和对话**

例句	①我不知道是谁做的，反正不是我做的。	②你怎么说都没用，反正这件事我帮不了你。	③你们去不去我不管，反正我不去。
交际实践	（在家） A：这件事是谁做的？ B：我不知道是谁做的，反正不是我做的。	（A 想请 B 帮忙） A：你想办法帮帮我吧。 B：你怎么说都没用，反正这件事我帮不了你。	（讨论计划） A：明天我们都去，你也去吧。 B：你们去不去我不管，反正我不去。

◎ **补充例句**

①你不相信也没办法，反正我跟你说了。
②你不相信我也没关系，反正我会始终相信你。
③你去不去？反正我去。
④这也好，那也好，反正都一样。
⑤我不想试了，反正试不试结果都一样。
⑥不用管别人的看法，反正你喜欢就行。

◎ **结构特点**

"反正"通常用在后一分句的主语前，修饰后面的谓语。

> $S_1 + P_1$，反正 + $S_2 + P_2$
> 你　不相信也没办法，反正　我　跟你说了。

◎ **小提示**

"反正"强调在任何情况下都不会改变结果时，前面的分句经常提示有两种条件或情况。例如：

你去不去都行，反正我去。

这也好，那也好，反正都一样。

44 语气副词（6）：根本

◎ 基本语义及用法

一般用于否定句，加强否定语气。表示从头到尾、始终完全没有做某事。

It is usually used in negative sentences to strengthen the tone of negation. It indicates that something has never ever been done.

◎ 典型例句和对话

例句	①他根本不相信我。	②他根本不认识我。	③这件事根本就不是你的错。
交际实践	（在家） A：王一怎么说？ B：他根本不相信我。	（在房间） A：你昨天见到大卫了吗？ B：见到了，但是他根本不认识我。	（在公司） A：这件事是我不对。 B：这件事根本就不是你的错。

◎ 补充例句

①你根本不知道情况，怎么能把事情办好呢？
②去年冬天根本不冷。
③车子开得根本不快。
④他根本不住在这里，你找错了。
⑤我根本就不会去北京。
⑥你记错了，我根本没去过那儿。

◎ 结构特点

"根本"后面接"不、没、没有"，加强否定语气。

> S + 根本 + 不 / 没 / 没有 + VP / Adj
> 我　根本　没　这么说。
> 去年冬天　根本　不　冷。

45 语气副词（7）：果然 【三 19】

◎ 基本语义及用法

表示事实与所说的或所想的一致。
It indicates that the fact is consistent with what's been said or thought.

◎ 典型例句和对话

例句	①天气预报说要下雨，你看果然下了。	②听说这部电影不错，我看了以后发现果然很好看。	③我们都认为你能完成这个任务，你果然做得很好。
交际实践	（在公司） A：天气预报说要下雨，你看果然下了。 B：天气预报真准！	（讨论电影） A：听说这部电影不错，我看了以后发现果然很好看。 B：是吗？我明天也去看看。	（在公司） A：我们都认为你能完成这个任务，你果然做得很好。 B：谢谢大家这么相信我。

◎ 补充例句

①经过一个月的复习，你果然考得很不错。
②我觉得你能完成，果然你做到了。
③每天坚持运动，身体果然健康了。
④大家都说我们性格太不一样，果然最后我们没有成为朋友。
⑤旅游以后心情果然好了很多。
⑥大卫说你一定会来，你果然来了。

◎ 结构特点

语气副词"果然"可以放在主语后、动词性或形容词性成分前，也可以放在主语前。

①S + 果然 + VP / AP
　你　果然　做到了。
　天　果然　阴了。

②果然 + S + VP / AP
　果然　你　考得很不错。
　果然　心情　好了很多。

小提示

"果然"后面所接的事实一定要与前面所听、所说、所想的一致。例如:

* 天气预报说要下雨,你看果然没下。

天气预报说要下雨,你看果然下了。

46 语气副词(8):简直 【三 19】

◎ **基本语义及用法**

强调完全如此或差不多如此,多含有夸张的意味。

It emphasizes being totally or almost so, usually containing an exaggerated tone.

◎ **典型例句和对话**

例句	①这纸花太漂亮了,简直跟真花一样。	②景色太美了,简直像一张山水画。	③对于这件事,我简直就是一个小学生。
交际实践	(在看纸花) A: 这纸花太漂亮了,简直跟真花一样。 B: 真的吗? 送给你了。	(讨论旅行) A: 你们去旅行的那个地方怎么样? B: 景色太美了,简直像一张山水画。	(讨论跳舞) A: 我从来没跳过舞,对于这件事,我简直就是一个小学生。 B: 没关系,多跳几次就好了。

◎ **补充例句**

①人太多了,简直数不清。
②你这不是走,简直是在飞。
③先生画的马,简直跟真的一样。
④他太忙了,简直连吃饭的时间都没有。
⑤他简直跑得像一阵风。
⑥她中文说得非常好,简直就跟中国人一样。

◎ **结构特点**

"简直"的后面常用"是+宾语",有时"简直"与"跟/像……一样"、带"得"的补语一起出现。

① S + 简直 + 是 + NP / VP / AP
我 简直 是 一个小学生。
你 简直 是 在飞。

② (S +) 简直 + 跟 / 像……一样
这 简直 跟真的一样。
景色太美了，简直 像山水画一样。

③ S + 简直 + V + 得 + C
他 简直 跑 得 像一阵风。

 小提示

"简直"与"得"字结构一起出现时，"简直"可以在动词前，也可以在动词后。例如：

他简直跑得像风一样。

他跑得简直像风一样。

47 语气副词（9）：绝对　【三19】

◎ 基本语义及用法

表示百分之百的肯定，没有一丝一毫的怀疑，表达说话人坚定不移的态度。

It indicates a 100% probability without even the slightest doubt, expressing the speaker's resolute attitude.

◎ 典型例句和对话

例句	①我绝对不会告诉别人。	②我绝对不会酒后开车的。	③我绝对能照顾好自己。
交际实践	（在公司） A：你不要跟别人说啊。 B：放心吧。我绝对不会告诉别人。	（在饭店） A：你今天开车了吗？ B：没有。我绝对不会酒后开车的。	（在家） A：儿子，这是你第一次离开家，要注意安全。 B：放心吧。我绝对能照顾好自己。

◎ **补充例句**

①他绝对不会干这种事，我相信他。
②你说得绝对正确。
③这里绝对安静。
④这绝对是个大问题。
⑤我绝对配合您的工作。
⑥我家的苹果绝对甜。

◎ **结构特点**

"绝对"作状语，位于主语之后、动词性或形容词性成分之前。

> S + 绝对 + VP / Adj
> 我　绝对　配合您的工作。
> 我家的苹果　绝对　甜。

💡 **小提示**

如果句中的动词或形容词前有别的修饰成分，如否定副词"不、没"等，"绝对"要放在这些修饰成分之前。例如：

＊他不绝对会干这种事，我相信他。
＊他不会绝对干这种事，我相信他。
　他绝对不会干这种事，我相信他。

48 语气副词（10）：难道 【三 19】

◎ **基本语义及用法**

表示反问语气，整句话不是真的疑问，而是用疑问的形式表示肯定或否定的意思。

It indicates the tone of a rhetorical question, which is not a real question, but expresses a positive or negative meaning in the interrogative form.

◎ 典型例句和对话

例句	①别人都能学会，难道我就学不会吗？	②我难道看错他了？	③难道我怕他不成？
交际实践	（在教室） A：别人都能学会，难道我就学不会吗？ B：你这么有信心，那你去试试吧。	（在办公室） A：我觉得王一是认真工作的人，不是你想的那种人。 B：我难道看错他了？	（在公司） A：你最好还是不要去找他。 B：怎么？难道我怕他不成？

◎ 补充例句

①难道让我们看一下儿都不行吗？
②难道我不能去吗？
③难道他是个好人？
④你难道一直都不知道吗？
⑤这种事情难道还少吗？
⑥这台机器怎么不转呢？难道坏了吗？

◎ 结构特点

"难道"只能用于疑问句，句末可以跟"吗"或"不成"；"难道"可以用在主语前，也可以用在主语后。

①难道 + S + VP（+吗/不成）？
难道 我 不能去 吗？
难道 我们 看一下儿都不成？

②S + 难道 + VP（+吗/不成）？
我 难道 怕他 不成？

49 语气副词（11）：其实 【三 19】

◎ 基本语义及用法

说话人想要揭露本质，表示所说的是实际情况。用于陈述句。
It indicates the speaker's wish to reveal the truth, implying that what's being said is the real case. It is used in declarative sentences.

◎ **典型例句和对话**

例句	①大家以为他回国了，其实他去南方旅行了。	②其实我也想帮他，但他总要学会成长啊。	③天气预报说今天会下雨，其实并没有下雨。
交际实践	（在公司） A：听说大卫回国了？ B：大家以为他回国了，其实他去南方旅行了。	（在家） A：你昨天为什么不帮孩子？ B：其实我也想帮他，但他总要学会成长啊。	（在家） A：天气预报说今天会下雨，其实并没有下雨。 B：是啊，天气预报经常不准。

◎ **补充例句**

①一般吧，其实也没有想象中的那么好喝。

②小明说他去学校了，其实他没去。

③这些花像真的一样，其实是布做的。

④听他说话像是北方人，其实他是南方人。

⑤你们只知道他会说中文，其实他的英文也挺好的。

⑥这道题看起来很难，其实很简单。

◎ **结构特点**

"其实"可以用于主语前，也可以用于主语后。

①其实 + S + P
其实 我 也想帮他，但他总要学会成长啊。

②S + 其实 + P
我 其实 也想帮他，但他总要学会成长啊。

💡 **小提示**

"其实"在意义和用法上还可以细分为以下两类：

（1）引出和上文相反的意思，有更正上文的作用。例如：
这些花像真的一样，其实是布做的。

（2）表示对上文的补充或修正。例如：
你们只知道他会说中文，其实他的英文也挺好的。

50 语气副词（12）：千万 【三19】

◎ 基本语义及用法

表示恳切叮咛，务必做某事。
It indicates the exhortations to do something.

◎ 典型例句和对话

例句	①你明天千万要早点儿回来。	②你千万别做坏事啊！	③到家以后，千万记得给我回个电话。
交际实践	（在家门口） 妈妈：你明天千万要早点儿回来。 儿子：知道了，妈妈。	（在家） A：你千万别做坏事啊！ B：不会的，放心吧！	（送朋友） A：到家以后，千万记得给我回个电话。 B：好的，一定。

◎ 补充例句

①千万别忘了回邮件。
②小孩子在外面，千万不能吃别人给的东西。
③千万不要生气，生气对身体不好。
④你千万不要忘带身份证。
⑤千万要小心，别和不认识的人说话。
⑥这件事你千万记住。

◎ 结构特点

"千万"位于动词性成分前，作状语，一般用于祈使句。"千万"出现在否定句中的频率比出现在肯定句中的频率高，不用于疑问句。

> (S +) 千万(+ 不 / 别) + VP
> 你　千万　要小心。
> 千万　别　忘了回邮件。

💡 小提示

有时为了增强语气，"千万"可以重叠使用。例如：
你千万千万不要忘带身份证。

51 语气副词（13）：确实 【三 19】

◎ **基本语义及用法**

对客观情况的真实性表示肯定。
It indicates the affirmation of the authenticity of an objective situation.

◎ **典型例句和对话**

例句	①这次情况确实非常紧急。	②我之前确实做得不够好。	③他最近确实有些进步，还需要继续努力。
交际实践	（在公司） A：这次情况确实非常紧急，希望大家重视。 B：知道了，经理。	（在公司） A：对不起，经理，我之前确实做得不够好。 B：没关系，会越来越好的。加油！	（老师与家长谈话） 老师：他最近确实有些进步，还需要继续努力。 家长：好的，谢谢老师。

◎ **补充例句**

①我上周去了南方，那里确实很漂亮。
②那件事确实影响了我们的友好关系。
③这件事确实不是他干的。
④这种现象在社会中确实存在。
⑤她不漂亮，但是人确实很好。
⑥这部电影确实很精彩。

◎ **结构特点**

"确实"作状语，一般位于主语后、动词性或形容词性成分之前。"确实"也可以放在句子开头。

① S + 确实 + VP / AP
他　确实　有进步。
这次情况　确实　非常紧急。

②确实，S + VP / AP
确实，这次情况　非常紧急。

> 💡 **小提示**
>
> 想要加强语气时,可以重叠使用"确实"。例如:
> 这件事确确实实不是他干的。

52 语气副词(14):只好 【三 19】

◎ **基本语义及用法**

没有别的选择,表示无奈,不得不。
It means "having no other choice but to do something".

◎ **典型例句和对话**

例句	①我生病了,只好跟老师请假。	②你一直不联系我,我只好来找你了。	③我本来是打算坐火车的,可是没买到火车票,只好坐飞机了。
交际实践	(在房间) A:你怎么没去上课? B:我生病了,只好跟老师请假。	(在公司) A:王经理,您怎么来了? B:你一直不联系我,我只好来找你了。	(在学校) A:你是怎么来北京的? B:坐飞机来的。我本来是打算坐火车的,可是没买到火车票,只好坐飞机了。

◎ **补充例句**

①我等了半天他还没回来,只好先走了。
②图书馆关门了,我只好回来了。
③因为要去的人很多,所以我们只好租了辆大车。
④明天下雪,我只好改变自己的计划。
⑤他作业没有写完,只好在家写作业。
⑥老师不在办公室,我只好明天再去了。

◎ **结构特点**

"只好"用在动词性成分前,作状语。

```
S + 只好 + VP
图书馆关门了，我 只好 回来了。
```

◎ **小提示**

"只好"表示在一定条件下的无奈之举，一般需要有前提，因此，前一分句通常叙述前提条件，"只好"位于后一分句。例如：

明天下雪，我只好改变自己的计划。

因为要去的人很多，所以我们只好租了辆大车。

53 语气副词（15）：终于

[三19]

◎ **基本语义及用法**

表示经过较长过程最后出现某种情况，多用于希望达到的结果，句末通常加"了"。

It indicates a certain situation finally appears after a long process, usually used for desired results. 了 is often added at the end of the sentence.

◎ **典型例句和对话**

例句	①谢天谢地！我终于联系到你了。	②今天终于考完了，我真开心。	③你终于跟我说话了。
交际实践	（打电话） A：谢天谢地！我终于联系到你了。 B：没想到你打了那么多电话。	（在学校） A：今天终于考完了，我真开心。 B：那我们一起庆祝一下儿吧。	（朋友之间） A：你终于跟我说话了。不生气了吧？ B：算了，你也不是故意的。

◎ **补充例句**

①他努力复习了一个月，终于顺利通过了所有的考试。

②连续下了一周的雨，天气终于转好了。

③我明天终于能回国了。

④他终于找到工作了。

⑤现在我的愿望终于实现了。

⑥经过一年的努力，任务终于完成了。

◎ 结构特点

"终于"在句中作状语，位于主语后、动词性成分或形容词前。

> S + 终于 + VP / Adj + 了
> 他 终于 找到工作 了。
> 他们 终于 成功 了。

◎ 小提示

"终于"后面跟的信息是主语希望达到的结果，句义需要符合常识。例如：

* 我终于被他骗了。

骗子终于被抓住了。

* 他终于没考上大学。

他终于考上了理想的大学。

54 介词（引出时间、处所）：由[1]

【三20】

◎ 基本语义及用法

引出时间、处所，表示起点。

It introduces time or a place to indicate the starting point.

◎ 典型例句和对话

例句	①这路公交车由北京机场出发。	②我们由南门进入公园。	③由大学一年级算起，我学习中文已经两年了。
交际实践	（在公交车站） A：这路公交还有多久才到啊？ B：手机上显示这路公交车由北京机场出发，大概还有二十分钟才到。	（去公园） A：我们一会儿从哪儿进入公园呢？ B：我们由南门进入公园，这样比较近。	（在教室） A：你学中文多长时间了？ B：由大学一年级算起，我学习中文已经两年了。

◎ 补充例句

①由北京语言大学出发去北京体育大学，要经过北京大学。
②由北京飞往东京的飞机马上就要起飞了。
③您由哪个门进的校园？
④由图书馆去教室会经过体育馆。
⑤学校决定由下周开始举行交流活动。
⑥最近由冬转春，气温也上升了。

◎ 结构特点

"由^1"后边一般是表示时间或处所的词语，"由^1+时间/处所"作状语。

由^1+L/T+VP
学校决定　由　下周　开始举行交流活动。
由　图书馆去教室　会经过体育馆。

◎ 小提示

"由^1+处所/时间"作状语，不可置于句末。例如：
＊学校决定举行交流活动由下周开始。

55 介词（引出时间、处所）：自从 【三21】

◎ 基本语义及用法

引出过去的时间起点。
It introduces the start time in the past.

◎ 典型例句和对话

例句	①自从修了公路，这儿的交通就方便多了。	②自从来到中国，他就喜欢上了中国菜。	③自从他离开北京，我们就一直没见面。
交际实践	（旅行中） A：这儿的游客真多啊。 B：是啊，自从修了公路，这儿的交通就方便多了，游客也慢慢多起来了。	（在做客） A：大卫真的很喜欢中国菜啊，他今天还要给我们做中国菜。 B：是啊，自从来到中国，他就喜欢上了中国菜。	（打电话） A：你最近见过大卫吗？ B：自从他离开北京，我们就一直没见面。

◎ 补充例句

①自从今年五月以后，我们就没有联系过。
②自从读了这本小说，他就喜欢上了中国文学。
③他自从去年去了上海，就想在那里生活。
④她自从有了男朋友，就很少和我们一起玩儿了。
⑤自从开始看中国电视剧，他的中文听力越来越好了。
⑥自从来到中国，她的生活习惯就变了。

◎ 结构特点

"自从"跟表示时间的词语或分句组合作状语，可以放在句首，也可以放在主语后边。

①自从 + T, S + VP
自从 五月以后，我们 就没有联系过。

②S + 自从 + T + VP
他 自从 去年 去了上海，就想在那里生活。

◎ 小提示

"自从"后面的成分是过去的时间或是已发生的事件，所以经常与"以后"或"了[1]"共现。例如：

自从五月以后，我们就没有联系过。
她自从有了男朋友，就很少和我们一起玩儿了。

56 介词（引出方向、路径）：朝 【三22】

◎ 基本语义及用法

引出动作针对的方向。
It introduces the direction towards which an action moves.

◎ 典型例句和对话

例句	①大门朝南开。	②他朝左边看了一下儿。	③他朝我大喊："小心！"
交际实践	（在街上参观） A：为什么大门朝南开？ B：因为这样，房子里的阳光就会比较多。	（在事故现场） A：你刚才看到事故的经过了吗？ B：看到了，他朝左边看了一下儿，没有车，就继续走了。车是从右边来的。	（在办公室） A：王小明当时说什么了吗？ B：他朝我大喊："小心！"然后就跑了。

◎ 补充例句

①人要朝前看。
②她朝我点了点头。
③新老师进了教室后，朝着学生笑了笑。
④下了班，他没有朝着家的方向走。
⑤以后你打算朝哪个方向发展？
⑥我朝大卫看了一眼。

◎ 结构特点

"朝"跟名词性成分组成介词短语，作状语；"朝"后可以加"着"。

> S + 朝（着）+ N/Pron + VP
> 人　要　朝　前　看。
> 她　朝　我　点了点头。
> 新老师进了教室后，朝着　学生　笑了笑。

💡 小提示

（1）"朝"引进指人的名词或人称代词时，后面只能用表示身体动作、姿态等的具体动词，不能用抽象动词。例如：
　　*我朝他学习。
（2）"朝（着）+名词/代词"只能用在动词前，不能用在动词后。例如：
　　*我看了一眼朝大卫。

（3）"朝着"后面不能是单音节方位词。例如：

*你朝着前走。

你朝着前面走。

57 介词（引出对象）：为²　【三23】

◎ 基本语义及用法

引出动作的受益者。

It introduces the beneficiary of an action.

◎ 典型例句和对话

例句	①妈妈每天为我们做饭。	②他为我买了一束花。	③我为你写了一封信。
交际实践	（母亲节时） A：妈妈每天为我们做饭，为我们洗衣服。今天是您的节日，这是我的礼物。 B：谢谢女儿！谢谢你的花。	（B过生日） A：今天你和男朋友是怎么过的？ B：他为我买了一束花，我们一起出去玩儿了一整天。	（过生日时） 女儿：爸爸，明天是我18岁生日，你送我什么礼物？ 爸爸：我为你写了一封信，你会喜欢这个礼物的。

◎ 补充例句

①看到你的进步，我们都为你感到高兴！

②我为王一加油，你呢？

③你不要为大卫花那么多钱。

④学校想为我们举办一场晚会。

⑤公司为大家准备了丰富的晚餐。

⑥我非常愿意为同学们服务。

◎ 结构特点

"为²"与名词或代词组合，在句子中作状语。

S + 为² + N/Pron + VP
我　为　你　写了一封信。
我　为　王一　加油。

小提示

能愿动词要在"为²"的前面，否定副词也要在"为²"的前面；能愿动词与否定副词一起出现时，否定副词在前，能愿动词在后。例如：

学校想为我们举办一场晚会。
你不要为大卫花那么多钱。
他不愿意为我买礼物。

58 介词（引出对象）：向²

【三24】

◎ **基本语义及用法**

引出动作的对象，后面的动词可以是具体某一动作，也可以表示某种态度。
It introduces the target of an action. The verb that follows can be a specific action or a certain attitude.

◎ **典型例句和对话**

例句	①我们要向班长学习。	②如果不能来上课，你要向老师请假。	③请代我向他表示感谢。
交际实践	（在教室） A：这次考试，班长又考了第一。 B：班长平时还常常帮助我们，我们要向班长学习。	（打电话） 学生：老师，我生病了，所以没去学校。 老师：那你注意休息，以后如果不能来上课，你要向老师请假，好吗？	（B结婚时） A：这是大卫送你的结婚礼物，他现在在北京，来不了。 B：谢谢你，请代我向他表示感谢。

◎ **补充例句**

①他昨天向我借了一支笔。
②我没向她借钱。
③你们需要什么的话可以向我们要。
④我想向老师请教几个问题。
⑤你向她打听了没有？
⑥刚才有人向我问路了。

◎ **结构特点**

"向²"后面加指人的名词或代词,修饰动词谓语。

> S + 向² + N/Pron + VP
> 他 昨天 向 我 借了一支笔。

💡 **小提示**

(1)"向² + 名词/代词"用在动词前,不能用在动词后。例如:

　　*他借向我书。

　　他向我借书。

(2)能愿动词要在"向²"之前,否定副词也要在"向²"之前;能愿动词与否定副词一起出现时,否定副词在前,能愿动词在后。例如:

　　我想向她借钱。

　　我没向她借钱。

　　我不愿意向她借钱。

59 介词(引出目的、原因)(1):由于¹　【三25】

◎ **基本语义及用法**

引出动作、事件发生的原因或理由。多用于书面语。

It introduces the cause of or reason for the occurrence of an action or event. It is often used in written Chinese.

◎ **典型例句和对话**

例句	①由于各种原因,大家没有接受他的意见。	②由于身体的关系,我想休息一段时间。	③他由于工资问题,选择离开公司了。
交际实践	(在准备节目) A:大卫怎么没来? B:他生气了。上次他提出了修改节目的意见,但是由于各种原因,大家没有接受他的意见。	(在公司) A:你怎么请假了? B:由于身体的关系,我想休息一段时间。	(在晚会上) A:王小明怎么没来? B:他由于工资问题,选择离开公司了。

◎ 补充例句

① 由于王老师的努力，同学们这次进步了很多。
② 由于工作的关系，我一直没时间回家看父母。
③ 他由于生病的原因，最近不能去学校了。
④ 他能成功，完全是由于父亲的帮助。
⑤ 由于家庭问题，王经理想去别的城市工作。
⑥ 由于天气的原因，比赛取消了。

◎ 结构特点

"由于¹"跟名词性成分组成介词短语，作状语；可以放在主语前，也可以放在主语后。

① 由于¹ + NP, S + VP
由于 王老师的努力，同学们这次进步了很多。

② S + 由于¹ + NP, VP
她 由于 身体原因，需要在家休息一个月。

60 介词（引出目的、原因）(2)：因为 【三25】

◎ 基本语义及用法

引出原因。
It introduces the cause.

◎ 典型例句和对话

例句	①他因为这件事一直不跟我说话。	②因为这件事，他还受到了老师的批评。	③我们因为这个问题吵了一上午。
交际实践	（在房间） A：大卫为什么不和你说话？ B：昨天我批评了他几句，他因为这件事一直不跟我说话。	（在教室） A：听说大卫好几次都没有交作业。 B：因为这件事，他还受到了老师的批评。	（在家） A：听说他想创业，你不同意？ B：对，我们因为这个问题吵了一上午。

◎ 补充例句

①因为天气的关系，我们明天不能去爬山了。
②我们不能因为这点儿困难就不做了。
③他并没有因为这次事故失去信心。
④学生们因为电脑游戏影响了考试成绩。
⑤因为钱的事情，他们经常吵架。
⑥因为工作的原因，他又搬家了。

◎ 结构特点

"因为"后加名词性成分组成介词短语，作状语；可以放在主语前，也可以放在主语后。

①因为 + NP，S + VP	② S + 因为 + NP + VP
因为 天气的关系，我们明天不能去爬山了。	学生们 因为 电脑游戏 影响了考试成绩。

61 介词（引出目的、原因）：为了 【三 26】

◎ 基本语义及用法

介绍动作、行为的目的。

It introduces the purpose of an action or behavior.

◎ 典型例句和对话

例句	①我妈妈为了健康坚持每天跑步。	②为了好成绩，我们要努力复习。	③我们都在为了自己的理想努力。
交际实践	（在公司） A：你妈妈现在身体怎么样？ B：我妈妈为了健康坚持每天跑步，现在身体比以前好多了。	（在教室） A：下星期就要考试了。 B：为了好成绩，我们要努力复习。	（在图书馆） A：你们最近在忙什么？ B：我们都在为了自己的理想努力。

◎ **补充例句**

①为了身体，我们要坚持运动。
②妈妈为了工作，经常睡得很晚。
③为了下星期的运动会，我们要认真准备。
④为了明年的旅行，他做了很多准备。
⑤为了今天的比赛，他一个月没有好好休息了。
⑥他们为了这次实习，准备了很多东西。

◎ **结构特点**

"为了"与名词性成分组成介词短语，作状语；可以放在主语前，也可以放在主语后。

① 为了 + NP，S + VP
　　为了　身体，我们　要坚持运动。

② S + 为了 + NP + VP/AP
　　我们　都在　为了　自己的理想　努力。
　　他们　为了　这次实习，准备了很多东西。

62 介词（引出施事、受事）：把、被、叫、让　【三 27】

介词"把"的意义和用法参见第 343 页"84.'把'字句 1：表处置"；介词"被、叫、让"的意义和用法参见第 345 页"85. 被动句 1：主语 + 被 / 叫 / 让 + 宾语 + 动词 + 其他成分"。

63 介词（表示排除）：除了　【三 28】

◎ **基本语义及用法**

表示不计算在内。
It means excluding.

◎ **典型例句和对话**

例句	①除了英文，他还会说中文。	②除了他，我们都是留学生。	③他除了看书，没什么爱好。
交际实践	（在咖啡店） A：大卫会说几种语言？ B：除了英文，他还会说中文。	（在学校） A：你们是留学生吗？ B：除了他，我们都是留学生。	（在房间） A：你的男朋友有什么爱好？ B：他除了看书，没什么爱好。

◎ **补充例句**

①除了下雨天，他每天都坚持跑步。
②我除了面，别的都爱吃。
③除了王一，没人来过。
④除了不爱学习，他别的方面都挺好。
⑤除了大卫，大家都去了长城。
⑥她除了长得漂亮，性格也很好。

◎ **结构特点**

"除了"常用于"除了……(以外)，……还/也/都……"格式，参见第325页"71.固定格式：除了……（以外），……还/也/都……"。

"除了"跟后边的宾语组成介词短语，作状语；可以放在主语前，也可以放在主语后。

①除了 + NP/VP，S + VP
除了 下雨天，他 每天都坚持跑步。
除了 不爱学习，他 别的方面都挺好。

②S + 除了 + NP/VP，VP
我 除了 面，别的都爱吃。
他 除了 看书，没什么爱好。

64 介词（引出凭借、依据）：按、按照 【三29】

◎ **基本语义及用法**

表示遵从某种标准。
They mean "following a certain standard".

◎ **典型例句和对话**

例句	①房租按天或者按月计算。	②他们按照地图找到了全部东西,顺利完成了任务。	③按每人一张票订。
交际实践	(出租房屋) A:我一个人住,小一点儿就行。我想问问房租怎么计算? B:房租按天或者按月计算,具体要看你租多久。	(课外活动) A:F组完成任务了吗? B:他们按照地图找到了全部东西,顺利完成了任务。	(在公司) A:王一,你订一下儿咱们公司这周的电影票吧。 B:经理,按每人一张票订,可以吗?

◎ **补充例句**

①我们公司按月发工资。
②按/按照他的身高买衣服。
③大家同意按/按照你的意见改。
④咱们还是按/按照计划进行。
⑤他没按/按照咱们说好的做。
⑥按/按照您的标准,估计是找不到女朋友了。

◎ **结构特点**

"按、按照"跟后面的名词性成分组成介词短语,作状语。

S + 按/按照 + NP + VP
我们公司　按　月　发工资。
他们　按照　地图　找到了全部东西。

◎ **小提示**

(1)"按"后面可以加"着",但是后面是单音节名词时不能加。例如:
  *按着月发工资。
   按着计划进行。

(2)"按照"后多加双音节或多音节词语;"按"后可加单音节词语,也可加多音节词语。例如:
  *我们按照月发工资。
   我们按月发工资。

按 / 按照计划完成了任务。

按 / 按照您的标准,估计是找不到女朋友了。

65 连词(连接分句或句子):另外 【三30】

◎ 基本语义及用法

补充说明别的事情,连接上文或者提起下文。

It indicates an additional remark on something else, linked to the previous text or introducing the following text.

◎ 典型例句和对话

例句	①这星期我很忙,要上课,要准备考试,另外,还要参加一些学校活动。	②我买礼物了,另外,还给你准备了生日晚会。	③我去商场给你买了一条裙子、一双鞋,另外,也给自己买了一条裤子。
交际实践	(打电话) A:这个星期咱们去旅行,怎么样? B:这星期我很忙,要上课,要准备考试,另外,还要参加一些学校活动。	(准备过生日) A:你买礼物了吗? B:我买礼物了,另外,还给你准备了生日晚会。	(在家) A:你今天做什么了? B:我去商场给你买了一条裙子、一双鞋,另外,也给自己买了一条裤子。

◎ 补充例句

①明天我要上班,另外,还要参加一个考试。

②这次晚会他们准备了很多吃的、喝的,另外,还准备了不少礼物。

③电话里已经告诉他了,另外,我又写了一封信过去。

④你去通知王一,告诉他会议改到了下午四点,另外,叫大卫到我办公室来一下儿。

⑤我想去看看他,另外,我自己也想出去走走。

⑥明天请大家记得交作业,另外,不要忘了预习生词。

◎ **结构特点**

"另外"连接分句,用逗号与其他分句隔开。

S + P₁,另外,P₂
明天 我要上班,另外,还要参加一个考试。

◎ **小提示**

连接分句的"另外"是连词,后面不能加"的"。例如:
* 电话里已经告诉他了,另外的我又写了一封信过去。
  电话里已经告诉他了,另外,我又写了一封信过去。

66 数量重叠:数词+量词+数词+量词 【三33】

◎ **基本语义及用法**

数量短语可以重叠,表示数量多、按次序进行或"每一"。

A numeral-measure phrase can be reduplicated to indicate a large quantity, an orderly progression or "every".

◎ **典型例句和对话**

例句	①妈妈一遍一遍地告诉我要注意安全。	②老师让学生两个两个地进教室。	③日子一天一天过去了。
交际实践	(在公园) 妹妹:刚刚妈妈打电话说什么? 姐姐:妈妈一遍一遍地告诉我要注意安全。	(在教室外) 学生:班长,我们可以进去了吗? 班长:别急,老师让学生两个两个地进教室。	(在回家的路上) A:日子一天一天过去了,这个假期快结束了。 B:时间过得真快。

◎ **补充例句**

①书一批一批送来了。
②冬天来了,叶子一片一片落下来。
③下课了,同学们一个一个走出教室。

④图书馆里放着一排一排的书架。

⑤一座一座的楼很整齐。

⑥请大家一个一个进来。

◎ **结构特点**

①一 + M + 一 + M + 的 + N

图书馆里 放着 一 排 一 排 的 书架。

（"一排一排"作定语，表示数量多）

一 座 一 座 的 楼 很整齐。

（"一座一座"作定语，表示"每一"）

② Num + M + Num + M（+地）+ VP

请大家排队 两 个 两 个 进来。

（"两个两个"作状语，表示按次序进行）

妈妈 一 遍 一 遍 地 告诉我要注意安全。

（"一遍一遍"作状语，表示次数多）

◎ **小提示**

（1）"一 + 量词 + 一 + 量词"，表示数量多或"每一"时，可以省略为"一 + 量词 + 量词"。例如：

图书馆里放着一排一排的书架。

图书馆里放着一排排的书架。

一座一座的楼很整齐。

一座座的楼很整齐。

（2）"数词 + 量词 + 数词 + 量词"作状语，表示按次序进行时，不可以省略为"数词 + 量词 + 量词"。例如：

*老师让学生两个个地进教室。

　老师让学生两个两个地进教室。

*老师让学生一个个地进教室。

　老师让学生一个一个地进教室。

67 固定短语：不 A 不 B

【三34】

◎ **基本语义及用法**

A、B 为意思相对的单音节形容词或方位词等，表示适中。

A and B are monosyllabic adjectives, position words, etc. that are contrary in meaning, indicating a moderate degree or position.

◎ 典型例句和对话

例句	①这件衣服不大不小，正好。	②人来得不多不少，正好四个。	③像今天这样不冷不热的天最适合爬山了。
交际实践	（在家） 女儿：妈妈，昨天我给您买的衣服怎么样？ 妈妈：这件衣服不大不小，正好。	（在学校） A：来了几个学生？ B：人来得不多不少，正好四个。	（在公园） A：今天的天气太舒服了！ B：是啊，像今天这样不冷不热的天最适合爬山了。

◎ 补充例句

①这条裤子不长不短，正好。
②她不胖不瘦，穿什么衣服都好看。
③这支笔不轻不重，写字很舒服。
④这件衣服做得不大不小。
⑤车停得不前不后，很合适。
⑥这把椅子不高不低，坐着很舒服。

◎ 结构特点

"不A不B"在句中一般作谓语、定语、补语。

① S + 不A不B
　这条裤子　不长不短。
② 不A不B + 的 + NP
　像今天这样　不冷不热
　的　天　最适合爬山。

③ S + V + 得 + 不A不B
　衣服　做　得　不大不小。

◎ 小提示

"不A不B"也可以说成"不A也不B"。例如：
她不胖也不瘦，穿什么衣服都好看。
车停得不前也不后，很合适。

68 固定短语：看起来 【三35】

◎ **基本语义及用法**

表示从表面进行判断、评估，表述的对象不光是眼睛可以看到的具体事物，还可用来表示推测、估计。

It indicates a judgement or evaluation from the appearance. The target is not necessarily a concrete thing that can be perceived by the eyes. It can also be used to make a guess or estimation.

◎ **典型例句和对话**

例句	①这些苹果看起来很好吃。	②她工作了一天，看起来有点儿累。	③看起来，今天是做不完了。
交际实践	（在超市） A：你觉得这些苹果怎么样？ B：这些苹果看起来很好吃。	（问情况） A：今天你见到玛丽了吗？ B：见到了。她工作了一天，看起来有点儿累。	（在公司） A：工作太多了。 B：看起来，今天是做不完了。

◎ **补充例句**

①她和她男朋友看起来很幸福。　　④他看起来年纪不大。
②这道菜看起来很好吃。　　　　　⑤她看起来像个中国人。
③这件衣服看起来很贵。　　　　　⑥这件衣服看起来很适合你。

◎ **结构特点**

（1）"看起来"通常作为插入语，可以用在主语后，也可以用在主语前，表示对主语的判断、评价。"看起来"的后面常常是形容词性成分。

> ① S + 看起来 + AP
> 这些苹果　看起来　很好吃。
> 她　看起来　有点儿累。
>
> ② 看起来 + S + AP
> 看起来　这件衣服　很贵。

（2）"看起来"也可以放在句子前面，表示推测可能会出现的情况。

> 看起来，S + P
> 看起来，今天 是做不完了。

💡 **小提示**

用"看起来"进行描述时，不需要出现描述者。例如：
*我看起来她很生气。
  看起来她很生气。

69 固定短语：看上去 【三36】

◎ **基本语义及用法**

从表面进行判断、评估，表述的对象多为眼睛可以看到的具体事物。

It indicates a judgement or evaluation from the appearance. The target is often a concrete thing that can be perceived by the eyes.

◎ **典型例句和对话**

例句	①这件衣服看上去很不错。	②那沙发看上去非常结实。	③看上去同学们很开心。
交际实践	（在商场） A：你觉得这件衣服怎么样？ B：这件衣服看上去很不错。	（在商场） A：你觉得那沙发怎么样？ B：那沙发看上去非常结实。	（在教室） A：看上去同学们很开心，有什么好事吗？ B：同学们刚刚通过了中文考试。

◎ **补充例句**

①饺子看上去很好吃。
②这里的景色看上去很美。
③爷爷看上去非常健康。
④这套试题看上去很难。
⑤看上去，他对考试结果很满意。
⑥他生病了，看上去精神不太好。

◎ **结构特点**

"看上去"作插入语，可以用在主语后，也可以用在主语前，表示对主语的判断和评价。"看上去"的后面常常是形容词性成分。

① S + 看上去 + AP
这件衣服 看上去 很不错。

② 看上去 + S + AP
看上去 同学们 很开心。

💡 小提示

用"看上去"进行评价的时候,后面不能是单个形容词,形容词前面要加程度副词等。例如:

*那沙发看上去结实。

那沙发看上去非常结实。

70 固定短语:有的是 【三37】

◎ **基本语义及用法**

强调很多。

It emphasizes that the quantity is large.

◎ **典型例句和对话**

例句	①咱们图书馆有的是书,你可以多看看。	②这儿水果有的是,你多拿一点儿。	③没关系,学习机会有的是。
交际实践	(在教室) 学生:老师,我假期可以去哪儿看书? 老师:咱们图书馆有的是书,你可以多看看。	(在家) 儿子:爸爸,我可以带点儿水果给朋友吗? 爸爸:这儿水果有的是,你多拿一点儿。	(在办公室) A:这次会议我没报上名。 B:没关系,学习机会有的是。

◎ **补充例句**

①有的是时间,再等等吧。

②学习方法有的是,要找到适合自己的。

③没事,他有的是办法。

④解决问题的办法有的是,你别担心。

⑤超市里的水果有的是，你随便选吧。

⑥不用提前订车，外面出租车有的是。

◎ 结构特点

① S + 有的是
  时间 有的是。

② S + 有的是 + N
  他 有的是 办法。

💡 小提示

"有的是"可以放在句子的末尾，但不能放在主语前边。例如：
*有的是他办法。
他有的是办法。
办法他有的是。

71 固定格式：除了……（以外），……还／也／都……

【三38】

◎ 基本语义及用法

表示排除已知的对象或内容，补充未知的对象或内容，突出后面一种情况的存在。具体来说，这个格式可以分化为：

This pattern excludes the known target or content and supplements some unknown target or content. Specifically, this pattern comes in the following forms:

（1）除了A（以外），S + 还 + V + B
除了A（以外），Subject + 还 + Verb + B

（2）除了A（以外），B + 也 + VP/AP
除了A（以外），B + 也 + Verb/Adjective

（3）除了A（以外），B + 都 + VP/AP
除了A（以外），B + 都 + Verb/Adjective

格式（1）、（2）的前后两句之间是加合补充关系，A和B具有共同特点；格式（3）中，A和B没有共同的特点，A是被排除的特殊项。

In the first two forms, the two clauses complement each other, or in other words, A and B have common characteristics. In the third form, A and B have no common characteristics, and A is the special item that is excluded.

◎ **典型例句和对话**

例句	①除了上课，我还要参加各种活动。	②除了我，我姐姐和弟弟也会说中文。	③除了北京以外，中国的其他城市我都没去过。
交际实践	（放学路上） A：这学期除了上课，你还有什么安排？ B：除了上课，我还要参加各种活动。	（下课后） A：你们家谁会说中文？ B：除了我，我姐姐和弟弟也会说中文。	（下课后） 老师：除了北京，你还去过中国其他城市吗？ 学生：除了北京以外，中国的其他城市我都没去过。

◎ **补充例句**

①他除了会画画儿，还会弹钢琴。
②除了唱歌以外，你还喜欢什么？
③他除了英文以外，中文也很好。
④除了他以外，别的同学都去了。
⑤他除了鞋子，什么都买了。
⑥他除了篮球以外，别的运动都喜欢。

◎ **结构特点**

①除了A（以外），S+还+V+B
　除了 上课，我 还 要参加各种活动。
　除了 英文，他 还 会说 中文。
②除了A（以外），B+也+VP/AP
　除了 他 以外，我们 也 没去上课。
　除了 一楼，二楼 也 很安静。
③除了A（以外），B+都+VP/AP
　除了 他 以外，别的同学 都 去了。
　除了 妹妹，我们家人 都 很高。

◎ **小提示**

如果前后两个分句的主语一致，主语只需出现一次，主语应该放在"除了"或

"还"前面；副词"也、都"所在句如果有主语，两个副词都要放在主语的后面。例如：

* 除了唱歌以外，还你喜欢什么？

你除了唱歌以外，还喜欢什么？

* 除了打篮球以外，都别的运动我喜欢。

除了打篮球以外，别的运动我都喜欢。

72 固定格式：从……起 【三39】

◎ 基本语义及用法

用来表示动作的时间起点。

It indicates the time when an action started.

◎ 典型例句和对话

例句	①从现在起，你要努力学习了。	②从今天起，我就用这台新电脑了。	③从下个月起，天气就开始变冷了。
交际实践	（在家） 儿子：还有一个月就要考试了。 妈妈：从现在起，你要努力学习了。	（在办公室） A：从今天起，我就用这台新电脑了。 B：是该换了，你原来的电脑太旧了。	（在商场） A：现在天气还很热，你为什么想买大衣？ B：从下个月起，天气就开始变冷了。

◎ 补充例句

①我们学校从明天起开始放假。

②从小时候起，我就特别想当老师。

③弟弟上中学了，从现在起，他就不是小学生了。

④她要出国了，从明天起，她就不来上课了。

⑤从这个月起，这部电视剧就会在中国播出了。

⑥从十月份起，这条高速公路就可以正式使用了。

◎ 结构特点

从 + T + 起，S + P
从 现在 起，你 要努力学习了。

◎ 小提示

"从 + 时间 + 起"格式中，时间一般要明确到某个时间点。例如：
* 从三年起，他就开始学习中文了。
  从三年前起，他就开始学习中文了。

73 固定格式：对……来说 【三40】

◎ 基本语义及用法

用来表达从某人、某事的角度谈问题。
It is used to express talking from the perspective of someone or something.

◎ 典型例句和对话

例句	①对日本留学生来说，汉字不太难。	②对专家来说，这个问题很容易解决。	③对我来说，做菜太难了。
交际实践	（在教室） 学生：老师，汉字难吗？ 老师：对日本留学生来说，汉字不太难。	（在办公室） A：对专家来说，这个问题很容易解决。 B：那我们还是请教专家吧。	（在饭店） A：这里的菜味道真不错。你会做菜吗？ B：我不会。对我来说，做菜太难了。

◎ 补充例句

①对我来说，听音乐很快乐。
②这个机会对我来说很重要。
③对外国游客来说，长城是一定要去的地方。
④对中文学习者来说，听、说、读、写都很重要。
⑤对我来说，这个电脑太贵了。
⑥这份礼物对妈妈来说很特别。

◎ 结构特点

"对……来说"是一个插入语，可以放在第一个分句开头，也可以放在句子中间。

①对……来说，S + VP / AP

对日本人来说，汉字 不太难。
对专家来说，这个问题 很容易解决。

②S + 对……来说 + VP / AP

这个机会 对我来说 很重要。

74 固定格式：一……也 / 都 + 不 / 没…… 【三41】

◎ **基本语义及用法**

意思是"完全没有……"或"完全不……"。
It means "not the slightest" or "not...at all".

◎ **典型例句和对话**

例句	①他一句中文也不会说。	②我上午一口水也没喝，现在渴极了。	③这个公园我一次都没去过。
交际实践	(在朋友家) A：你的英国朋友会说中文吗？ B：他一句中文也不会说。	(在公园) A：我上午一口水也没喝，现在渴极了。 B：那我们休息一下儿，我去买水。	(看地图) A：这个公园我一次都没去过。 B：我去过，我带你去吧。

◎ **补充例句**

①我一本书也没有。
②他一封信也没写。
③他一个汉字都不认识。
④我一本书都不买。
⑤他做的题一道都不对。
⑥这路公交车我一次都没赶上。

◎ **结构特点**

一 + M (+N) + 也 / 都 + 不 / 没 + VP / AP

这路公交车我 一 次 都 没 赶上。
他 一 本 书 都 没 买。
他做的题 一 道 都 不 对。

75 固定格式：越……越……

【三 42】

◎ **基本语义及用法**

表示程度随着情况、条件的变化而变化。

It indicates the degree changes with the circumstances or condition.

◎ **典型例句和对话**

例句	①中文越学越有意思。	②衣服的牌子越有名，价钱越贵。	③朋友越多越好。
交际实践	（下课后） A：学了一年中文了，你感觉怎么样？ B：中文越学越有意思。	（在商场） A：这件衣服要8000块，那件要4000块。 B：衣服的牌子越有名，价钱越贵。	（在学校） A：你喜欢交朋友吗？ B：是的，我觉得朋友越多越好。

◎ **补充例句**

①如果不经常运动，就会越吃越胖。
②你越讲，大家越不明白。
③她越哭，我越急。
④他的公司越办越大，事情也越做越多。
⑤他越说，妈妈越生气。
⑥你越不学，成绩越差。

◎ **结构特点**

主语可以相同，也可以不同。

①主语相同：
a. S + 越 + V + 越 + Adj
   事情 越 做 越 多。
b. S + 越 + Adj_1 + 越 + Adj_2
   朋友 越 多 越 好。

②主语不同：
a. S_1 + 越 + VP，S_2 + 越 + Adj
   你 越 不学，成绩 越 差。
b. S_1 + 越 + VP，S_2 + 越 + AP
   你 越 讲，大家 越 不明白。

◎ **小提示**

（1）"越……越……"中，主语可以不同，此时，第二个"越"不能放在主语的前面，而要放在主语的后面。例如：

＊老师越说，越我们不明白。

老师越说，我们越不明白。

（2）"越……越……"表示一种程度的变化，后面的形容词不能再受程度副词"很、非常、太"等修饰。例如：

＊事情越做越很多。

事情越做越多。

76 结果补语2：动词+到/住/走

◎ 基本语义及用法

动词"到、住、走"经常用在动词后，作结果补语。"到"表示动作到达终点、达到目的，如"走到、飞到、买到、借到"；"住"表示通过动作使人或事物的位置固定下来，如"记住、接住、站住"；"走"表示动作完成后某人或某物脱离或离开，如"拿走、取走"。

The verb 到, 住 or 走 is often used after a verb to serve as a result complement. 到 indicates reaching the end or goal by the action, e.g. 走到 (walked to), 飞到 (flied to), 买到 (bought), and 借到 (borrowed); 住 indicates the position of a person or object is fixed by the action, e.g. 记住 (remember), 接住 (catch), and 站住 (stand still); 走 indicates somebody or something breaks away from or leaves the original position, e.g. 拿走 (take away) and 取走 (fetch).

◎ 典型例句和对话

例句	①他终于买到火车票了。	②我没记住他的名字。	③那本书他取走了吗？
交际实践	（在房间） A：李明后天就要回家了。 B：他终于买到火车票了。太不容易了！	（校园里） A：她男朋友叫什么名字？ B：不好意思，我没记住他的名字。	（在图书馆） 管理员A：那本书他取走了吗？ 管理员B：还没取走呢。

◎ 补充例句

①我们一边走一边说，一直走到公园南门。

②你借到词典没有？

③站住！别跑！

④我把球传给他，可是他没接住。

⑤自行车他骑没骑走？

⑥他没拿走手机。

◎ **结构特点**

"到、住、走"用在动词后，作结果补语，后边还可以出现宾语；一般用"没"否定。

①肯定形式：
S+V+到/住/走+O
他 终于 买 到 火车票了。
他 骑 走了 我的自行车。

②否定形式：
S+没+V+到/住/走(+O)
我 没 记 住 他的名字。
他 没 拿 走 手机。

③正反疑问形式：
a. S+V+到/住/走(+O)(+了)+没有？
你 借 到 中文词典 了 没有？
自行车 骑 走 了 没有？
b. S+V+没+V+到/住/走(+O)？
你 借 没 借 到 词典？
他 骑 没 骑 走 自行车？

77 趋向补语2（复合趋向补语的趋向意义用法）：动词 + 出来 / 出去 / 过来 / 过去 / 回来 / 回去 / 进来 / 进去 / 起来 / 上来 / 上去 / 下来 / 下去   【三 47】

◎ **基本语义及用法**

单音节趋向动词"上、下、进、出、起、过、回"和"来、去"可以合成"上来、下来、进来、出来、起来、过来、回来，上去、下去、进去、出去、过去、回去"等复合趋向动词。由"上来、上去"等复合趋向动词充当的补语，我们称之为复合趋向补语。

The monosyllabic directional verbs 上, 下, 进, 出, 起, 过, and 回 can be combined with 来 or 去 to form compound directional verbs like 上来, 下来, 进来, 出来, 起来, 过来, 回来, 上去, 下去, 进去, 出去, 过去, 回去, etc. A compound directional verb like 上来 or 上去, etc., when serving as a complement, is called a compound directional complement.

复合趋向补语表示的移动方向，既以说话人的位置为参照点，又以其他位置为参照点。如"上来"既以说话人的位置为参照点，又以地面位置为参照点；"进去"既以说话人的位置为参照点，又以某个封闭空间或范围为参照点。例如："拿上来一本书"中，"一本书"朝着说话人的位置、从低处向高处移动；"走进去一个人"中，"一个人"背离说话人的位置、从房间外边向里边移动。

The direction denoted by a compound directional complement takes both the speaker's position and another position as reference points. For example, 上来 is relative to both the speaker's position and the ground; 进去 is relative to both the speaker's position and a closed space or domain. 一本书 in 拿上来一本书 (bring a book up) moves towards the speaker and from a lower position to a higher one; 一个人 in 走进去一个人 (a person walked in) moves away from the speaker and from outside the room to the inside.

◎ 典型例句和对话

例句	①他在桥那边，我们走过去吧。	②桌子我还没搬进来。	③他突然跑上二楼去了。
交际实践	（在桥下） A：我怎么没看见王老师呢？ B：他在桥那边，我们走过去吧。	（在教室） A：外边的桌子和椅子你都搬进来了没有？ B：桌子我还没搬进来。	（在家） 妈妈：你弟弟去哪儿了？ 姐姐：他突然跑上二楼去了。

◎ 补充例句

①你站起来。
②我昨天买回来了一些水果。
③汽车开过来了，咱们准备上车。
④行李你没拿下去呢。
⑤他慢慢地走出教室去了。
⑥外边的桌子你搬进来了没有？

◎ 结构特点

复合趋向补语一般用在动词后边。

①肯定形式：
a. S + V + 复合趋向补语（+ O）
我 买 回来了 一些水果。
你 站 起来。
b. S + V + 上/下/进/出/起/过/回 + L + 来/去
他 跑 上 二楼 去 了。
他 走 出 教室 去 了。

②否定形式：
S + 没 + V + 复合趋向补语（+ O）
行李 没 拿 下去 呢。
桌子 还没 搬 进来。

③正反疑问形式：
S + V + 复合趋向补语（+ 了）+ 没有？
外边的桌子 搬 进来 了 没有？
你的电脑 拿 上来 没有？

💡 **小提示**

（1）当宾语是表示处所的词语时，要放在"来、去"的前边。例如：

　　＊他走进去教室了。

　　　他走进教室去了。

（2）复合趋向补语和宾语同时出现时，宾语的位置有三种情况。例如：

　　拿一本书出来（宾语在动词和复合趋向补语中间）

　　拿出一本书来（宾语在复合趋向补语中间）

　　拿出来一本书（宾语在复合趋向补语后边）

　　一般来说，如果动作没有完成，会用以上第一种、第二种语序。例如：

　　你拿一本书出来！

　　你拿出五百块钱来！

　　如果动作已经完成，可以用以上第一种、第三种语序。

　　他从包里拿了一本书出来。

　　他从包里拿出来了一本书。

（3）复合趋向补语用在离合词后边时，离合词的后半部分要放在复合趋向补语的中间。例如：

　　＊听到声音后，他回头过来。

　　　听到声音后，他回过头来。

78 可能补语1：动词＋得/不＋动词/形容词；动词＋得/不＋了 【三.48】

◎ **基本语义及用法**

用在动词后边，表示某个动作或动作导致的结果是否有可能或有能力完成或实现。

It is used after a verb to indicate whether a certain action or the result caused by an action is likely to be or can be accomplished or realized.

◎ **典型例句和对话**

例句	①老师的话我都听得懂。	②这件衣服太脏了，洗不干净了。	③我病了，明天上不了课。
交际实践	（打电话） 妈妈：今天的课你都能听懂吗？ 儿子：老师的话我都听得懂。	（在房间） A：你的衣服怎么这么脏？还洗得干净吗？ B：这件衣服太脏了，洗不干净了。	（跟老师请假） 学生：老师，我病了，明天上不了课。我能请假吗？ 老师：好的，你好好休息。

◎ **补充例句**

①现在还买得到火车票吗？
②这个包太重了，你拿不动。
③我现在拿不出来这么多钱。
④我们吃不完这么多菜。
⑤明天的比赛你参加得了吗？
⑥黑板上的字你们看得清楚看不清楚？

◎ **结构特点**

可能补语用于动词后。

①肯定形式：
a. S + V + 得 + Adj (+ O)
我 看 得 清楚 上面的汉字。
这件衣服 洗 得 干净。
b. S + V₁ + 得 + V₂ (+ O)
我 听 得 懂 老师的话。
你们 一定 买 得 到 火车票。
c. S + V + 得 + 了 (+ O)
我 参加 得 了 明天的比赛。
我 上 得 了 今天的课。

②否定形式：
a. S + V + 不 + Adj (+ O)
我 看 不 清楚 上面的汉字。
这件衣服 洗 不 干净 了。
b. S + V₁ + 不 + V₂ (+ O)
我们 吃 不 完 这么多菜。
我 拿 不 出来 这么多钱。
c. S + V + 不 + 了 (+ O)
我 参加 不 了 明天的比赛。
我明天 去 不 了 学校。

③正反疑问形式：
a. S + V + 得 + Adj + V + 不 + Adj（+O）?
你们 看 得 清楚 看 不 清楚 黑板上的字？
b. S + V + 得 + 了 + V + 不 + 了（+O）?
你 参加 得 了 参加 不 了 明天的比赛？

💡 小提示

（1）充当可能补语的只能是单个形容词或单个动词，不加修饰成分。例如：

＊老师的话我都听得很懂。

老师的话我都听得懂。

＊这件衣服洗不很干净。

这件衣服洗不干净。

（2）可能补语否定形式的使用频率比肯定形式高得多。

79 程度补语1：形容词/心理动词 + 得很/极了/死了

【三49】

◎ **基本语义及用法**

用在形容词或心理动词后边，表示某种事物性质或某种心理活动达到的程度。

It is used after an adjective or a mental verb to indicate the degree that a certain quality of something or a mental activity has reached.

◎ **典型例句和对话**

例句	①我累得很。	②这个游戏孩子们喜欢极了。	③他们今天忙死了。
交际实践	（在房间） A：晚上我们去跳舞吧。 B：我累得很，哪儿也不想去。	（在讨论游戏） 经理：孩子们觉得这个游戏怎么样？ 服务员：这个游戏孩子们喜欢极了。	（在路上） A：你家超市今天开业，生意怎么样？ B：生意非常好，他们今天忙死了。

◎ 补充例句

①别紧张，这个考试容易得很。
②我们对这儿的环境满意得很。
③我父母对我的生活能力放心极了。
④考试的时候，大家都紧张极了。
⑤听到这个消息，大家高兴死了。
⑥我们在山上害怕死了。

◎ 结构特点

程度补语用在形容词或心理动词后边，没有相应的否定式。最常见的程度补语是"很、极了、死了"，形容词或心理动词和"很"之间必须有结构助词"得"。

① S + Adj / V_{心理} + 得 + 很
这件事　奇怪　得　很。
我们　对这儿的环境　满意
得　很。

② S + Adj / V_{心理} + 极了 / 死了
这儿的景色　美　极了。
我们　在山上　害怕　死了。

💡 小提示

（1）带程度补语的形容词或心理动词前边不能再用"很、非常、有点儿"等程度副词。例如：
　　*这件事有点儿奇怪得很。
　　　这件事奇怪得很。
　　*他们今天非常忙死了。
　　　他们今天忙死了。

（2）"很、极了"能搭配绝大多数形容词或心理动词；"死了"一般不跟褒义形容词搭配，如不能说"好死了、干净死了、漂亮死了、好吃死了、流利死了"，不过"高兴、开心、感动"等褒义形容词能跟"死了"搭配。

80 数量补语 3（动词 + 动量补语）：宾语和动量补语共现

【三50】

◎ 基本语义及用法

动量补语表示动作行为或变化的次数。
An action-measure complement, or complement of frequency, indicates the number of times that an action or change occurs.

◎ **典型例句和对话**

例句	①我来过中国一次。	②他读了三遍课文。	③我找了他两次。
交际实践	（在学校） A：你以前来过中国吗？ B：我来过中国一次。	（在教室） A：他读了几遍课文？ B：他读了三遍课文。	（在学校） A：你找到李明了吗？ B：没有，我找了他两次，都没找到。

◎ **补充例句**

①我吃过三次中国菜。
②王老师批评了我两回。
③我来过一次中国。
④他们去过一次北京。
⑤他见过两回李明。
⑥他见过李明两回。

◎ **结构特点**

（1）当宾语是人称代词时。

> S + V + Pron + 动量补语
> 我　找了　他　两次。
> 王老师　批评了　我　两回。

（2）当宾语是表示事物的名词性词语时。

> S + V + 动量补语 + NP
> 他们　去过　一次　北京。
> 我　吃过　三次　中国菜。

（3）当宾语是人名、地名时。

> ① S + V + 人名/地名 + 动量补语
> 　他　见过　李明　两回。
> 　我　来过　中国　一次。
>
> ② S + V + 动量补语 + 人名/地名
> 　他　见过　两回　李明。
> 　我　来过　一次　中国。

💡 **小提示**

动态助词"了[1]、过"要放在动词后、动量补语和宾语前。例如：

* 我找他了两回。
我找了他两回。
* 我吃三次过中国菜。
我吃过三次中国菜。

81 数量补语4（动词+时量补语）：表示动作持续的时间

◎ 基本语义及用法

表示动作行为或状态持续的时间。
It indicates the duration of an action or state.

◎ 典型例句和对话

例句	①我等他等了半个多小时。	②我学了两年中文。	③他游了四十分钟的泳。
交际实践	（在房间） A：你不是说跟男朋友去看电影吗？ B：我等他等了半个多小时，他也没来，我就回来了。	（在讨论学中文） A：你中文说得很好，学了多长时间了？ B：我学了两年中文。	（在体育馆） A：他运动了多长时间？ B：他游了四十分钟的泳，还打了一个小时的球。

◎ 补充例句

①我们休息了十分钟。
②他当过五年医生。
③我做作业做了两个小时。
④他洗澡洗了十分钟。
⑤他洗了十分钟的澡。
⑥你男朋友找了你一天。

◎ 结构特点

（1）时量补语主要由表示时段的"数词+时量词"（如"一天、两年"）、"数词+量词+名词"（如"一个月、三个小时"）或"一会儿、很长时间"充当。

（2）时量补语用于动词后，动词后可以用动态助词"了¹、过"。

① S + V + 时量补语
　　我们　休息了　十分钟。
　　我们　每个星期　工作　五天。
② S + V + O + V + 时量补语
　　我　等　他　等了　半个多小时。
　　我　做　作业　做了　两个小时。
③ S + V + O + 时量补语
　　我　等了　他　半个小时。
　　你男朋友　找了　你　一天。
④ S + V + 时量补语（+ 的）+ O
　　我　做了　两个小时　的　作业。
　　我　学了　两年　中文。
　　他　当过　五年　医生。

💡 **小提示**

（1）这里的动词都是持续性动词，如"学、等、做、休息、工作、检查"等；非持续性动词不能进入上面的结构②、④。例如：

　　＊他离开家乡离开了一年。
　　＊他离开了一年家乡。
　　他离开家乡一年了。

（2）如果是表持续动作的动宾式离合词，可以用在结构②、④中，不可以用在结构①中。例如：

　　＊他洗澡了十分钟。
　　他洗澡洗了十分钟。
　　他洗了十分钟的澡。

（3）在结构②中，动态助词"了^1"要用在第二个动词后。例如：

　　＊我做了作业做两个小时。
　　我做作业做了两个小时。

82 数量补语 5（动词 + 时量补语）：表示动作结束后到某个时间点的间隔时间

【三52】

◎ **基本语义及用法**

时量补语还可以表示某个动作或行为结束后到某个时间点的间隔时间。

A time-measure complement can also indicate the interval between the end of an action or activity and a certain point in time.

◎ 典型例句和对话

例句	①他们来中国两个月了。	②哥哥去北京一个星期了。	③我父母结婚二十年了。
交际实践	（在公司） 员工A：你家人习惯这儿的生活了吗？ 员工B：他们来中国两个月了，差不多已经习惯了。	（在家） 妹妹：哥哥去北京一个星期了，是不是快回来了？ 妈妈：快了，还有三天他就回来了。	（在咖啡馆） A：我父母结婚二十年了。我想给他们庆祝一下儿，你有什么好建议？ B：我觉得举行庆祝晚会、让他们去旅行、重新拍结婚照什么的，都很有意义。

◎ 补充例句

①我爷爷出院三天了。
②学校开学两个星期了。
③他们离婚三个月了。
④我到这里一会儿了。
⑤他们离开家乡很多年了。
⑥我到北京一个月了。

◎ 结构特点

这里的动词都是非持续性动词，如"来、去、到、离开"等。时量补语一般用于动词或动宾短语后，句末可以用语气助词"了²"。

> S + V + O + 时量补语（+ 了²）
> 学校　开　学　两个星期　了。
> 他们　来　中国　两个月　了。
> 他们　离开　家乡　很多年　了。

💡 小提示

"出院、开学、开业、结婚、离婚"等表示非持续意义的离合词可以用于这个结构。例如：

我爷爷出院三天了。
他们离婚三个月了。

83 主谓句 4：主谓谓语句

【三 53】

◎ **基本语义及用法**

主谓短语充当谓语的句子。对人、事物或状况从某一方面进行说明、描写、评判等。

It is a sentence whose predicate is a subject-predicate phrase. It explains, describes or judges a person, thing or condition from a certain aspect.

◎ **典型例句和对话**

例句	①奶奶身体非常好。	②那件衣服颜色很好看。	③这电影我看了三遍了。
交际实践	（打电话） 儿子：家里一切都好吗？奶奶身体怎么样？ 妈妈：放心吧，奶奶身体非常好。	（在商店） A：那件衣服颜色很好看。 B：那你试一试，喜欢的话就买下来。	（在电影院门口） A：这电影我看了三遍了。 B：那我们换一部。

◎ **补充例句**

①那本书我没看过。
②什么事情他都能干出来。
③这台电脑我用了三年了。
④这件事我不清楚。
⑤这支笔他用来画画儿。
⑥这个老师我认识。

◎ **结构特点**

> S + SP
> 那件衣服　颜色很好看。

◎ **小提示**

主谓短语充当谓语的句子有描写作用，可以增强描写性。例如：

那件衣服颜色很好看。
这台电脑我用了三年了。

84 "把"字句1：表处置

◎ 基本语义及用法

指在谓语动词前，由"把"组成的介词短语作状语的一种句子。由于主语做了某个动作，使"把"后宾语表示的人或事物的状态发生变化，可能是位置发生变化，可能是领属关系发生转移，也可能是出现新的结果或处于新的状态。

It is a sentence where the predicate verb is preceded by an adverbial modifier which is a prepositional phrase formed by 把, indicating that the subject's action has changed the state of the person or thing denoted by the object after 把. It may be a change in position, a shift in ownership, the occurrence of a new result or the coming of a new state.

◎ 典型例句和对话

例句	①老师把书放在桌子上了。	②他们把作业交给老师了。	③你把书架上的书放整齐。
交际实践	（在教室） A：你在哪儿找到的这本书？ B：老师把书放在桌子上了。	（在学校） 班长：他们把作业交给谁了？ 同学：他们把作业交给老师了。	（在图书馆） 管理员：快下班了，请你把书架上的书放整齐。 学生：好的，没问题。

◎ 补充例句

①她把作业交到办公室了。
②我把书包忘在学校了。
③爸爸把新买的手机送妹妹了。
④我把自行车卖给别人了。
⑤他把洗好的衣服拿回来了。
⑥孩子们把手洗得干干净净的。

◎ 结构特点

①肯定形式:
a. S + 把 + O + V + 在/到 + L
老师 把 书 放 在 桌子 上 了。
我 把 朋友 送 到 车站 了。
b. S + 把 + O_1 + V (+给) + O_2
他们 把 作业 交 给 老师 了。
爸爸 把 新买的手机 送 妹妹 了。
c. S + 把 + O + V + 结果补语/趋向补语/状态补语
你 把 书架上的书 放 整齐。
他 把 洗好的衣服 拿 回来 了。
孩子们 把 手 洗得 干干净净 的。

②否定形式:
a. S + 没/没有 + 把 + O + V + 在/到 + L
我 没/没有 把 朋友 送 到 车站。
b. S + 没/没有 + 把 + O_1 + V (+给) + O_2
他们 没/没有 把 作业 交 给 老师。
c. S + 没/没有 + 把 + O + V + 结果补语/趋向补语
你 没/没有 把 书架上的书 放 整齐。
他 没/没有 把 洗好的衣服 拿 回来。

💡 小提示

（1）"把"字句中"把"后的宾语必须是有定的，或者根据上下文，是说话人和听话人明确的、已知的。例如：

*她把两本作业交到办公室了。（"两本作业"是未知的）

她把作业交到办公室了。（"作业"是已知的）

（2）能愿动词、否定副词、时间词应该放在"把"字前，不能放在谓语动词前。例如：

*老师把书想放在桌子上。

老师想把书放在桌子上。

*老师把书没/没有放在桌子上。

老师没/没有把书放在桌子上。

*老师把书昨天放在桌子上了。

老师昨天把书放在桌子上了。

（3）否定形式一般不用"不"，要用否定副词"没、没有"，也可以用"别"。例如：

＊你不把书包忘在学校了。
你别把书包忘在学校了。
＊他不把书包忘在学校。
他没/没有把书包忘在学校。

85 被动句1：主语＋被/叫/让＋宾语＋动词＋其他成分

【三55】

◎ **基本语义及用法**

在动词前，用"被、叫、让"引出施事或者单用"被"表示被动的句子，多数表示不好的结果。"叫、让"一般用于口语。

It is a sentence in which the verb is preceded by 被 (or 叫/让) and the agent of the action it introduces or a sentence with 被 indicating the passive voice, usually expressing a bad result. 叫 and 让 are usually used in spoken Chinese.

◎ **典型例句和对话**

例句	①那个手机早被我用坏了。	②我的词典叫弟弟弄脏了。	③他完全让这位姑娘迷住了。
交际实践	（在教室） A：你原来那个手机呢？ B：那个手机早被我用坏了。	（在家） 妈妈：你们为什么吵架？ 哥哥：我的词典叫弟弟弄脏了。	（在超市） A：那是他女朋友吗？ B：是的，他完全让这位姑娘迷住了。

◎ **补充例句**

①窗子被他关上了。
②你被他的话感动了吗？
③电脑被哥哥修好了。
④试卷被老师收走了。
⑤他叫一辆自行车碰了一下儿。
⑥他是不是让老师批评了？

◎ 结构特点

①肯定形式:
S+被/叫/让+O+VP
那个手机 早 被/叫/让 我 用坏了。

②否定句形式:
S+没/没有+被+O+VP
那个手机 没/没有 被 我 用坏。

💡 小提示

（1）能愿动词和表示否定、时间等的副词只能放在"被"之前，不能放在谓语动词的前面。例如：

*窗子被他没有关上。

窗子没有被他关上。

（2）在口语中，可以用介词"叫、让"代替"被"；"被"的宾语可以省略，而"叫、让"的宾语不能省略。例如：

*试卷叫/让收走了。

试卷叫/让老师收走了。

试卷被收走了。

86 连动句2（1）：前一动作是后一动作的方式 【三56】

◎ 基本语义及用法

前后两个动作连续说明同一个主语，前一个动作是后一个动作的方式。
One action follows the other talking about the same subject, the former being the manner of the latter.

◎ **典型例句和对话**

例句	①他笑着说："没事。"	②我明天坐飞机去北京。	③我每天坐地铁上班。
交际实践	（在家） 爸爸：我忘了给儿子买礼物，他生气了吧？ 妈妈：没有。他笑着说："没事。"	（在家） 妈妈：你明天怎么去北京？ 爸爸：我明天坐飞机去北京。	（在公司） A：你是开车上班吗？ B：不是，我每天坐地铁上班。

◎ **补充例句**

①老师站着上课，学生坐着上课。
②他唱着歌走进教室。
③他低着头玩儿手机。
④我们喝着咖啡说话。
⑤年轻人常常用手机上网。
⑥大家笑着拍手。

◎ **结构特点**

> S + VP₁ + VP₂
> 我　坐飞机　去北京。

◎ 💡 **小提示**

连动句只有一个主语，连用的动词或动词短语往往表示先后发生的两个动作，因此二者的位置不能互换。例如：

＊他走进教室唱着歌。
　他唱着歌走进教室。

87 连动句 2（2）：后一动作是前一动作的目的 【三.56】

◎ **基本语义及用法**

前后两个动作连续说明同一个主语，后一个动作是前一个动作的目的。
One action follows the other talking about the same subject, the latter being the purpose of the former.

◎ **典型例句和对话**

例句	①我来中国学习中文。	②他去超市买水果。	③我去火车站接朋友。
交际实践	（在飞机上） A：你来中国旅游吗？ B：我来中国学习中文。	（在家） 儿子：爸爸要去哪里？ 妈妈：他去超市买水果。	（在公司） A：你要去哪里？ B：我去火车站接朋友。

◎ **补充例句**

①他去公司开会。
②她到图书馆借书。
③他去银行取钱。
④我回学校拿东西。
⑤经理去会议室主持会议。
⑥我们上电影院看电影。

◎ **结构特点**

S + VP$_1$ + VP$_2$
他 去超市 买水果。

💡 **小提示**

连动句只有一个主语，连用的两个动词前后位置不能互换。例如：
＊妈妈买菜上街。
　妈妈上街买菜。

88 兼语句1：表使令：主语＋叫／派／请／让……＋宾语1＋动词＋宾语2

【三57】

◎ **基本语义及用法**

兼语句是指由兼语短语"动词1＋宾语＋动词2／形容词"充当谓语的句子。"动词1"的"宾语"在语义上跟"动词2／形容词"有直接的语义联系，如"公司派我来中国"，"我"是前一个动词"派"的宾语，但在语义上又是后一个动词"来"的施事。

A pivotal sentence is a sentence whose predicate is the pivotal phrase "verb 1 + object +

verb 2 / adjective". The object of verb 1 has a direct semantic relation with verb 2 / adjective. For example, in 公司派我来中国 (The company sent me to China), 我 is the object of the first verb 派, but semantically the agent of the second verb 来.

◎ **典型例句和对话**

例句	①经理叫他介绍一下儿中国商品市场。	②公司派我来中国学习中文。	③我请他去我家玩儿。
交际实践	（在办公室） A：小李要在今天下午的会议上发言吗？ B：是的，经理叫他介绍一下儿中国商品市场。	（大学校园里） A：好多年不见了，你怎么会在这儿？ B：公司派我来中国学习中文。	（在教室） A：我请他去我家玩儿，你也一起来吧。 B：谢谢，我明天正好有事，以后再去吧。

◎ **补充例句**

①妈妈让我早点儿回国。
②我请他做报告。
③小王通知大家来开会。
④老师叫同学们安静。
⑤老板派我去北京开会。
⑥我请他吃一顿饭。

◎ **结构特点**

兼语句中的第一个动词常具有使令意义，常见的如"叫、派、请、让"等。

> S + 叫 / 派 / 请 / 让 + O + VP
> 经理　叫　他　介绍一下儿中国商品市场。

💡 **小提示**

在兼语句中，第一个动词前面或后面都不能插入时间状语。例如：
＊小王通知明天大家来开会。
＊小王明天通知大家来开会。
　小王通知大家明天来开会。

89 比较句 4（1）：A 比 B + 动词 + 得 + 形容词； A + 动词 + 得 + 比 + B + 形容词

【三58】

◎ **基本语义及用法**

表示 A 在进行某个动作时，在某方面的程度上（速度、数量、技巧等）胜过 B。

It indicates that when performing a certain action, A exceeds B in the degree of a certain aspect (speed, quantity, skill, etc.).

◎ **典型例句和对话**

例句	①我比他跑得快。	②姐姐中文说得比我流利。	③这次考试他比我考得好。
交际实践	（运动会上） A：他速度好快，这次一定是第一名。 B：我比他跑得快。	（在学校） A：你和你姐姐谁的中文说得好？ B：姐姐中文说得比我流利。	（在教室） A：看到成绩了吗？小王考得真不错。 B：对呀，这次考试他比我考得好。

◎ **补充例句**

①我写作业的时间用得比他多。
②晚饭他比我吃得多。
③这道菜爸爸比妈妈做得好吃。
④我跑得比他快。
⑤哥哥长得比弟弟高。
⑥他作业交得比我早。

◎ **结构特点**

①A + 比 + B + V + 得 + Adj
　我　比　他　跑　得　快。
　我　说中文　比　妹妹　说
　得　流利。

②A + V + 得 + 比 + B + Adj
　我　跑　得　比　他　快。
　姐姐　中文　说　得　比
　我　流利。

💡 **小提示**

"A + 比 + B + V + 得 + Adj" 和 "A + V + 得 + 比 + B + Adj" 两种形式可以互换，

350

表达的意义相同。例如：

我比他跑得快。＝我跑得比他快。

姐姐比我说得流利。＝姐姐说得比我流利。

90 比较句4（2）：A 不比 B ＋ 形容词　【三58】

◎ 基本语义及用法

表示在某种性质、状况等方面，前一项在程度上不如后一项或者两者差不多。

It indicates that when a certain quality or situation is concerned, the former one is lower than the latter one in degree or the two are almost the same.

◎ 典型例句和对话

例句	①我姐姐不比我高。	②这个笔记本不比那个大。	③这个饭店不比上次那个好吃。
交际实践	（在体育馆） A：你姐姐比你高吗？ B：我姐姐不比我高。	（在商店） 顾客：我想买一个小一点儿的笔记本，带着方便。 店员：你看，这个笔记本不比那个大，挺合适的。	（在饭店） A：你觉得这家饭店味道怎么样？ B：其实这个饭店不比上次那个好吃。

◎ 补充例句

①爸爸做的菜不比妈妈做的好吃。
②这件衣服不比那件便宜。
③我的中文水平不比他差。
④你女朋友不比她漂亮。
⑤当老师不比当医生容易。
⑥哥哥唱歌不比我好听。

◎ 结构特点

比较项 A 和 B 既可以是名词或名词性短语，也可以是动词或动词性短语。

A ＋ 不比 ＋ B ＋ Adj
我姐姐　不比　我　高。
当老师　不比　当医生　容易。

351

小提示

否定副词"不"只能放在"比"的前面,组成"不比"句,不能直接放在形容词前面。例如:

* 我姐姐比我不高。

我姐姐不比我高。

91 比较句4(3): A 比 B + 多 / 少 / 早 / 晚 + 动词 + 数量短语 【三58】

◎ 基本语义及用法

表示 A 在进行某个动作时,在性状、程度、时间等方面与 B 相差的具体数量。

It indicates the specific quantity by which A exceeds B in such aspects as a certain trait, degree, time, etc.

◎ 典型例句和对话

例句	①我比他多吃了五个饺子。	②哥哥昨天比前天晚睡半个小时。	③我比姐姐早回来十分钟。
交际实践	(在饭店) 妈妈:看起来你和儿子都喜欢吃饺子,饺子全吃完了。 爸爸:是呀,我比他多吃了五个饺子。	(在家) 妈妈:你哥哥最近睡得越来越晚了。 弟弟:是的,哥哥昨天比前天晚睡半个小时。	(在家) 妈妈:姐姐没和你一起回家吗? 妹妹:我们提前下课了,我比姐姐早回来十分钟。

◎ 补充例句

①妈妈今天比昨天多做了三个菜。

②在今天的会议上,老板比经理多说了几句话。

③她比我多借三本书。

④他比我少买一个苹果。

⑤弟弟比我少吃一碗饭。

⑥昨天他比我早起二十分钟。

◎ 结构特点

A + 比 + B + 多 / 少 / 早 / 晚 + V + NumP（+ N）
我 比 他 多 吃了 五个 饺子。
他 比 我 少 买 一个 苹果。

◎ 小提示

在"A + 比 + B + 多 / 少 / 早 / 晚 + V + NumP（+ N）"这个结构中，状语"多、少、早、晚"不能放在动词后面。例如：
* 我比他吃多了五个饺子。
　我比他多吃了五个饺子。
* 他比我买少一个苹果。
　他比我少买一个苹果。

92 重动句：主语 + 动词 + 宾语 + 动词 + 补语 【三 59】

◎ 基本语义及用法

重动句主要是指动词后加上宾语，再重复相同的动词后，再带上补语（如形容词或形容词性短语、数量短语、疑问代词等）的一种句型，表示一种动作或者状态的呈现。

A verb-copying sentence is a type of sentence in which the verb, after taking an object, is repeated and followed by a complement (for example, adjective or adjective phrase, time-measure phrase, interrogative pronoun, etc.). It indicates the presentation of an action or a state.

◎ 典型例句和对话

例句	①他打篮球打得很好。	②我写作业写得很快。	③她走路走累了。
交际实践	（在体育馆） A：小王篮球打得怎么样？ B：他打篮球打得很好。	（在家） 妈妈：今天的作业完成了吗？ 女儿：早完成了，我写作业写得很快。	（在商场） A：小王呢？ B：她走路走累了，在那里休息呢。

◎ **补充例句**

①我看电视看了两个小时。
②他上课上得怎么样?
③弟弟说中文说得非常好。
④他唱歌唱得如何?
⑤她买水果买了五公斤。
⑥他吃零食吃太多了。

◎ **结构特点**

①肯定形式:
S + V + O + V + C
他 打 篮球 打得 很好。
我 看 电视 看了 两个 小时。

②疑问形式:
S + V + O + V + 得 + QPr?
弟弟 说 中文 说 得 怎么样?

💡 **小提示**

重动句中重复的是两个相同的动词,并且重复的动词后面一定要带各类补语(如形容词或形容词性短语、数量短语、疑问代词等)。例如:

她打篮球打得很好。(形容词性短语)

她买水果买了五公斤。(数量短语)

他上课上得怎么样?(疑问代词)

93 并列复句:(也)……,也…… 【三60】

◎ **基本语义及用法**

表示两种同时存在的状态或动作。

It indicates two simultaneously existing states or actions.

◎ **典型例句和对话**

例句	①篮球他喜欢,排球他也喜欢。	②面条儿我也爱吃,米饭我也爱吃。	③衣服我也买,裤子我也买。
交际实践	(在教室) A:你哥哥喜欢什么运动? B:篮球他喜欢,排球他也喜欢。	(在饭店) A:你喜欢吃米饭还是面条儿? B:面条儿我也爱吃,米饭我也爱吃。	(在商场) 店员:您要买衣服还是买裤子? 顾客:衣服我也买,裤子我也买。

◎ 补充例句

①电影我也看，电视剧我也看。
②他书也要看，文章也要写。
③课本他要带走，词典他也要带走。
④衣服要准备，鞋子也要准备。
⑤衣服也洗了，饭也做了。
⑥这本书我要借，那本书我也要借。

◎ 结构特点

"（也）……，也……"一般用于主语不同的多个分句中，谓语可以相同，也可以不同。

① $S_1 + P, S_2 + 也 + P$
篮球 他喜欢，排球 他 也 喜欢。
他 喜欢排球，我 也 喜欢 排球。

② $S_1 (+也) + P_1, S_2 + 也 + P_2$
衣服 也 洗了，饭 也 做了。

94 并列复句：一会儿……，一会儿……

【三61】

◎ 基本语义及用法

表示在前后相差较短的时间里分别做两件事或出现两种状态，并交替重复。
It indicates doing two things or showing two states respectively within a short period of time and alternating between them.

◎ 典型例句和对话

	①最近天气有点儿奇怪，一会儿冷，一会儿热。	②他们在晚会上一会儿唱歌，一会儿跳舞，玩儿得很开心。	③他写作业非常不认真，一会儿吃东西，一会儿看手机。
例句			
交际实践	（在家） 孩子：最近天气有点儿奇怪，一会儿冷，一会儿热。 妈妈：那你注意身体，别感冒了。	（在家） 妈妈：昨天的晚会上孩子们开心吗？ 爸爸：他们在晚会上一会儿唱歌，一会儿跳舞，玩儿得很开心。	（在家） 妈妈：儿子的作业写完了吗？ 爸爸：早着呢。他写作业非常不认真，一会儿吃东西，一会儿看手机。

◎ 补充例句

①他一会儿进，一会儿出，忙个不停。
②今天一会儿晴，一会儿阴。
③他今天一直在家里干活儿，一会儿洗衣服，一会儿做饭。
④一会儿小明发言，一会儿小王发言，大家讨论得很热烈。
⑤孩子今天不听话，一会儿吵着要出门，一会儿哭着要吃糖。
⑥他经常说话不算话，一会儿答应去，一会儿又说不去了。

◎ 结构特点

表示两种状态在短时间内交替出现，主语可以相同，也可以不同。

① S + 一会儿 + P_1，一会儿 + P_2
他们 在晚会上 一会儿 唱歌，一会儿 跳舞，玩儿得很开心。
这几天 一会儿 冷，一会儿 热。

② 一会儿 + S_1 + P_1，一会儿 + S_2 + P_2
一会儿 小明 发言，一会儿 小王 发言，大家讨论得很热烈。

95 并列复句：一方面……，另一方面……　【三62】

◎ 基本语义及用法

一般用于解释说明同时存在的两个方面的原因、情况。
It is usually used to explain two reasons or situations that both exist.

◎ 典型例句和对话

例句	①我们一方面要看到他们的优点，另一方面也要指出他们的缺点。	②他们在实习中一方面可以增加工作经验，另一方面可以学习新的知识。	③坐地铁上班有很多优点，一方面是不会晚点，另一方面也很便宜。
交际实践	（在教室） A：这些孩子真不好管。 B：我们一方面要看到他们的优点，另一方面也要指出他们的缺点。	（在讨论实习的好处） A：又来了一批大学生，是来公司实习的吗？ B：是的，他们在实习中一方面可以增加工作经验，另一方面可以学习新的知识。	（在办公室） A：你为什么每天坐地铁上班？ B：坐地铁上班有很多优点，一方面是不会晚点，另一方面也很便宜。

◎ 补充例句

① 你一方面要保持自己的优势，另一方面要克服自己的缺点。
② 工作时，我们一方面要不断学习理论，另一方面要把想法变成行动。
③ 学好中文一方面要多读多听，另一方面也要多说多写。
④ 这次比赛他没问题，一方面是他很有信心，另一方面是他有这个实力。
⑤ 这个活动一方面训练我们的反应，另一方面训练我们的注意力。
⑥ 一方面，你们可以推广先进的技术；另一方面，我们工厂可以提高生产速度。

◎ 结构特点

在"一方面……，另一方面……"中，两个分句的主语可以相同，也可以不同。主语相同时，第二个分句的主语往往要省略，"一方面"用在第一个主语后；主语不同时，"一方面""另一方面"用在主语前。

| ① S + 一方面 + P_1，另一方面 + P_2
我们 一方面 要看到他们的优点，另一方面 也要指出他们的缺点。 | ② 一方面，S_1+P_1；另一方面，S_2+P_2
一方面，你们 可以推广先进的技术；另一方面，我们工厂 可以提高生产速度。 |

💡 小提示

前后两个分句的语义是并列对举的，不能没有关系。例如：
* 我们一方面要看到他们的优点，另一方面也要努力学习。
　我们一方面要看到他们的优点，另一方面也要指出他们的缺点。

96 并列复句：又……，又……

【三63】

◎ 基本语义及用法

表示两种同时存在的状态或动作。
It indicates two simultaneously existing states or actions.

◎ 典型例句和对话

例句	①晚会上大家又唱歌，又跳舞，高兴极了。	②这件衣服样子又好看，价格又便宜。	③他又爱学习，又爱帮助别人。
交际实践	（在教室） A：昨天的晚会真精彩！ B：是的！晚会上大家又唱歌，又跳舞，高兴极了。	（在商店） 店员：这件衣服样子又好看，价格又便宜。 顾客：那我就买它了。	（在家） 妈妈：小王这个人真不错。 女儿：是的，他又爱学习，又爱帮助别人。

◎ 补充例句

①她每天又洗衣服，又做饭，真够累的。

②她做的菜颜色又漂亮，味道又好。

③他想的办法又简单，又有用。

④今天天气不太好，又是风，又是雨。

⑤他们听课非常认真，又录音，又做笔记。

⑥他们完成任务很积极，又查文件，又分小组讨论。

◎ 结构特点

"又"一般用于主语后。

① S + 又 + P₁，又 + P₂
晚会上 大家 又 唱歌，又 跳舞，高兴极了。

② S₁ + 又 + P₁，S₂ + 又 + P₂
这件衣服 样子 又 好看，价格 又 便宜。

💡 小提示

"又……，又……"表示的几件事情或者几个方面要具有相同的性质，同时几个事情的发生具有较短的时间差，因此前后两个"又"的谓语往往可互换。例如：

晚会上大家又唱歌，又跳舞，高兴极了。

＝晚会上大家又跳舞，又唱歌，高兴极了。

97 承接复句：首先……，然后……

◎ **基本语义及用法**

用于列举事项，表示一件事情之后，接着发生另一件事。
It is used to enumerate items, indicating that one thing happened first and then something else.

◎ **典型例句和对话**

例句	①同学们首先读了一遍课文，然后认真地回答了黑板上的问题。	②我们首先要找到科学的练习方法，然后坚持每天练习。	③首先你要做一些准备活动，然后才能开始运动。
交际实践	（在教师办公室） 老师A：刚才的课上，同学们的表现怎么样？ 老师B：他们表现得很好。同学们首先读了一遍课文，然后认真地回答了黑板上的问题。	（在教室） 学生：老师，我每天都写汉字，为什么还是记不住？ 老师：我们首先要找到科学的练习方法，然后坚持每天练习。	（在体育馆） 学员：老师，我换好衣服了，可以下水游泳了吗？ 老师：首先你要做一些准备活动，然后才能开始运动。

◎ **补充例句**

①这件事我们首先要讨论一下儿，然后才能做出决定。
②回家后我首先把作业写完，然后给家里人做饭。
③他首先去车站买了车票，然后拿行李上车。
④医生首先给病人看病，然后让病人去买药。
⑤首先老师讲课文，然后同学们做练习。
⑥我们首先去看了电影，然后去商场吃了饭。

◎ **结构特点**

① S + 首先 + P_1，然后 + P_2
同学们 首先 读了一遍课文，然后 认真地回答了黑板上的问题。

②首先 + S + P_1，然后 + P_2
首先 你 要做一些准备活动，然后 才能开始运动。

③首先 + S_1 + P_1，然后 + S_2 + P_2
首先 老师 讲课文，然后 同学们 做练习。

💡 **小提示**

在"首先……，然后……"中，如果前后两个分句的主语相同，第一个分句的主语可以在"首先"的前面，也可以在"首先"的后面，第二个分句的主语往往要省略。例如：

＊同学们首先读了一遍课文，然后同学们认真地回答了黑板上的问题。
　同学们首先读了一遍课文，然后认真地回答了黑板上的问题。
＊我们首先要找到科学的练习方法，我们然后坚持每天练习。
　首先我们要找到科学的练习方法，然后坚持每天练习。

98 递进复句：……，并且…… 【三65】

◎ **基本语义及用法**

"并且"用在后一分句里，表示更进一层的意思。
并且 is used in the latter clause to indicate a further meaning.

◎ 典型例句和对话

例句	①专家们对这个问题进行了讨论，并且提出了解决办法。	②这种办法可以保存食物，并且能保存很久。	③为你自己找一个对手，观察他，并且超过他。
交际实践	（在会议室） 经理：这个问题怎么样了？可以解决吗？ 员工：专家们对这个问题进行了讨论，并且提出了解决办法。	（在超市） 店员：这种办法可以保存食物，并且能保存很久。 顾客：谢谢你，我回家就试试。	（在体育课上） 学生：如何才能快速提高成绩，您有什么建议吗？ 老师：为你自己找一个对手，观察他，并且超过他。

◎ 补充例句

①这里的水果样子很好看，并且味道也很不错。
②我们要完成这个工作，并且要提前完成。
③代表们认真讨论，并且通过了这个方案。
④你一定要记住答应过的事，并且努力做到。
⑤哥哥嘴上这么说，并且行动上也这么做了。
⑥两年没见，你长高了，并且性格更加乐观了。

◎ 结构特点

S + P₁，并且 + P₂
专家们　对这个问题进行了讨论，并且　提出了解决办法。

💡 小提示

前后两个分句之间是递进关系，即程度由浅到深，由轻到重。因此，两句的顺序不能互换。例如：

* 专家们对这个问题提出了解决办法，并且进行了讨论。

专家们对这个问题进行了讨论，并且提出了解决办法。

99 递进复句：不仅/不光……，还/而且…… 【三66】

◎ **基本语义及用法**

表示进一步申述说明，后面分句的意思往往比前面分句的意思更进一层。程度一般由轻到重，由浅到深，层层推进。

It indicates further explanations, and the second clause is usually further in meaning than the first. The degree and depth increase by degrees.

◎ **典型例句和对话**

例句	①那个地方我不仅去过，还去过好几次呢。	②不光我会说中文，而且我的父母和姐姐也会说中文。	③她不仅会说中文，而且说得很流利。
交际实践	（在学校） A：学校西门外边你去过吗？ B：那个地方我不仅去过，还去过好几次呢。	（在学校） 老师：你们家除了你以外，还有人会说中文吗？ 学生：不光我会说中文，而且我的父母和姐姐也会说中文。	（在家） A：你朋友也会说中文吗？ B：她不仅会说中文，而且说得很流利。

◎ **补充例句**

①不仅哥哥很努力，而且我也很努力。
②她不仅不认为自己错了，还把责任推给了别人。
③他们不仅得到了好成绩，而且证明了自己的实力。
④他不光是全班第一，还是全校第一。
⑤他不光会画画儿，而且画得非常好。
⑥这位专家不光在中国很有名，而且在国际上也很有名。

◎ **结构特点**

前后两个分句的主语可以相同，也可以不同。

① S + 不仅/不光 + P_1，还/而且 + P_2
她 不仅 会说中文，而且 说得很流利。
他 不光 是全班第一，还 是全校第一。

② 不仅/不光 + S_1 + P，而且 + S_2 + 也 + P
不仅 哥哥 很努力，而且 我 也 很努力。
不光 我 会说中文，而且 我的父母和姐姐 也 会说中文。

小提示

（1）前后两个分句在意思上要形成递进关系，即后一分句的程度要比前一分句深，范围要比前一分句大。例如：

＊他不光是全校第一，还是全班第一。
他不光是全班第一，还是全校第一。

（2）前后两个分句的主语相同时，后一分句的主语往往要省略。例如：

＊这位专家不光在中国得了很多奖，而且这位专家在国际上也很有名。
＊这位专家不光在中国得了很多奖，这位专家而且在国际上也很有名。
这位专家不光在中国得了很多奖，而且在国际上也很有名。

100 选择复句：不是……，就是……

◎ 基本语义及用法

表示二选一，不是这个，就是那个，没有第三种选择。
It indicates that it is either this or that and there is no third choice.

◎ 典型例句和对话

例句	①他不是在办公室，就是在实验室。	②这些衣服都不合适，不是太大，就是太小。	③他的成绩非常好，考试经常不是第一名，就是第二名。
交际实践	（在学校） A：你知道王老师现在在哪里吗？ B：他不是在办公室，就是在实验室。	（在商场） 店员：您对刚才试过的这些衣服满意吗？ 顾客：这些衣服都不合适，不是太大，就是太小。	（在办公室） A：你儿子在学校的成绩怎么样？ B：他的成绩非常好，考试经常不是第一名，就是第二名。

◎ 补充例句

①爷爷退休以后，不是养花，就是养狗。

②放暑假的时候，我不是在家里休息，就是去外面打球。

③周末他不是去图书馆，就是去体育馆。

④他学习不努力，不是听音乐，就是玩儿游戏。

⑤这里的水果不受欢迎，不是味道不好，就是价格太贵。

⑥他学习中文很认真，不是参加各种课程，就是找人练习。

◎ 结构特点

① (S+)不是+P_1，就是+P_2
  他 不是 在办公室，就是 在实验室。
  这些衣服都不合适，不是 太大，就是 太小。

②不是+S_1+P_1，就是+S_2+P_2
  这里的水果不受欢迎，不是味道 不好，就是 价格太贵。

💡 小提示

"不是……，就是……"必须成对使用，两个选择条件中必选一个，且语气肯定。

例如：

他不是在办公室，就是在实验室。

101 转折复句：……X是X，就是/不过…… 【三68】

◎ **基本语义及用法**

前面分句表示赞成或者同意的部分，后面分句是说话人想要表达的真实想法。
The first clause expresses an approval or agreement, but what the speaker really wants to say is in the second clause.

◎ **典型例句和对话**

例句	①这件衣服好看是好看，就是有点儿贵。	②坐公交车方便是方便，不过人太多了。	③这个牛奶好喝是好喝，就是保存时间太短了。
交际实践	（在商店） 店员：这件衣服您还满意吧？ 顾客：这件衣服好看是好看，就是有点儿贵，我再想想。	（在家） A：我们坐公交车去超市吧，也就三站。 B：坐公交车方便是方便，不过人太多了，还是走着去吧。	（在超市） 店员：如果您觉得牛奶味道不错，可以买一份带回家。 顾客：这个牛奶好喝是好喝，就是保存时间太短了。

◎ **补充例句**

①这个玩具贵是贵，不过孩子很喜欢。
②这部电影精彩是精彩，就是最后的部分我没看懂。
③那个皮包大是大，不过还是装不下。
④这个东西便宜是便宜，就是不好用。
⑤这个歌好听是好听，不过我听了很多遍了，不想听了。
⑥北京的冬天冷是冷，不过室内很暖和。

◎ **结构特点**

S + Adj + 是 + Adj，就是/不过 + VP/AP
这件衣服　好看　是　好看，就是　有点儿贵。
那个皮包　大　是　大，不过　还是装不下。

小提示

前后两个分句主语相同的情况下，后面分句的主语往往可以省略。例如：

* 这件衣服好看是好看，这件衣服就是有点儿贵。

* 这件衣服好看是好看，就是这件衣服有点儿贵。

这件衣服好看是好看，就是有点儿贵。

102 假设复句：要是……，就……

◎ 基本语义及用法

前一分句提出假设，后一分句表示假设实现后所产生的结果。

The first clause puts forward a supposition, and the second clause indicates the result that will come about when this supposition is realized.

◎ 典型例句和对话

例句	①要是不开心，我就会大声唱歌。	②要是你明天有时间，就跟我一起去长城吧。	③要是你今天能写完作业，明天我就带你去看电影。
交际实践	（在学校） A：你一般心情不好的时候会做什么？ B：要是不开心，我就会大声唱歌。	（在回家路上） A：要是你明天有时间，就跟我一起去长城吧。 B：对不起，明天我有别的安排，下次吧。	（在家） 孩子：妈妈，明天可以去看电影吗？ 妈妈：要是你今天能写完作业，明天我就带你去看电影。

◎ 补充例句

①要是明天天气好，我们就一起去爬山。

②要是没有你的帮助，我就没办法完成这个任务。

③要是你想在这个公司生存下去，就必须习惯这种工作方式。

④要是一个人对待工作不认真，就什么事也做不成。

⑤要是他不同意参加比赛，我们就去问问别人。

⑥下节课要是老师不来，我们就自己学习。

◎ 结构特点

前一分句提出假设，后一分句是满足这一假设的情况下所产生的结果。

① 要是 + S_1 + P_1，S_2 + 就 + P_2
要是你今天能写完作业，我就带你去看电影。

② 要是 + S + P_1，就 + P_2
要是你明天有时间，就跟我一起去长城吧。

③ 要是 + P_1，S + 就 + P_2
要是不开心，我就会大声唱歌。

💡 小提示

"要是"后面的句子，可以是已经发生过的，也可以是未发生的。例如：
要是没有你的帮助，我就没办法完成这个任务。（已发生）
要是明天天气好，我们就一起去爬山。（未发生）

103 条件复句：只有……，才……

【三70】

◎ 基本语义及用法

表示在某个唯一的条件下才产生某种结果，没有别的条件。

It indicates a certain result will come about only under a certain condition. No other condition can produce this result.

◎ 典型例句和对话

	①只有认真检查，我们才会发现问题、解决问题。	②只有多听多说，你才能提高中文水平。	③只有买了门票，你才能进去。
例句			
交际实践	（在会议室） 老板：只有认真检查，我们才会发现问题、解决问题。 员工：好的，我们再检查一下儿。	（在教室） A：怎样才能提高中文水平？ B：只有多听多说，你才能提高中文水平。	（在公园门口） A：这个公园看起来不错，我想进去走走。 B：等等，只有买了门票，你才能进去。

◎ 补充例句

①只有到了夏天，我们才能见到这种花。
②只有成为会员，你才可以参加这个活动。
③只有站得高，你才能看得远。
④只有靠自己努力，我们才能取得成功。
⑤只有上课认真听讲，你才能通过考试。
⑥只有国家和平，老百姓才有幸福生活。

◎ 结构特点

前一分句提出条件，后一分句是满足条件的情况下所产生的结果。

①只有 + P_1，S + 才 + P_2
只有 认真检查，我们 才 能发现问题。
只有 站得高，你 才 能看得远。

②只有 + S_1 + P_1，S_2 + 才 + P_2
只有 国家 和平，老百姓 才 有幸福生活。

◎ 小提示

（1）在"只有……，才……"中，如果前后两个分句的主语相同，其中一个主语往往要省略。如果主语在后一分句中出现，只能用在"才"的前面。例如：
　　＊只有认真检查，才我们能发现问题。
　　只有认真检查，我们才能发现问题。
　　只有认真检查，才能发现问题。

（2）关联词"只有"和"才"前后位置不能互换，"只有"在第一个分句中，"才"在第二个分句中。例如：
　　＊我们才能发现问题，只有认真检查。
　　只有认真检查，我们才能发现问题。

104 因果复句：（由于）……，所以/因此……【三71】

◎ 基本语义及用法

前一分句说出原因或者理由，后一分句表示结果。
The first clause states the cause or reason, and the second clause indicates the result.

◎ **典型例句和对话**

例句	①由于身体不好，所以爸爸打算提前退休。	②他工作很努力，因此取得了很大的成功。	③今天天气不好，所以我们取消了原来的计划。
交际实践	（在B家） A：你爸爸这么年轻就准备退休吗？ B：由于身体不好，所以爸爸打算提前退休。	（在公司） A：听说这次小张设计的作品得了第一名，是真的吗？ B：他工作很努力，因此取得了很大的成功。	（在家） 爸爸：你不是要去爬山吗？怎么还不出发？ 儿子：今天天气不好，所以我们取消了原来的计划。

◎ **补充例句**

①他今天身体不舒服，所以没上体育课。

②由于他生病了，所以我们打算去看看他。

③这是他第一次出国，所以心里有点儿紧张。

④她不想看到你伤心，因此没有告诉你事实。

⑤他忘了带身份证，因此失去了参加比赛的资格。

⑥由于他对中国很感兴趣，所以打算在中国生活一段时间。

◎ **结构特点**

① （由于+）S_1+P_1，所以/因此+S_2+P_2
由于 他 生病了，所以 我们 想去看看他。
他 生病了，因此 我们 决定去看看他。

② （由于+）$S+P_1$，因此/所以+P_2
由于 他 对中国很感兴趣，所以 打算在中国生活一段时间。
他 工作很努力，因此 取得了很大的成功。

💡 **小提示**

"由于"只能位于第一个分句开头，可以省略；"因此"和"所以"只能位于第二个分句开头。"由于"和"因此"一般不能同时出现。例如：

＊所以取得了很大的成功，（由于）他工作很努力。

（由于）他工作很努力，所以取得了很大的成功。

105 目的复句：为了……，……　　【三72】

◎ **基本语义及用法**

前一分句是目的，后一分句是为达到目的所做出的行为。
The first clause indicates the purpose, and the second clause indicates the action taken to achieve the purpose.

◎ **典型例句和对话**

例句	①为了保持健康，他每天坚持运动。	②为了学好中文，我每天都要看中国电视剧。	③为了让父母放心，我每周都给他们打电话。
交际实践	（在学校） A：你爷爷的身体真是越来越好了。 B：为了保持健康，他每天坚持运动。	（在教室） 老师：假期里，你是如何学习中文的？ 学生：为了学好中文，我每天都要看中国电视剧。	（在学校） A：一个人来中国留学，你父母放心吗？ B：为了让父母放心，我每周都给他们打电话。

◎ **补充例句**

①为了买到那双球鞋，他一大早就去排队了。
②为了正确地使用这个机器，我认真地读了那张说明。
③为了拿到第一名，我这学期学习很努力。
④为了通过考试，她提前准备了很长时间。
⑤为了听清楚老师讲课，我请求把我的座位换到第一排。
⑥为了早点儿完成这个任务，他很多天没有好好休息了。

◎ **结构特点**

> 为了 + P_1，S + P_2
>
> 为了　保持健康，他　每天坚持运动。
> 为了　学好中文，我　每天都要看中国电视剧。

> 💡 **小提示**
>
> "为了"表示目的，一般位于第一个分句的开头，不放在第二个分句开头。例如：
> * 他每天坚持运动，为了保持健康。
> 　为了保持健康，他每天坚持运动。

106 紧缩复句：……了……（就）…… 【三.73】

◎ **基本语义及用法**

表示完成一个动作以后，很快承接另一个动作或出现某种结果。
It indicates the completion of one action is quickly followed by another action or a certain result.

◎ **典型例句和对话**

例句	①他下了课就去图书馆。	②他喝了酒就会脸红。	③我发了邮件就睡觉。
交际实践	（在教室） A：他刚刚还在教室，怎么突然就不见了？ B：他下了课就去图书馆，早就不在教室了。	（在饭店） A：经理，你怎么一口酒都不喝？ B：他喝了酒就会脸红，还是别让他喝了。	（在家） 妈妈：早点儿休息，明天上学别晚了。 儿子：我发了邮件就睡觉。

◎ **补充例句**

①他领了表格就往回走。
②妈妈买了菜就回家做饭。
③我吃了晚饭就去散步。
④我关了电脑就下班。
⑤我到了家给你打电话。
⑥我拿了工资请你吃饭。

◎ **结构特点**

> S + V + 了 + O (+就) + VP
> 他　下　了　课　就　去图书馆。

小提示

（1）"了"要放在动词和宾语之间，或动宾式离合词的中间。例如：

*他下课了就去图书馆。

他下了课就去图书馆。

（2）"……了……（就）……"可以用于过去发生的事情，也能用于将来的事情。例如：

我明天下了课就去图书馆。

107 概数表示法2（1）：用"大概、大约、几"表示概数

【三74】

◎ **基本语义及用法**

"大概、大约"用于数词前边，表示跟数词接近的大概数目；"几"表示"十"以内的大概数目。

大概 or 大约 is used before a numeral to indicate a number close to the numeral. 几 refers to a rough number less than 10.

◎ **典型例句和对话**

例句	①这个手机大概两千块。	②我的中文老师大约三十岁。	③我上网买了几本书。
交际实践	（在商场） A: 这个手机不错，贵吗？ B: 这个手机大概两千块。	（在图书馆） A: 你的中文老师多大了？ B: 我的中文老师大约三十岁。	（在办公室） A: 你刚才做什么呢？ B: 我上网买了几本书。

◎ **补充例句**

①班里大概有三十个人。

②现场大概有多少人？

③这双球鞋大约500块钱。

④你从家走到学校大约需要多久？

⑤我在超市买了几个苹果。

⑥几个星期后，他回国了。

◎ **结构特点**

①大概/大约（+V）+NumP（+N）
这个手机 大概（花了）两千块钱。
我的中文老师 大约 三十岁。

②几 + M + N
我上网买了 几 本 书。
这 几 件 衣服 都很好看。

108 概数表示法2（2）：相邻数词连用表示概数【三74】

◎ **基本语义及用法**

相邻数词连用表示概数，如"三四个人"就是指三个人或四个人。

Adjacent numbers, when used together, indicate an approximate number. For example, 三四个人 refers to three or four people.

◎ **典型例句和对话**

	①教室里有三四个人。	②他看起来十五六岁的样子。	③今天来了七八十个观众。
例句			
交际实践	（在教室外面） A：现在教室里人多吗？ B：同学们都出去运动了，教室里有三四个人。	（在教室） A：你知道小王多大吗？ B：他看起来十五六岁的样子。	（演出前） 演员：今天来了多少观众？ 工作人员：今天来了七八十个观众。

◎ **补充例句**

①我买了三四个苹果。
②他工作了七八天了，该休息了。
③我的球鞋要五六百块钱。
④我从家走到学校要三四十分钟。
⑤今天的气温有十五六度。
⑥我的钱包里只有三四百块钱。

◎ **结构特点**

相邻数词连用 + M
教室里有 三四 个 人。
我买了 五六 个 苹果。

💡 **小提示**

（1）相邻的"九"和"十"、"十"和"十一"不能连用表示概数。例如：
* 这儿有九十个人。（"九十"表示概数）
  这儿有九十个人。（"九十"指数字"90"）

（2）两个相邻数词连用表示概数时，数词中的相同成分只需说一次。例如：
* 十一十二人 —— 十一二人
* 二十三二十四斤 —— 二十三四斤
* 三十四十五天 —— 三十四五天
* 五百六百块钱 —— 五六百块钱
* 六千七千公里 —— 六七千公里

109 概数表示法2（3）：用"左右、前后"表示概数

【三74】

◎ **基本语义及用法**

用"左右、前后"表示概数。"左右"一般用在数量短语的后边，意思是跟数词表示的数目差不多，如"三十个人左右"；"前后"一般用于表示时间点的时间词后边，表示跟时间点接近的时间，如"春节前后"。

左右 and 前后 are used to indicate approximate numbers. 左右 is usually used after a numeral-measure-noun phrase to indicate a number close to the numeral, e.g. 三十个人左右 (around 30 people). 前后 is usually used after a time word, indicating a time close to this point in time, e.g. 春节前后 (around the Chinese New Year).

◎ **典型例句和对话**

例句	①我的中文老师三十岁左右。	②我每天八点左右起床。	③公司的晚会在春节前后举行。
交际实践	（在教室） A：你的中文老师多大了？ B：我的中文老师三十岁左右。	（在教室） A：你每天什么时候起床？ B：我每天八点左右起床。	（在办公室） A：你知道公司今年的晚会什么时候举行吗？ B：公司的晚会在春节前后举行。

◎ **补充例句**

①我晚上十点左右睡觉。
②这辆自行车一千块钱左右。
③这次会议要两个小时左右。
④学校一月前后放假。
⑤他上周末前后回的家。
⑥我星期五前后都很忙。

◎ **结构特点**

（1）"左右"跟在数量短语后面，表示大约的数目或大概的时间。

NumP + 左右
我的中文老师　三十岁　左右。
我　六点　左右　起床。

（2）"前后"跟在表示时间点的词语后面，表示大概的时间。

时间名词 + 前后
公司的晚会　在　春节　前后　举行。

💡 **小提示**

"前后"和"左右"都可以表示大概的时间，用"前后"表示的时间范围较大，通常表示具体时间点前几天或后几天；如果时间范围较小，则用"左右"。例如：

＊我八点前后起床。
　我八点左右起床。
＊公司的晚会在春节左右举行。
　公司的晚会在春节前后举行。

110 用"一点儿也不……"表示强调 【三75】

◎ **基本语义及用法**

表达程度低到可以忽略不计或者根本没有。

It indicates the degree is so low that can be ignored or which does not even exist.

◎ **典型例句和对话**

例句	①中文一点儿也不难。	②这双球鞋穿着一点儿也不舒服。	③这家超市里的东西一点儿也不贵。
交际实践	(在学校) A：你的中文真好！学中文难吗？ B：我觉得中文一点儿也不难。	(在商场) A：你试的这双鞋子看起来不错。 B：可是这双球鞋穿着一点儿也不舒服。	(在超市) A：这家超市的东西贵吗？ B：和别的超市相比，这家超市里的东西一点儿也不贵。

◎ **补充例句**

①外面一点儿也不冷。
②这个笑话一点儿也不好笑。
③我刚吃过饭，一点儿也不饿。
④这道题我一点儿也不会。
⑤那道菜一点儿也不好吃。
⑥妈妈一点儿也不懂我。

◎ **结构特点**

"一点儿也不……"表示强调，要放在动词性、形容词性成分前。

> S + 一点儿也不 + VP / Adj
> 我　一点儿也不　会做这道题。
> 中文　一点儿也不　难。

111 用反问句表示强调（1）：不是……吗？ 【三76】

◎ **基本语义及用法**

"不是……吗？"是反问句，用疑问的形式表达肯定或否定的意思，有强调、惊讶、提醒等含义。

It is a rhetorical question which expresses an affirmative or negative meaning in the interrogative form, containing such meanings as emphasis, surprise, reminding, etc.

◎ **典型例句和对话**

例句	①今天不是星期天吗？	②你不是已经去北京了吗？	③你不是吃过晚饭了吗？
交际实践	（在家） 妈妈：你怎么没有去上课？ 儿子：今天不是星期天吗？	（在办公室） A：你怎么来上班了？你不是已经去北京了吗？ B：改时间了，我下周再去。	（在家） 妈妈：你不是吃过晚饭了吗？怎么又吃起来了？ 儿子：晚饭没吃饱，不吃一点儿睡不着。

◎ **补充例句**

①他不是你的朋友吗？
②车不是到了吗？
③这不是他的书吗？
④昨天你不是没去上课吗？
⑤你不是通过考试了吗？
⑥你不是很开心吗？

◎ **结构特点**

"不是……吗？"要放在主语后面。

> S + 不是 + NP/VP/AP + 吗？
> 他　不是　你的朋友　吗？
> 你　不是　通过考试了　吗？
> 你　不是　很开心　吗？

小提示

"不是……吗？"是对事实或者已发生的情况表示疑惑，用反问形式对事实进行提问，含有惊讶的意味，与判断句中的否定形式"不是"意义不同。例如：

他不是你的朋友吗？（对事实进行提问并表示疑惑）

他不是卖菜的。（对身份的否定）

112 用反问句表示强调（2）：难道……吗？ 【三 76】

◎ **基本语义及用法**

"难道……吗？"是反问句，用疑问的形式表达肯定或否定的意思。语气强烈，提醒听话人注意。

It is a rhetorical question which expresses an affirmative or negative meaning in the interrogative form. It calls the listener's attention in a strong tone.

◎ **典型例句和对话**

例句	①难道你没去过长城吗？	②难道他走了吗？	③难道你不喜欢打球？
交际实践	（在学校） A：来中国这么久了，难道你没去过长城吗？ B：没有，我打算下周跟几个中国朋友一起去。	（在办公室） A：小王呢？还没到下班时间，难道他走了吗？ B：他去开会了，会议还没结束。	（在学校） A：你不去吗？难道你不喜欢打球？ B：我喜欢打球，但我的脚受伤了。

◎ **补充例句**

①这么晚了，你难道还没吃饭吗？

②这本书这么简单，你难道看不懂吗？

③有这么好的机会可以参加比赛，你难道不开心吗？

④这么重要的日子，难道大家都忘记了吗？

⑤作为学生，你难道不应该好好学习吗？

⑥他做得到，难道我们就做不到吗？

◎ 结构特点

"难道"只能用于疑问句,句末常有"吗",组成"难道……吗?"句式。"难道"可以放在句首,也可以放在主语后面;"难道"后面的谓语部分可以是否定形式。

① 难道 + S + P + 吗?
难道 你 没去过长城 吗?
难道 他 走了 吗?

② S + 难道 + P + 吗?
你 难道 不开心 吗?
你 难道 看不懂 吗?

💡 小提示

(1)在"难道……吗?"中,提问的事情是说话人认定的事实或说话人认为应该做的事。例如:

你难道不应该好好学习吗?(意思是"你应该好好学习")

(2)在"难道……吗?"中,为了加强反问语气,谓语(动词、形容词等)用否定形式更常见。例如:

难道这本书不好吗?(这本书很好)
难道你没去过长城吗?(你应该去过长城)

113 用"是"强调

◎ 基本语义及用法

表示强调,用来说明或者确认人或事物的性质和特征。

It indicates emphasis, meaning to explain or confirm a quality or trait of someone or something.

◎ 典型例句和对话

例句	①你说得对,这位经理是很负责。	②我同意,那电影是很有意思。	③与那件相比,这件衣服是很合适。
交际实践	(在公司) A:有经理的帮助,今天的事情办得真顺利! B:你说得对,这位经理是很负责。	(谈电影) A:我觉得上次我们看的电影真不错! B:我同意,那电影是很有意思,我都想看第二遍了。	(在商店) A:你看我穿这件衣服是不是大小正好? B:与那件相比,这件衣服是很合适。

◎ **补充例句**

①我尝了尝，这道菜是很好吃。
②和其他语言相比，中文是很难学。
③图书馆里是很安静，没有人说话。
④那道题是不好做，你问问别人吧。
⑤他的女儿是很可爱，我们都很喜欢。
⑥你介绍给我的这本书是很有意思。

◎ **结构特点**

> S + 是 + P
> 你说得对，这位经理 是 很负责。
> 那道题 是 不好做，你问问别人吧。

💡 **小提示**

（1）用"是"表示强调时，"是"一般放在主语后边、动词短语或形容词短语前边。例如：

　　你说得对，这位经理是很负责。

（2）表示强调的"是"字句末尾不可以加"的"，表示强调的"是"字句和"是……的"句强调的事情不一样。例如：

　　这道菜是很好吃。（赞同对方说的"这道菜很好吃"的观点）
　　这道菜是很好吃的。（单纯指出这道菜"好吃"的特点）

114 用疑问语调表示疑问

◎ **基本语义及用法**

指语句中没有明显的疑问代词引导，而是用上升的语调表示疑问。用于口语。
It means the sentence uses a rising tone instead of an interrogative pronoun to ask a question. It is used in spoken Chinese.

◎ 典型例句和对话

例句	①今天是星期六？	②你打算去旅行？	③你作业没写完？
交际实践	（在家） 儿子：今天是星期六？ 妈妈：是的，今天不用上课。	（在机场） A：你打算去旅行？ B：是的，我要去北京玩儿。	（在教室） A：你作业没写完？ B：是的，我发现有一道题忘了写了。

◎ 补充例句

①他没来上课？
②中文很难学？
③他不是你的朋友？
④他们没吃过中餐？
⑤明天你要去北京？
⑥你要一起去爬山？

◎ 结构特点

将陈述句句末的标点符号改成问号，提问时用疑问语气，语调上扬。

S + P？
今天　是星期六？
你　打算去旅行？

💡 小提示

句末不用语气助词，只是通过句末语调上扬表达疑问，与句末加语气助词"吗"的问句的语气完全不同。例如：

他没来上学？
他没来上学吗？

115　口语格式：都……了　　【三79】

◎ 基本语义及用法

用来提醒或者告诉别人时间已经很晚、次数很多或情况已经达到了很高的程度。
It is used to remind or tell someone that the time is late, something has happened many times or a situation has reached a high degree.

◎ **典型例句和对话**

例句	①都十一点了，你别看电视了。	②都三天了，他怎么还没回来？	③都讨论好几次了，还是解决不了。
交际实践	（在家） 妈妈：都十一点了，你别看电视了。 儿子：好的，我马上睡觉了。	（在办公室） A：都三天了，他怎么还没回来？ B：可能突然有什么事吧。	（在办公室） A：这个问题有办法解决吗？ B：都讨论好几次了，还是解决不了。

◎ **补充例句**

①都这么晚了，我们还是打车吧。
②都开完会了，我们走吧。
③都二十了，弟弟还不会自己洗衣服。
④都大学生了，你怎么还不会用电脑？
⑤都几点了？你怎么还不去上班？
⑥都下班了，你还要去公司吗？

◎ **结构特点**

> 都……了，S+P
> 都大学生了，你　怎么还不会用电脑？
> 都已经这么晚了，我们　还是打车吧。
> 都二十了，弟弟　还不会自己洗衣服。

116 口语格式：×就×（点儿）吧 【三80】

◎ **基本语义及用法**

表示对既定事实的一种妥协与让步。
It indicates a compromise with or concession to the established fact.

◎ 典型例句和对话

例句	①慢就慢（点儿）吧，他能完成任务就很不错了。	②忙就忙（点儿）吧，我们过几天就能休息了。	③少就少（点儿）吧，东西够吃就行。
交际实践	（在办公室） A：小张的报告还没完成，真够慢的！ B：慢就慢（点儿）吧，他能完成任务就很不错了。	（在公司） A：最近太忙了，都没时间休息。 B：忙就忙（点儿）吧，我们过几天就能休息了。	（在家） 妈妈：家里没什么好吃的，只有这些了。 爸爸：少就少（点儿）吧，东西够吃就行。

◎ 补充例句

①累就累（点儿）吧，工资高就行。
②衣服能穿就可以，大就大（点儿）吧。
③买就买吧，反正我们吃得完。
④去就去吧，多一个人也没关系。
⑤冷就冷点儿吧，马上就春天了。
⑥贵就贵点儿吧，东西好用就行。

◎ 结构特点

① Adj + 就 + Adj（点儿）+ 吧，……
累就累（点儿）吧，工资高就行。

② V + 就 + V + 吧，……
去就去吧，多一个人也没关系。

💡 小提示

"×就×（点儿）吧"和后面的句子可以交换顺序。例如：
慢就慢（点儿）吧，时间来得及。
＝时间来得及，慢就慢（点儿）吧。

117 口语格式：X什么（啊） 【三81】

◎ **基本语义及用法**

指对已经发生事情的评价，表示推翻或者否定，含有负面情绪。

It indicates an evaluation, refutation or negation of what has already happened, with a negative attitude.

◎ **典型例句和对话**

例句	①玩儿什么，我们赶快工作吧。	②舒服什么啊，办公室空调坏了。	③合适什么啊，这件衣服真的太贵了！
交际实践	（在办公室） A：我们一起玩儿这个游戏吧。 B：玩儿什么，我们赶快工作吧。	（在办公室） A：你的办公室真是又大又舒服。 B：舒服什么啊，办公室空调坏了。	（在商场） 儿子：这件挺合适，就买这件吧。 妈妈：合适什么啊，这件衣服真的太贵了！

◎ **补充例句**

①难过什么啊，这只是一次很小的考试。
②笑什么啊，难道你没有碰见过这种事吗？
③看什么啊，你自己不是也有这本书吗？
④哭什么啊，又不是没有办法完成任务。
⑤方便什么啊，地铁站离我家很远。
⑥高兴什么啊，又不是你拿了第一名。

◎ **结构特点**

①V+什么啊，S+P
玩儿 什么啊，我们 赶快工作吧。

②Adj+什么啊，S+P
舒服 什么啊，空调 坏了。

一、语素

【三01】前缀：第-、老-、小-

【三02】后缀：-儿、-家、-们、-头、-子

语素可以分为词根性语素和词缀性语素。

词根性语素有实在的意义，能自由出现在合成词中的不同位置，如"学习、大学"中的"学"，"安静、平安"中的"安"。

没有实在意义、在合成词内位置固定的语素叫词缀。"第一、老王、小李、画儿、画家、你们、石头、瓶子"中的"第、老、小、儿、家、们、头、子"都是词缀，其中，"第、老、小"只能出现在合成词中前边的位置，因此被称为"前缀"。例如：

第一　　　　第三
老二　　　　老王　　　　老师
小李　　　　小王

"儿、家、们、头、子"只能出现在合成词中后边的位置，因此被称为"后缀"。例如：

画儿　　　　空儿
画家　　　　作家
你们　　　　老师们
石头　　　　里头
瓶子　　　　屋子

二、词类

（一）数词

【一07】一、二/两、三、四、五、六、七、八、九、零；十、百；半

【二09】千、万、亿

数词包括基数词和序数词（参见第 227 页二级"111. 序数表示法"）。基数词表示数值，分为系数词和位数词两类。

（1）系数词：一、二/两、三、四、五、六、七、八、九。

（2）位数词：十、百、千、万、亿。

"十"以下的数目用系数词称数，如"8"读作"八"；"十"以上的数目要把系数词和位数词结合起来称数，系数词放在位数词的前边。例如：

3 5 1 8 6 　　读作：三万五千一百八十六
↓ ↓ ↓ ↓
万 千 百 十
4 5 6 3 4 0 0 0 0　　读作：四亿五千六百三十四万
↓ ↓ ↓ ↓ ↓
亿 千 百 十 万

整数中间有多个"0"时，只读一个"0"。例如：

3005　读作：三千零五　　　　50 006　读作：五万零六

"二、两"都代表"2"，但用法不一样。
（1）数数单说、数词结构的末项、"第"后边，只能用"二"，如"一、二、三，十二、一百三十二，第二"。
（2）在位数词"十"前，只能用"二"；在位数词"百、千、万、亿"前，"二、两"都可以出现。
（3）量词前一般不能用"二"，要用"两"，如"两本书、两个学生"。

"半"是"0.5"的意思。如果前边没有整数，如"0.5个小时"，"半"要放在量词前，读作"半个小时"；如果前边有整数，如"1.5个小时"，"半"要放在数量短语后，读作"一个半小时"。

（二）量词
量词表示计量单位。量词可以分为名量词、动量词和时量词三类。
1. 名量词
名量词表示事物的计量单位。在中文里，数词一般不能直接修饰名词，要和名量词组成数量短语才能修饰名词，例如"一本书、两杯牛奶、三个学生"。

【一08】杯、本、个、家、间、口、块、页
（1）杯：用于计量用杯子盛的东西，多为液体，如"一杯水、两杯牛奶、三杯啤酒"。
（2）本：用于计量装订成册的书本等，如"一本书、两本词典、三本小说、四本杂志"。
（3）个：中文中最常用的量词，可以用于人，也可以用于东西，如"一个人、两个学生、三个房间、四个杯子、五个面包"。
（4）家：用于计量家庭或机构单位，如"一家商店、两家医院、三家电影院、四家书店"。

（5）间：用于计量房屋，如"一间房子、两间办公室、三间屋子"。

（6）口：用于计量家庭的人数，如"我家有三口人"。

（7）块：a.用于计量块状的东西，如"一块面包、两块手表、三块糖"。

b.在口语中用于计量货币，如"两块钱、二十块钱"。

（8）页：用于计量书、杂志等的面数，如"这本书有 300 页、请看第 5 页"。

【二 10】层、封、件、条、位

（1）层：一般用于建筑物，如"两层楼、（住在）三层、教学楼一共有十层"。

（2）封：用于计量信、邮件等，如"一封信、两封邮件"。

（3）件：a.用于计量衣服，一般指上衣，如"一件衣服、两件大衣"。

b.用于计量事件，如"一件事、两件事情"。

c.用于计量器物，如"一件礼物、两件行李"。

（4）条：a.用于计量长条状可弯曲的东西，如"一条裤子、两条裙子"。

b.用于计量长条状的动物，如"一条狗、两条鱼"。

c.用于计量路、河等，如"两条街、三条马路、一条河"。

（5）位：用于计量人，如"一位老师、两位医生、三位老人、四位经理"。

用"位"计量人时，有尊敬的感情色彩，跟"位"搭配的一般是年长或者有一定身份的人，因此不能说"一位小孩儿"。

【三 09】把、行、架、群、束、双、台、张、支、只、种

（1）把：a.用于计量有把手或能用手抓起来的东西，如"一把刀、两把椅子、两把香蕉"。

b.用于一手抓起的数量，如"一把米、两把药片、三把沙子"。

（2）行：用于成行排列的东西，如"一行树、两行眼泪、三行汉字"。

（3）架：用于计量有支柱的或有机械的东西，如"一架飞机、两架机器、三架钢琴"。

（4）群：用于计量成群聚集的人或动物，数词多为"一"，如"一群学生、一群游客、一群动物、一群鸟"。

（5）束：用于捆在一起但体积不大的东西，如"一束花、两束头发"。

（6）双：跟成对使用的事物组合，如"一双手、一双脚、一双球鞋、一双眼睛、两双筷子"。

（7）台：用于计量机器，如"一台电脑、两台电视机、三台洗衣机、四台空调"。

（8）张：a. 用于计量纸张或印刷品，如"一张纸、两张画儿、三张照片、四张车票、五张报纸、六张地图"。

b.用于计量平面凸显的东西，如"一张桌子、两张床"。

（9）支：用于计量细长但不太大的东西，如"一支笔、两支烟"。

（10）只：用于计量动物或某些成对东西中的一个，如"一只鸡、两只鸟、三只猫、四只小狗、一只鞋、两只手"。

（11）种：用于计量同一类型的人或物，如"一种水果、两种人、三种本子、四种邮票"。

2. 动量词

动量词表示动作的计量单位。动量词与数词组合构成数量短语，主要放在动词后作补语。例如：

看两遍　去一次　哭一场　来两回　打一下

【二11】遍、次、场、回、下

（1）遍：表示动作经历了从开始到结束的过程，常跟"遍"组合的动词有"看、说、写、读、听、学、复习"等。如：

＊这电影他看过三遍，但都没看完。

这电影他看过三次，但都没看完。

（2）次、回："次"和"回"都用于计量动作的次数，区别在于"回"只用于口语，"次"在口语和书面语中都能用。它们能搭配的动词非常多，如"看一次/看一回、看两次/看两回、讨论一次/讨论一回"。

（3）场：常用于哭闹、体育、娱乐、考试等活动，一般会持续一段时间，如"哭一场、打两场（球）、演了三场、考了两场"。

（4）下：a. 用于计量动作的次数，如"打两下、拍三下、跳四下"。

b. 跟"问、读、说、介绍、休息、商量"等动词搭配时，"下"前面的数词只能用"一"，有时间短或语气缓和的意思，多儿化，如"问一下儿、说一下儿、介绍一下儿、休息一下儿"。

【三10】顿、口、眼

（1）顿：用于计量吃、喝、打、骂等动作，常跟"吃、喝、说（批评的意思）、批评、打"等动词搭配。用"顿"计量的动作会持续一段时间，如："批评一顿"比"批评一下儿"的时间长；"吃一顿"比"吃一下儿"时间长，吃的东西也要更多一些。

（2）口：用来计量跟嘴有关的动作，如"吃一口、喝两口"。

（3）眼：用来计量表示看的动作，如"看两眼"。

3. 时量词

【二12】分钟、年、天、周

时量词是时间的计量单位，如"分钟、年、天、周"等。时量词跟数词组合后，表示时长，如"十分钟、两年、五天、三周"，可以用在动词后作时量补语。参见第339页三级"81. 数量补语4（动词+时量补语）：表示动作持续的时间"。

4. 量词重叠

【三11】AA

大部分单音节量词都可以重叠，表示数量，相当于"每一+量词"。

单音节量词的重叠形式是AA式。例如：

名量词重叠——个个、家家、件件、条条

动量词重叠——次次、回回、顿顿

时量词重叠——年年、天天、周周

量词重叠形式可以作主语、定语、状语，后边常出现副词"都"。例如：

个个都是好孩子。（"个个"作主语）

条条大路通罗马。（"条条"作定语）

我们天天见面。（"天天"作状语）

（三）拟声词

【三31】哈哈

"哈哈"形容笑声，属于拟声词。拟声词是模拟声音的词，也叫象声词。"哈哈"主要作状语和定语，也能独立成句。例如：

听了这句话，大家哈哈大笑。（"哈哈"作状语）

你听见"哈哈"的声音了吗？（"哈哈"作定语）

"哈哈！"他们笑得很开心。（"哈哈"独立成句）

三、短语

（一）结构类型

【一23】数量短语

数量短语由数词和量词构成，表示事物的数量。

数量短语中，数词在前，量词在后。数量短语一般用在名词前作定语，有时也可以作宾语。例如：

我买了一本书。（"一本"作定语）

他吃了三个包子，我吃了两个。（"三个"作定语，"两个"作宾语）

【二37】基本结构类型

从结构关系看，短语可以分为不同的类型。其中联合短语、偏正短语、动宾短语、动补短语和主谓短语是最基本的短语结构类型。

（1）联合短语

由两个或两个以上成分构成，构成成分之间有并列、选择等关系，中间可以用顿号、连词"和、跟、还是"等。例如：

北京、上海　　　　我和他

工作还是休息　　　又大又干净

联合短语的构成成分之间是平等的关系，一般可以互换位置而意义不变。例如：

我和他＝他和我

工作还是休息＝休息还是工作

（2）偏正短语

由两部分构成，前一部分修饰、限制后一部分，前面的部分叫作修饰语，后面的部分叫作中心语。具体来说，偏正短语可以分为定中关系和状中关系两类。

①定中偏正短语

由定语和名词性中心语组成，中间有时可以用结构助词"的"。例如：

新衣服　　　他们的老师　　　三本书

②状中偏正短语

由状语和中心语组成，中心语一般是动词或形容词，中间有时可以用结构助词"地"。例如：

认真学习　　　特别开心　　　高兴地说　　　在教室上课

（3）动宾短语

由动词和宾语两部分构成，表示支配或关涉。动词表示动作或行为，宾语表示动作或行为支配、关涉的对象。例如：

买东西　　　学习中文　　　喜欢打篮球　　　进教室

（4）动补短语

由动词和补语组成，动词表示动作行为，补语补充说明动作行为的结果、状态等。有时补语前边可以插入结构助词"得"。例如：

听清楚　　　走来　　　说得很高兴　　　听两遍

（5）主谓短语

由主语和谓语两部分组成，主语表示人或事物，谓语是对主语的陈述说明。也就是说，谓语陈述说明主语发生了什么事或主语怎么样。例如：

我休息　　　衣服很干净　　　明天晴天

【二38】其他结构类型1

（1）"的"字短语

由结构助词"的"附在名词、代词、动词、形容词等或短语后边构成，表示人或事物。"的"字短语常作主语和宾语。

黑色的更漂亮。（"黑色的"作主语）

吃的在这儿。（"吃的"作主语）

这个手机是我的。("我的"作宾语)

我没看见他买的。("他买的"作宾语)

注意：下边例子里"黑色的"不是"的"字短语，而是"黑色"作"衣服"的定语。

我买了一件黑色的衣服。

（2）连谓短语

由多项动词性短语连用构成，前后项动作或行为之间有先后发生、方式和动作、动作和目的等语义关系。构成成分之间没有语音停顿，不用关联词语。例如：

去买东西　　　　哭着说

坐飞机去北京　　去图书馆借书

【三32】其他结构类型2

（1）介宾短语

由介词和宾语两部分构成。介宾短语经常作状语和补语，表示动作的时间、处所、方式、工具、对象、原因等。例如：

往前　　　　把书（放在桌子上）

在房间　　　从前边

（2）方位短语

由名词、动词等和方位名词构成，表示处所、范围或时间。例如：

教室里　　　　桌子上

书包里边　　　学校的东边

起床后　　　　睡觉以前

（3）兼语短语

由"动词1＋宾语＋动词2／形容词"组成，其中"动词1"的"宾语"跟"动词2／形容词"有直接的语义联系。如："请他进来"中的"他"是"请"的宾语，但在语义上，"他"是"进来"的施事；"批评她不认真"中的"她"是"批评"的宾语，但在语义上，"她"是"不认真"的主体。再如：

叫他们出去　　　建议大家休息

让我们很开心　　祝你健康

（4）同位短语

一般由两项构成，前一项和后一项的词语不同，但指的是同一个事物。如"我的朋友小张"中，"我的朋友"叫"小张"，"小张"是"我的朋友"，前后项之间有互相说明的复指关系。再如：

北京、上海这些大城市

游泳这种运动

"漂亮"这个词

（二）功能类型

从语法功能看，短语可以分为名词性短语、动词性短语和形容词性短语。

【二39】名词性短语

名词性短语表示人或事物，语法功能跟名词相近，主要作主语、宾语和定语。

桌子上边有什么？（"桌子上边"作主语）

我没买吃的。（"吃的"作宾语）

我买了两本书。（"两本"作定语）

短语的结构类型中，定中偏正短语、"的"字短语都属于名词性短语。

【二40】动词性短语

动词性短语表示动作或行为，其核心成分是动词，语法功能跟动词相近，主要作谓语，还可以作定语、主语等。

我爸爸喜欢唱歌。（"喜欢唱歌"作谓语）

带回来的衣服都洗了。（"带回来"作定语）

不吃早饭对身体不好。（"不吃早饭"作主语）

短语的结构类型中，中心语是动词的状中偏正短语、动宾短语、动补短语、连谓短语都属于动词性短语。

【二41】形容词性短语

形容词性短语表示事物的性质或状态，其核心成分是形容词，语法功能跟形容词相近，可以作谓语、定语、状语、补语等。

他很年轻。（"很年轻"作谓语）

我们都喜欢漂亮可爱的孩子。（"漂亮可爱"作定语）

他非常高兴地回家了。（"非常高兴"作状语）

她跑得很快。（"很快"作补语）

短语的结构类型中，由形容词构成的联合短语和中心语是形容词的状中偏正短语属于形容词性短语。

四、句子成分

（一）主语

句子一般可以分成两个部分：主语和谓语。主语是叙述、说明或描写的对象，是人或物，而谓语则是对主语的叙述、说明或描写。

【一24】名词、代词或名词性短语作主语

名词、代词或名词性短语经常作主语。例如：

衣服很好看。（名词"衣服"作主语）

他们回家了。（代词"他们"作主语）

那个学生非常认真。（名词性短语"那个学生"作主语）

【三43】动词或动词性短语、形容词或形容词性短语作主语

动词或动词性短语、形容词或形容词性短语也可以作主语，这类主语一般表示某种动作、行为，或性质、状态。例如：

哭对身体有好处。（动词"哭"作主语）

早一点儿来比较合适。（动词性短语"早一点儿来"作主语）

干净最重要。（形容词"干净"作主语）

太冷了不好，太热了也不好。（形容词性短语"太冷了""太热了"作主语）

（二）谓语

【一25】动词或动词性短语、形容词或形容词性短语作谓语

谓语经常由动词或动词性短语、形容词或形容词性短语充当，一般是叙述事物的动作、行为，或说明事物的性质、状态。例如：

他病了。（动词"病"作谓语）

我们学中文。（动词性短语"学中文"作谓语）

今天冷吗？（形容词"冷"作谓语）

这个菜很好吃。（形容词性短语"很好吃"作谓语）

【二48】名词、代词、数词或数量短语、名词性短语作谓语

谓语也可以由名词、代词、数词或数量短语、名词性短语充当，多用于口语。例如：

今天晴天。（名词"晴天"作谓语）

这儿怎么样？（疑问代词"怎么样"作谓语）

他二十五岁。（数量短语"二十五岁"作谓语）

我中国人。（名词性短语"中国人"作谓语）

（三）宾语

【一26】名词、代词或名词性短语作宾语

宾语是相对于动词来说的，是动作行为支配的对象，常由名词、代词或名词性短语充当。例如：

他吃面包。（名词"面包"作宾语）

我们等你。（代词"你"作宾语）

她买了一个手机。（名词性短语"一个手机"作宾语）

【三44】动词或动词性短语、形容词或形容词性短语和主谓短语作宾语

动词或动词性短语、形容词或形容词性短语和主谓短语也可以作宾语，表示某种

动作行为、性质状态或者事件。例如:

我打算去。(动词"去"作宾语)

大家准备参加篮球比赛。(动词性短语"参加篮球比赛"作宾语)

她喜欢安静。(形容词"安静"作宾语)

我感到有点儿不舒服。(形容词性短语"有点儿不舒服"作宾语)

他们认为这是对的。(主谓短语"这是对的"作宾语)

(四)定语

【三45】动词或动词性短语、主谓短语作定语

动词或动词性短语、主谓短语可以作定语,对中心语的状态进行描写,或者限制中心语的所指范围,这时定语后要加结构助词"的"。例如:

我看见那个跳舞的女孩儿了。(动词"跳舞"作定语)

观看演出的观众请从右边的门进去。(动词性短语"观看演出"作定语)

他讲的故事很有意思。(主谓短语"他讲"作定语)

语法术语缩略形式一览表

缩略形式 Abbreviations	英文名称 Grammar Terms in English	中文名称 Grammar Terms in Chinese
Adj	Adjective	形容词
Adv	Adverb	副词
AP	Adjective Phrase	形容词性短语
C	Complement	补语
L	Location	处所
M	Measure Word	量词
N	Noun	名词
$N_{方位}$	Location Noun	方位名词
NP	Noun Phrase	名词性短语
Num	Numeral	数词
NumP	Numeral Phrase	数量短语
O	Object	宾语
P	Predicate	谓语
Pron	Pronoun	代词
QPr	Question Pronoun	疑问代词
S	Subject	主语
SP	Subject-Predicate Phrase	主谓短语
T	Time	时间
V	Verb	动词
VP	Verb Phrase	动词性短语
$V_{心理}$	Psychological Verb	心理动词

索 引

语法点	等级	页码
B		
"把"字句		
表处置	三级	343
被动句		
主语+被/叫/让+宾语+动词+其他成分	三级	345
比较句		
A比B+动词+得+形容词；A+动词+得+比+B+形容词	三级	350
A比B+多/少/早/晚+动词+数量短语	三级	352
A比B+更/还+形容词	二级	194
A比B+形容词	一级	79
A比B+形容词+数量补语	二级	193
A不比B+形容词	三级	351
A不如B（+形容词）	二级	195
A跟/和B一样/相同	二级	197
A跟/和B一样+形容词	二级	198
A没有B+形容词	一级	80
A有B（+这么/那么）+形容词	二级	196
变化态		
用动态助词"了¹"表示	一级	85
用语气助词"了²"表示	一级	84
并列复句		
不用关联词语	一级	81

语法点	等级	页码
……，也……	一级	83
（也）……，也……	三级	354
一会儿……，一会儿……	三级	355
一边……，一边……	一级	82
一方面……，另一方面……	三级	356
又……，又……	三级	357
C		
承接复句		
不用关联词语	二级	204
首先……，然后……	三级	359
先……，再/然后……	二级	205
程度补语		
形容词/心理动词+得很/极了/死了	三级	336
程度副词		
比较	三级	255
多、多么	二级	120
非常	一级	30
更	二级	123
更加	三级	256
还[3]	三级	257
好	二级	122
很	一级	29
十分	二级	124
太	一级	31

语法点	等级	页码
特别	二级	125
挺	二级	126
相当	三级	259
有（一）点儿	二级	127
真	一级	33
最	一级	34
持续态		
动词＋着：表示动作的持续	二级	225
动词＋着：表示状态的持续	二级	224
重动句		
主语＋动词＋宾语＋动词＋补语	三级	353
存现句		
表示存在	二级	191

D

语法点	等级	页码
递进复句		
……，并且……	三级	360
不但……，而且……	二级	209
不用关联词语	二级	206
不仅/不光……，还/而且	三级	362
……，更/还……	二级	208
定语		
名词性词语、形容词性词语、数量短语作定语	一级	64
动宾式离合词		
帮忙、点头、放假、干杯、见面、结婚、看病、睡觉、洗澡、理发、说话	三级	245
动补式离合词		
打开、看见、离开、完成	三级	247

语法点	等级	页码
动词重叠		
AA、A一A、A了A、ABAB	二级	104
动态助词		
过	二级	166
了[1]	一级	59
着	二级	167

F

语法点	等级	页码
范围、协同副词		
都[1]	一级	35
光	三级	260
仅、仅仅	三级	261
就[3]	三级	262
全	二级	129
一共	二级	130
一块儿、一起	一级	37
只	二级	131
至少	三级	263
方式副词		
故意	二级	142
互相、相互	三级	283
尽量	三级	284
亲自	三级	286
方位名词		
上、下、里、外、前、后、左、右、东、南、西、北	一级	3
上边、下边、里边、外边、前边、后边、左边、右边、东边、南边、西边、北边	一级	4

399

语法点	等级	页码
非主谓句		
非主谓句	一级	69
否定副词		
别	一级	46
不	一级	48
没、没有	一级	48

G

语法点	等级	页码
概数表示法		
数词＋多＋量词；数词＋量词＋多	二级	228
相邻数词连用表示概数	三级	373
用"大概、大约、几"表示概数	三级	372
用"左右、前后"表示概数	三级	374
固定短语		
不 A 不 B	三级	320
不一会儿	二级	174
看起来	三级	322
看上去	三级	323
什么的	二级	175
有的是	三级	324
越来越	二级	176
固定格式		
除了……（以外），……还/也/都	三级	325
从……起	三级	327
对……来说	三级	328
还是……吧	二级	177
一……也/都＋不/没……	三级	329
又……又……	二级	179

语法点	等级	页码
越……越……	三级	330
（在）……以前/以后/前后	二级	180
关联副词		
还[1]	一级	44
就[1]	二级	141
也	一级	45
再[2]	三级	282

J

语法点	等级	页码
假设复句		
不用关联词语	二级	216
如果……，就……；……的话，就……	二级	217
要是……，就……	三级	366
兼语句		
表使令：主语＋叫/派/请/让……＋宾语1＋动词＋宾语2	三级	348
结构助词		
地	一级	58
的[1]	一级	56
得	二级	165
结果补语		
动词＋错/懂/干净/好/会/清楚/完	二级	181
动词＋到/住/走	三级	331
介词		
表示排除：除了	三级	315
引出对象：比	一级	53
引出对象：对	二级	158

语法点	等级	页码
引出对象：给	二级	159
引出对象：跟[1]、和[1]	一级	52
引出对象：离	二级	160
引出对象：为[2]	三级	310
引出对象：向[2]	三级	311
引出方向、路径：朝	三级	308
引出方向、路径：从[2]	二级	157
引出方向、路径：往	二级	155
引出目的、原因：为[1]	二级	161
引出目的、原因：为了	三级	314
引出目的、原因：因为	三级	313
引出目的、原因：由于[1]	三级	312
引出凭借、依据：按、按照	三级	316
引出施事、受事：把、被、叫、让	三级	315
引出时间：当	二级	154
引出时间、处所：从[1]	一级	50
引出时间、处所：由[1]	三级	306
引出时间、处所：在	一级	51
引出时间、处所：自从	三级	307
紧缩复句		
……了……（就）……	三级	371
一……就……	二级	223
进行态		
……呢	一级	89
……在/正/正在+动词……+呢	一级	87
……在/正在+动词	一级	86
经历态		
用动态助词"过"表示	二级	226

语法点	等级	页码
句类		
陈述句	一级	70
感叹句	一级	73
祈使句	一级	71
疑问句	一级	71
K		
可能补语		
动词+得/不+动词/形容词；	三级	334
动词+得/不+了		
口语格式		
都……了	三级	381
该……了	二级	237
×就×（点儿）吧	三级	382
×什么（啊）	三级	384
要/快要/就要……了	二级	238
L		
连词		
连接词或短语：跟[2]、和[2]	一级	54
连接词或短语：还是	一级	55
连接词或短语：或、或者	二级	162
连接分句或句子：但、但是	二级	163
连接分句或句子：另外	三级	318
连接分句或句子：那	二级	164
连动句		
表示前后动作先后发生	二级	192
后一动作是前一动作的目的	三级	347
前一动作是后一动作的方式	三级	346

语法点	等级	页码
M		
目的复句		
为了……，……	三级	370
N		
能愿动词		
会	一级	6
该、应该	二级	101
敢	三级	243
可能	二级	99
可以	二级	100
能	一级	7
想	一级	8
需要	三级	244
要	一级	9
愿意	二级	102
P		
频率、重复副词		
常、常常	一级	42
重新	二级	138
经常	二级	139
老、老是	二级	139
通常	三级	277
往往	三级	278
又	二级	140
再[1]	一级	43
总	三级	280
总是	三级	281

语法点	等级	页码
Q		
其他助词		
的话	二级	171
等	二级	172
钱数表示法		
钱数表示法	一级	90
强调的方法		
用反问句表示强调：不是……吗？	三级	377
用反问句表示强调：难道……吗？	三级	378
用"就"表示强调	二级	230
用"是"强调	三级	379
用"一点儿也不……"表示强调	三级	376
情态副词		
必须	二级	143
差不多	二级	145
大概	三级	287
好像	二级	146
恐怕	三级	288
也许	二级	148
一定	二级	147
趋向补语		
复合趋向补语的趋向意义用法：动词+出来/出去/过来/过去/回来/回去/进来/进去/起来/上来/上去/下来/下去	三级	332
简单趋向补语的趋向意义用法：动词+来/去；动词+上/下/进/出/起/过/回/开	二级	183

语法点	等级	页码
R		
人称代词		
别人	二级	110
大家	二级	111
它、它们	二级	112
我、你、您、他、她	一级	20
我们、你们、他们、她们	一级	21
咱、咱们	二级	113
自己	二级	114
S		
时间表示法		
年、月、日、星期表示法；钟点表示法	一级	91
时间副词		
本来	三级	265
才²	三级	266
曾经	三级	267
从来	三级	268
赶紧	三级	269
赶快	三级	270
刚、刚刚	二级	132
还²	二级	133
忽然	二级	134
立刻	三级	271
连忙	三级	272
马上	一级	38
始终	三级	274

语法点	等级	页码
先	一级	39
已	三级	275
已经	二级	136
一直	二级	135
有时	一级	40
在、正、正在	一级	41
早已	三级	276
"是……的"句		
强调时间、地点、方式、动作者等	二级	200
"是"字句		
表示存在	一级	76
表示等同或类属	一级	74
表示说明或特征	一级	75
数量补语		
动词+动量补语	二级	187
动词+动量补语：宾语和动量补语共现	三级	337
动词+时量补语：表示动作持续的时间	三级	339
动词+时量补语：表示动作结束后到某个时间点的间隔时间	三级	340
形容词+数量补语	二级	188
数量重叠		
数词+量词+数词+量词	三级	319
双宾语句		
主语+动词+宾语1+宾语2	二级	201
主语+动词+给+宾语1+宾语2	二级	202

语法点	等级	页码
T		
叹词		
喂	二级	173
提问的方法		
用"吧"提问	二级	236
用"多、多少、几、哪、哪儿、哪里、哪些、什么、谁、怎么"提问	一级	94
用"还是"提问	一级	95
用"好吗、可以吗、行吗、怎么样"提问	二级	231
用"吗"提问	一级	93
用"呢"构成的省略式疑问句"代词/名词+呢?"提问	二级	233
用"什么时候、什么样、为什么、怎么样、怎样"提问	二级	232
用"是不是"提问	二级	234
用疑问语调表示疑问	三级	380
用正反疑问形式提问	一级	95
条件复句		
只要……,就……	二级	218
只有……,才……	三级	367
X		
形容词重叠		
AA、AABB	二级	119
序数表示法		
序数表示法	二级	227

语法点	等级	页码
选择复句		
不是……,就是……	三级	363
不用关联词语	二级	210
(是)……,还是……	二级	212
Y		
疑问代词		
多	一级	10
多久	二级	105
多少	一级	11
几	一级	12
哪	一级	14
哪儿、哪里	一级	15
哪些	一级	16
谁	一级	18
什么	一级	17
为什么	二级	106
怎么	一级	19
怎么样	二级	108
怎样	二级	109
疑问代词的非疑问用法		
不定指用法	三级	250
任指用法	三级	248
因果复句		
不用关联词语	二级	220
因为……,所以……	二级	221
(由于)……,所以/因此……	三级	368

语法点	等级	页码
"有"字句		
表示比较	二级	191
表示存在	一级	78
表示领有	一级	77
表示评价、达到	二级	190
语气副词		
白	三级	289
并[1]	三级	290
才[1]	二级	149
当然	三级	291
到底	三级	292
都[2]	二级	150
反正	三级	294
根本	三级	295
果然	三级	296
简直	三级	297
就[2]	二级	151
绝对	三级	298
难道	三级	299
其实	三级	300
千万	三级	302
确实	三级	303
正好	二级	152
只好	三级	304
终于	三级	305
语气助词		
啊[1]	二级	168

语法点	等级	页码
吧[1]	一级	60
吧[2]	二级	169
的[2]	二级	170
了[2]	一级	61
吗	一级	62
呢	一级	63
Z		
指示代词		
别的	一级	27
各、各位、各种	三级	251
每	三级	252
那么、这么	二级	116
那样、这样	二级	117
任何	三级	254
有的	一级	28
这、那	一级	23
这儿、那儿、这里、那里	一级	24
这些、那些	一级	26
主谓句		
动词谓语句	一级	66
名词谓语句	二级	189
形容词谓语句	一级	67
主谓谓语句	三级	342
转折复句		
不用关联词语	二级	210
……X是X，就是/不过……	三级	364

语法点	等级	页码
虽然……，但是/可是……；……，不过……	二级	214
状态补语		
动词+得+形容词性词语	二级	185

语法点	等级	页码
状语		
副词、形容词作状语；表示时间、处所的词语作状语	一级	65